国家社会科学基金项目

中国体育公共服务 多元供给主体 协同创新研究

李燕领 ◎ 著

中国财经出版传媒集团
经济科学出版社
Economic Science Press

图书在版编目（CIP）数据

中国体育公共服务多元供给主体协同创新研究／
李燕领著．—北京：经济科学出版社，2020.12
ISBN 978 - 7 - 5218 - 2084 - 3

Ⅰ.①中…　Ⅱ.①李…　Ⅲ.①群众体育－公共
服务－研究－中国　Ⅳ.①G812.4

中国版本图书馆 CIP 数据核字（2020）第 226398 号

责任编辑：胡成洁
责任校对：王肖楠
责任印制：范　艳

中国体育公共服务多元供给主体协同创新研究
李燕领　著
经济科学出版社出版、发行　新华书店经销
社址：北京市海淀区阜成路甲 28 号　邮编：100142
经管编辑中心电话：010 - 88191335　发行部电话：010 - 88191522
网址：www. esp. com. cn
电子邮件：expcxy@ 126. com
天猫网店：经济科学出版社旗舰店
网址：http://jjkxcbs. tmall. com
北京季蜂印刷有限公司印装
710 × 1000　16 开　16. 25 印张　300000 字
2020 年 12 月第 1 版　2020 年 12 月第 1 次印刷
ISBN 978 - 7 - 5218 - 2084 - 3　定价：75. 00 元
（图书出现印装问题，本社负责调换。电话：010 - 88191510）
（版权所有　侵权必究　打击盗版　举报热线：010 - 88191661
QQ：2242791300　营销中心电话：010 - 88191537
电子邮箱：dbts@esp. com. cn）

序

PREFACE

21 世纪以来，公共服务成为社会关注的焦点。公共服务的供给问题一直是理论界的重要问题之一。在确保核心公共产品与基本公共服务的基础上，政府通过"掌舵"与"划桨"分离，以及对公共服务多元主体之间的合作与竞争进行规划、引导与设计，建立政府主导、社会参与、主体多元、适度竞争、监管有力的公共服务供给体系。党的十九大以来，中国社会的主要矛盾发生重大转变，人民对美好生活的向往成为治国理政的强大动力，以人民为中心成为政府职能转变的重要维度。党的十九届五中全会通过的《中共中央关于制定国民经济和社会发展第十四个五年规划和二〇三五年远景目标的建议》明确提出，到 2035 年，建成人民身体素养和健康水平、体育综合实力和国际影响力居于世界前列，与社会主义现代化国家相适应的健康国家，体育强国与健康中国被纳入基本实现社会主义现代化远景目标。《"健康中国 2030"规划纲要》提出，完善全民健身公共服务体系是推进健康中国建设、全面提升中华民族健康素质、实现人民健康与经济社会协调发展的重要基础和国家战略。体育公共服务治理是体育治理体系和治理能力现代化以及健康中国战略实现的重要构成和途径，也是政府持续推进"放管服"改革、提升体育公共服务供给效能、建设人民满意的服务型政府的题中应有之义。

本书初步构建了体育公共服务多元供给主体协同创新的理论框架，丰富了体育公共服务与体育公共服务供给模式理论，系统地探讨了体育公共服务多元供给主体协同创新的模式和机制建设，有利于把握市场、政府和社会组织供给中竞争、合作与协同创新的发展规律，促进中国体育公共服务的有效供给。另外，体育公共服务多元供给主体协同创新有利于提高公共体育资源的精准管理，能有效整合各方面的资源，从而真正解决"供需错位""供给真空""供给过剩"等历史难题，实现供给与需求匹配，是体育资源供给侧改革创新的关键，有利于主动适应需求侧，积极引导体育公共服务供给，消除阻碍体育公共服务发展的制度性因素，提高体育公共服务供给效率和供给质量，扩大体育公共服务消费需求。引入市场机制有利于运用市场和社会力量来弥补政府职能存在的不足，以形成对政府组织节约成本和提高效益的激励机制，实现资源的优化配置，提高体育公共服务的供给质量和效率。

本书是对习近平关于新时代体育重要论述的贯彻、遵循与发扬，是新时代背景下中国体育实践的重要提炼、阐释与总结，从理论和实践层面系统探究了体育公共服务多元供给主体协同创新的问题，为体育治理变革及其效能提升提供了有益的启示。期待李燕领博士在未来的学术研究中，秉承一贯的刻苦钻研精神，在体育公共服务领域产出更多更好的成果，把研究成果应用到体育公共服务改革实践中去，为我国体育事业不断深化改革与高质量发展提供参考，共同推动体育强国建设目标的早日实现。

是为序。

国务院学位委员会第五、六、七届体育学科评议组成员
中国体育科学学会体育社会科学分会副主任委员

2020 年 6 月 13 日
苏州大学凌云楼

CONTENTS 目录

第一章

导　论

第一节　选题的背景及意义

一、选题的背景

随着社会公共需求不断增加，公共服务的内容和范围迅速扩大，但长期以来政府扮演着公共服务唯一提供者的角色，并且所运用的也主要是行政手段。从 20 世纪 80 年代开始，由于社会公共问题日益复杂，公共需求的数量、质量和复杂性均在不断提升，政府单独提供公共服务的传统模式暴露出诸多弊端，引发了发达国家大规模的政府改革浪潮，公共服务提供主体日益多元化，公共服务的方式和方法也发生了重大变化。

公共服务是 21 世纪公共管理和政府改革的核心理念，公共服务以合作为基础，在强调政府服务性的同时，也强调公民的权利。[①] 新公共服务理论强调政府要关注公共利益的实现，对社会公正和公平的实现也有了更加明确的要求。[②] 社会经济取得了迅猛发展，公共服务体系建设却相对落后。现阶段，我国人民生活总体上已经进入小康水平，中国社会发展阶段由生存型社会转变为发展型社会。[③] 从国际经验和我国实际情况来看，人均 GDP 从 1000 美元到 3000 美元的时期，是社会公共体育服务需求深刻变化的关键时期。在人均 GDP 为 3000～10000 美元阶段，一国公共需求会快速扩张，居

[①] 孙其军，郭焕龙. 北京 CBD 公共服务体系建设的思考——基于"新公共服务"的视角 [J]. 中国特色社会主义研究，2011（1）：86－90.

[②] 李庆雷. 基于新公共服务理论的中国国家公园管理创新研究 [J]. 旅游研究，2010（4）：80－85.

[③] 中国发展阶段的转变：由生存型阶段步入发展型阶段 [EB/OL]. 人民网－理论频道，2010－10－25. http：//theory. People. com. cn/GB/13040403. html.

民消费逐步由耐用品消费向服务消费升级，要求政府的公共服务支出在政府支出中的比重应有显著提升。[①] 目前，我国人均 GDP 已超过 3000 美元，处于公共服务发展的黄金时期。随着政府服务意识的觉醒和公共服务需求的急剧膨胀，公众对公共服务的需求在质量和数量上表现出了更高要求。

2002 年以来，公共服务成为各级政府工作的重要组成。党的十八大报告强调，改进政府提供公共服务的方式，引导社会组织健康有序发展。党的十八届三中全会指出，使市场在资源配置中起决定性作用和更好地发挥政府作用，必须建立现代财政制度，发挥中央和地方两个积极性。这为我国体育公共服务指明了方向并确立了思路。

《国家基本公共服务体系"十二五"规划》强调建立健全基本公共服务体系，促进基本公共服务均等化，把基本公共服务制度作为公共产品向全民提供，是我国公共服务发展从理念到体制的创新。《"十三五"推进基本公共服务均等化规划》强调健全国家基本公共服务制度，完善服务项目和基本标准，强化公共资源投入保障，提高共建能力和共享水平，努力提升人民群众的获得感、公平感、安全感和幸福感，实现全体人民共同迈入全面小康社会。

2013 年 9 月 26 日，国务院办公厅印发《关于政府向社会力量购买服务的指导意见》，提出充分认识政府向社会力量购买服务的重要性，正确把握政府向社会力量购买服务的总体方向，规范有序开展政府向社会力量购买服务工作，扎实推进政府向社会力量购买服务工作，推动政府职能转变，整合利用社会资源，增强公众参与意识，激发经济社会活力，增加公共服务供给，提高公共服务水平和效率。地方各级人民政府要结合当地经济社会发展状况和人民群众的实际需求，因地制宜、积极稳妥地推进政府向社会力量购买服务工作，不断创新和完善公共服务供给模式，加快建设服务型政府。

公共服务的供给问题一直是理论界的重要问题之一。在当今我国经济社会转型和全面进入小康社会的关键时期，公共物品的供给问题更是为世人瞩目。在新的时期，在确保核心公共产品与基本公共服务的基础上，政府通过"掌舵"与"划桨"分离，以及对公共服务多元主体之间的合作与竞争进行规划、引导与设计，建立政府主导、社会参与、多元主体、适度竞争、监管有力的公共服务供给体系。

和谐社会在体育领域内表现为一种体育理想和体育价值追求。2009 年

---

① 郑佳. 中国基本公共服务均等化政策协同研究［D］. 吉林大学博士学位论文, 2000.

国务院办公厅下发的《国家体育总局主要职责内设机构和人员编制规定》提到要"加强体育公共服务，促进多元化体育服务体系建设，推动全民健身的职责"。"十二五"期间，国家提出要以满足人民群众不断增长的体育需求为宗旨，以建设体育强国为目标，转变体育发展方式，建立覆盖城乡、可持续的公共体育服务体系，让体育回归民众，惠及公众生活，"覆盖城乡"成为公共体育服务均等化的重要前提。"十三五"时期是全面建成小康社会目标和全面深化体育改革取得决定性成果的 5 年。伴随健康中国战略的逐步实施与供给侧结构性改革的不断深入，体育公共服务呈现出新的发展态势。《中华人民共和国国民经济和社会发展第十三个五年规划纲要》提出，"实施全民健身战略，广泛开展全民健身运动"。① 《国家体育发展"十三五"规划》提出将"深入推进全民健身国家战略，全民健身公共服务体系日趋完善，群众体育发展达到新水平"作为"十三五"时期的发展目标之一。② 《全民健身计划（2016～2020 年）》提出，全民健身是实现全民健康的重要途径和手段，是全体人民增强体魄、幸福生活的基础保障。③ 近年来，我国体育公共服务形式和内容创新等方面取得了一系列成绩，但我国传统以供给为主的"垂直型"行政决策模式在一定程度上制约了我国体育公共服务供给效率和质量的提高。

二、选题的意义

随着市场经济的发展和体育公共服务多元化需求的增加，体育公共服务供给与需求之间的矛盾日益突出，单一的政府供给模式面临着巨大的挑战，体育公共服务供给模式亟须变革。因此，对我国体育公共服务多元供给主体协同创新进行研究具有重要的理论与现实意义。

（一）理论意义

本书初步构建了我国体育公共服务多元供给主体协同创新的理论框架，丰富了体育公共服务相关理论尤其是体育公共服务供给模式理论，为后续研究提供了理论研究基础和研究思路。

本书系统探讨了体育公共服务多元供给主体协同创新的模式和机制，有利于把握市场、政府和社会组织供给的竞争、合作与协同创新的发展规律，

---

① 中华人民共和国国民经济和社会发展第十三个五年规划纲要［EB/OL］. http：//www. 12371. cn/special/sswgh/.

② 体育发展"十三五"规划［EB/OL］. http：//www. ndrc. gov. cn/fzgggz/fzgh/ghwb/gjjgh/201708/t20170810_857372. html.

③ 全民健身计划（2016～2020 年）［EB/OL］. http：//www. gov. cn/home/2016 - 06/23/content_5084608. html.

促进中国体育公共服务的有效供给。

（二）实践意义

体育公共服务协同创新有利于提高公共体育资源的精准管理，能有效整合各方面的资源，从而真正解决供需错位、"供给真空"与供给过剩等历史难题，实现供给与需求契合，是体育资源供给侧改革创新的关键。

解决体育公共服务"供需错位"的问题，积极引导体育公共服务供给，有利于主动适应需求侧，消除阻碍体育公共服务发展的制度性因素，提高体育公共服务供给效率和供给质量，扩大体育公共服务消费需求。

政府有限的财力往往难以支撑体育公共服务供给，引入市场机制有利于运用市场和社会力量来弥补政府职能存在的不足，以形成对政府组织节约成本和提高效益的激励机制，实现资源的优化配置，提高体育公共服务的供给质量和效率。

第二节 文 献 综 述

随着公共服务市场化与社会化改革热潮的兴起，政府职能的有限性使其单独提供体育公共服务难以满足日益增长的体育公共服务需求，多元供给主体协同创新研究引起了业界和学界的广泛关注。

一、国外相关研究综述

国外研究认为体育公共服务供给方式选择体现为：（1）其选择并不排斥其他不同机制或方式的出现；（2）其生产或同一地域的体育公共服务供给主体表现为多元化，方式为合作、协调与共商，以多元化混合为趋势。戴维·奥斯本（David Osborne）、特德·盖布勒（T Gambler）在《改革政府：企业家精神如何改革政府》（1996）中总结出社区服务的授权管理模式和企业化战略中的"顾客导向"；萨瓦斯（E S Sava's）在《民营化与公私部门的伙伴关系》中提出公共服务的民营化模式，并且提出"根据物品与服务不同而选择不同的民营化提供机制"的方案设计；帕特南（Robert D Putnam）在《使民主运转起来》中提出公共服务的社会资本理论。根据本书作者目前掌握的信息和材料而言，国外没有"体育公共服务"（sports public service）这个提法，体育公共服务的探讨主要集中在基本内容和管理模式等方面。国外相关研究为我国体育公共服务研究奠定了坚实的基础。

英国政府在公共服务上主要充当授权者和监督者的角色，逐渐淡化了唯一供应主体的身份，在经济、效率、服务质量方面取得的成绩令人瞩目，公共服务改革也日趋完善。① 2002 年英国政府发布了"游戏计划"（game plan）②，提出建设"积极和成功体育国家发展战略"，并将公共体育服务供给体系建设作为实现其战略目标的关键。2004 年，英国体育理事会发布了"英国体育框架计划"（The Framework for Sport in England）③，提出了使英国成为世界上"最积极和成功的体育国家"的远景目标，以及每年使英国参与体育和积极休闲活动的人数增加 1% 的具体目标。

美国体育政策主要由《美国业余体育法》（1978 年、1998 年修订）统领，各州在这项法律下制定本地区的体育政策。美国体育政策主要由地方体育政策和一些体育社团的内部政策构成。20 世纪 70 年代以来，美国联邦政府制定了若干国民健康促进政策，如以提高国民整体健康水平为目的的《健康公民》系列。1980 年，美国卫生和人类保障部（United States Department of Health and Human Services，HHS）发布了第一个健康公民 10 年计划"健康公民 1990"，此后每到一个 10 年的开始，HHS 就要推出这 10 年的全国健康计划，2010 年发布了"健康公民 2020"（Healthy People 2020）④，美国卫生与人类服务部（LHIS）反映了 21 世纪初美国的主要健康问题等，体育运动问题包含其中。⑤ 2010 年 5 月，美国健康与公共服务部颁布了国民健康促进政策——《全民健身计划》，目的是通过形成积极参与体育的生活方式和文化氛围，使体育在预防疾病、提高生活质量方面发挥最大的效能，创建一个体育健康政策发展研究中心等。⑥ 美国各地政府根据自身实际情况制定相应的体育公共服务政策，在具体的执行过程中，政府通过各种方式对私营部门、非营利部门进行竞争性选拔之后，由他们承担体育公共服务的供给、管理责任。⑦ 美国对老年人体育更加重视，美国环保署、老龄署从 2001 年开始逐渐在各个社区专门修建"健康老龄化"场地设施；⑧ 初次健身的老

① Daniel Guttmann. Public purpose and private service：The twentieth century culture of contracting out and the evolving law of diffused sovereignty [J]. Administrative Law Review，2001（3）：859 – 926.

② Sport England. 2007. Sport England policy statement：The delivery system for sport in England [EB/OL]. London：Sport England. http：//scholar. google. com/scholar_lookup？

③ Sport England. The Framework for Sport in England [EB/OL]. http：//www. Sportengland. org.

④ http：//www. healthy people. gov/2020/ [EB/OL]. 2011 – 06 – 19.

⑤ U. 5. Department of Heart and Human Serviees. Healthy People 2010 [R]. Washington D. C. U. 5. Government Printing Office，2.

⑥ NCPPA. National physical activity plan gets a running start [EB/OL]. http：//www. hcppa. org/home/news/17/2010 – 05 – 11.

⑦ ［美］戴维·奥斯本，特德·盖布勒. 改革政府 [M]. 上海：上海译文出版社，1996：17 – 33.

⑧ Entwistle Tom，Martin Steve. From competition to collaboration in public service delivery：A new agenda for research [J]. Public Administration，2005，83（1）：233 – 242.

人一般会由具备一定经验的社区体育指导员首先进行严格的健康诊断，根据诊断结果安排老人的健身计划。①

德国是体育大众化发展的典型国家，德国公共服务的提供主体除了政府，还包括具有法人地位的社会保障机构及各种非营利组织等。② 德国公共体育服务均等化的评价标准主要包括事实标准和价值标准。德国体育政策的制定、实施以及体育资源的分配基本都是由德国体育联合会负责，联邦政府以及各州和下级地方政府机构在体育公共服务发展中可以对相关政策、措施提出建议，并对体育公共服务设施的建设提供资助，但不干预体育公共服务管理事务，在管理中主要起协作作用。1960 年，联邦德国奥委会与德国体联和文化部共同发起实施第一个《黄金计划》（1960~1975 年），计划由各州执行，旨在创造条件促进大多数民众能够从事体育锻炼。体育设施建设成为计划实施的最主要途径和建设目标。1976 年，开始实施第二个《黄金计划》（1976~1984 年），体育设施建设仍然为实施重点和重要内容。第三个《黄金计划》（1985~1990 年）的建设意图和目标主要体现在以下两方面：一是对现有场地设施的功能、条件进行改造，以提高设施功能水平；二是建设符合民众体育兴趣需求的新场地设施。三个《黄金计划》为德国体育发展奠定了坚实的场馆设施基础。

1964 年，日本政府在《关于增进国民健康和体力的对策》中提出普及大众体育的方针，成为日本大众体育政策的基石。《体育振兴法》第一条规定，"本法律以明确有关振兴体育政策措施的基本内容，促进国民身心的健全发展，形成明朗而充实的国民生活为目的。"③ 随着体育社会化发展，日本政府逐渐出台《关于面向 21 世纪的体育振兴策略》（1989）和《体育振兴基本计划》（2001~2010 年），鼓励地方建立综合型区域体育俱乐部或泛区域体育中心，并配置一定的发展基金，明确规定对俱乐部基本配套设施给予补贴帮助。日本政府在 1972 年推出《关于普及振兴体育运动的基本计划》，强调了以完善社会体育环境为核心，以社会体育设施建设为重点的发展社会体育的具体措施，明确提出不同经济发展地区的基本社区体育配套设施的标准。1989 年，日本文部省保健体育审议会发表了《关于面向 21 世纪体育振兴计划》的咨询报告书，进一步完善了社区体育中心体育设施的标

① Houlihan B, White A. The politics of sports development: Development of sport or development through sport? [M]. London: Routledge, 2002: 80-83.

② Warner M E, Hebdon R. Local government restructuring: Privatization and its alternatives [J]. Journal of Policy Analysis and Management, 2001 (2): 315-336.

③ 日本体育指导实务研究会监修. 体育振兴基本计划. 体育指导实务必携 [M]. 东京: 行政出版社, 2002.

准。2000 年，日本政府颁布了《体育振兴基本计划》，明确了 2001～2010 年日本体育发展的总体目标及其方针政策，并谋求大众体育、竞技体育和学校体育的协调发展。① 1976 年，颁布《学校体育设施对外开放令》，通过法规促进体育资源的整合。②

新加坡、加拿大、澳大利亚等国家也均将体育公共服务纳入国家宏观规划之中。新加坡体育理事会、教育部、国防部、园林署、康乐署和人民协会等 15 个部门于 1975 年联合制定实施了体育设施蓝图计划，对公共体育服务进行了宏观指导。

综上所述，国外发达国家体育公共服务政策主要为一般民众提供必要的体育公共服务，并通过政策性文件的形式予以制度化。这些发达国家的大众体育政策具有两个共性特征：一是政策目标都具有很强的可检验性，设立了较多的可以量化的指标，以便于检验政策实施的效果；二是所建立的政策目标和国民个人的利益息息相关，为国民所关注和理解，因此具有较强的激励作用。

二、国内相关研究综述

国内学者对体育公共服务的研究集中在领域改革理性分析所做出的对策回应。目前，关于体育公共服务供给主体的研究主要存在三种观点。（1）基于市场失灵理论，有学者认为政府应成为我国体育公共服务体系建设的主体。③（2）有学者认为，政府在提供公共体育服务时，无法应对差异化的需求，造成一部分人无法享受公共物品，导致政府失灵，因而体育公共产品供给可进行市场化运作。④（3）基于政府与市场双重失灵理论，有学者提出，第三部门或非营利组织在公共体育服务供给中可以发挥补充作用。⑤ 关于体育公共服务的有效供给，一种观点认为，其供给完全是政府的职责，不能采取市场化、商业化的经营管理方式，所有经费应全部由政府来承担。⑥ 另一种观点认为，体育公共服务供给不能脱离社会主义市场经济体制，应当走市

---

① 日本体育指导实务研究会监修. 体育振兴基本计划. 体育指导实务必携 ［M］. 东京：行政出版社，2002.

② 日本 SSF 笹川体育财团.《スポーツ白書》［M］. 日本：株式会社かいせい，2006：52.

③ 李丽，张林. 体育公共服务：体育事业发展对公共财政保障的需求 ［J］. 体育科学，2010（6）：53－57.

④ 郭惠平. 对和谐社会我国公共体育服务社会化改革的再思考 ［C］. 第 8 届全国体育科学大会论文摘要汇编（一），2007：110.

⑤ 俞琳. 非营利性组织在体育公共服务中的作用 ［J］. 体育科研，2008（2）：25－27.

⑥ 蓝国彬. 实现城乡公共体育服务均等化的路径思考 ［J］. 体育与科学，2010（2）：9－13.

场化的道路，把公共体育事业单位推向市场，缩减公共财政支出，提高公共体育建设效率，充分满足多层次的体育需求。① 部分学者基于这两种建设路径可能出现的政府失灵和市场失灵问题，提出第三种较为综合的观点，即国家与市场相结合，走公共机制与市场机制相结合的建设路径。②

（一）体育公共服务市场化改革研究

美国管理大师德鲁克自 1969 年提出市场化以来，公共服务市场化开始被贴上民营化、商业化、市场治理、代理政府等标签。20 世纪 80 年代以来，发达国家在体育公共服务供给中开始重视政府职能转变，从市场化改革出发，政府通过打破行政垄断，逐步开放体育公共服务领域，鼓励或允许社会组织、个人以各种方式参与投资建设经营。句华（2003）在《公共服务市场化的内涵和动因》中认为，市场化主要表现形式是企业管理方法的引入（绩效评估、全面质量管理、标杆管理、成本核算制度等）、政府委托授权如合同外包、特许经营等，以及在内部引入竞争，如实行内部市场等。曾宝根（2005）在《当代中国公共服务市场化论析》中提出：（1）培育多元化的公共服务提供主体；（2）合理界定政府的服务角色："掌舵""而非""划桨"；（3）公共服务应以公众为导向；（4）把竞争机制引入公共服务之中；（5）推行绩效管理评估；（6）积极鼓励和引入民间资本。③ 丰云（2012）在《"效率改进"：公共服务市场化改革的理论阐释与实践逻辑》一文中提出分析路径，旨在不断提高公共服务的提供效率，却在一定程度上忽略了这一过程中的价值取向，忽视了政府职能。罗中桓（2002）认为公共服务市场化的趋势是推进公共服务主体的非行政化、推进公共服务内容及公共事务的非政务化以及推进公共服务实现形式的社会化与市场化。黄恒学，孔雪琳（2015）分析得出国外主要采取赋予消费者选择权、引入公共部门与私人部门的竞争、鼓励公共部门采用私人部门的管理精神、引入公私部门伙伴关系以及采用绩效合同制等改革措施。选择和竞争提高了效率，但仍未有效地解决弱势群体被忽视的问题。王廷惠（2006）认为，竞争市场过程中的企业家行动总是能够展示出公共物品的多种私人供给方式，在由非营利性民间公益组织提供时，"搭便车"和排他问题不再成为提供公共物品的制约因素。

唐立慧、郇昌店等（2010）认为我国公共体育服务市场化是以政府为主导，以市场组织和社会组织为主体，通过市场运作实现公共体育服务生产

---

① 刘艳丽，苗大培. 社会资本与社区体育公共服务 [J]. 体育学刊，2005（3）：35 - 38.

② 郝海亭. 自治：公共体育服务的"公平、效率"供给方式 [J]. 广州体育学院学报，2010（2）：12 - 15.

③ 曾宝根. 当代中国公共服务市场化论析 [D]. 华中师范大学研究生学位论文，2005.

与供给的行为。李萍英、许玲（2008）提出，公共体育服务市场化要让企业、非营利组织等参与到公共体育服务中来，借助市场和资本提供公共体育服务。刘艳丽、姚从容（2004）认为体育公共服务生产应形成体育公共服务产业的竞争与合作机制，实现公共资源的有效配置，提高体育公共服务的质量。孟文娣（2008）提出，决定采用何种制度安排，需要考虑不同类型群众体育公共产品和服务的性质、特点和不同制度安排的特征及若干相关因素。刘玉（2012）提出我国体育公共服务市场化改革应明确参与的边界与限度，不断丰富市场化手段；加快发展和培育体育非营利组织，不断丰富融资渠道；加强监管与利益协调，化解利益冲突；加快政府职能转变，加强相关制度建设。黄卓、周美芳（2008）从西方国家体育场馆公共服务市场化的内涵、特征出发，在其建立市场化动因和成效评述的基础上，分析了西方国家体育场馆公共服务市场化的方案。

（二）体育公共服务社会化改革研究

社会化是世界各国公共服务改革过程中一个共同的发展趋势。有学者从广义视角认为公共服务提供除政府之外，均属于公共服务的社会化；还有学者从狭义视角认为公共服务社会化是依靠除政府与市场之外的力量，如非营利组织、社会群体和个人提供公共服务，它们没有政府的强制和盈利压力，仅是出于责任感、公德和维护公共利益的目的。孙晓莉（2007）认为，公共服务社会化是根据不同公共服务项目的性质和特点，以社会需求为导向，鼓励各种非营利组织和社会公众参与兴办公益事业和社会服务，形成以政府为主导各种社会主体共同参与的公共服务供给格局。社会化与市场化的区别在于，市场化论试图为供给者、生产者和消费者提供各种选择机会，以竞争来提高效率；而社会化则强调利用各种手段创造各种条件促进供给者、生产者和消费者之间的合作，试图通过协商合作减少成本，提高公共服务供给的效率和满意度。[①] 刘双良、刘丁蓉（2006）提出，推进公共服务社会化就要明确权责主体，整合结构功能；引入竞争机制，激励社会参与；借助社区治理，充实服务细节；适度职能外移，提升服务效能。吴琦（2006）在《公共服务社会化及其风险》中认为，公共服务是现代政府的主要职能，但这并不代表公共服务只能由政府独家提供。然而，公共服务社会化也隐藏着各种风险，而强化政府责任是防范和控制风险的利器。马菁（2004）认为我国公共服务缺乏竞争机制，公共服务组织发育不够健全，政府在公共服务社会化过程中的职能需重新定位。刘玉在《发达国家体育公共服务社会化改

---

① 赵子建. 公共服务供给方式研究述评［J］. 中共天津市委党校学报，2009（1）：80 - 85.

革实践及启示》（2011）中提出加快体育管理体制改革，增加体育管理部门之间、体育管理部门与其他部门之间的协调配合。花勇民、布特、侯宁等（2015）针对体育社会化改革，提出加强社会体育组织发展，提高体育公共服务能力。

从总体上看，体育公共服务市场化和社会化论的供给思路提倡社会分权与资源整合，社会分权倡导供给主体的多元化，试图建立一个交叠的管理体制，为公众的选择提供更多的机会，资源整合则代表了研究者们试图挖掘并有效利用各种社会资源的良好期望。

（三）体育公共服务政府供给及其责任定位研究

关于政府供给公共物品的研究，阎坤、王进杰（2000）、刘尚希（2002）提出公共物品的非排他性和非竞争性要求必须由政府出面提供，基本观点还是政府是公共物品唯一的供给者，不能由私人供给。张菀洺（2008）在《政府公共服务供给的责任边界与制度安排》中认为，发挥市场与政府的各自优势是公共服务供给的主要制度设计原则，合理的制度安排模式包括：命令与控制模式、工商管理模式、社会化运行、市场化模式。杨宏山（2009）在《公共服务供给与政府责任定位》中认为，作为政府介入的一种服务供给方式，公共服务不同于公共行政，为了保障社会和谐，政府有责任提供均等化的底线公共服务。许大伟（2006）在《公共服务社会化中的政府责任》中提出政府必须积极地转变职能，担负起更多的责任：一是确定公共服务社会化的范围和程序；二是制定和完善市场规则，建设民主法治政府；三是要履行信息公开的责任，及时有效地提供公共信息；四是建立和完善市场准入制度；五是建立和完善公共服务的价格机制，加强政府的宏观调控职能；六是创造孕育第三部门的良好环境，发挥其在公共服务社会化中的积极作用。胡凯艳（2012）在《公共服务社会化过程中的政府责任问题研究》中提出应确保公共服务社会化，以实现公共利益为最终目的，应当在程序和结果两个方面维护公共利益，平衡多维责任。姚军、黄凯（2008）提出从行政观念、组织机构、法律制度及培育市场等方面加快改革步伐，促进政府职能的顺利转变。翁博（2010）在《公共服务市场化改革中的政府责任》中认为，政府的基本责任是提供足额投入以履行公共服务的神圣职责；政府的重要责任是在市场化中加强监管，做好监督者和调控者；政府的关键责任是在市场化中改善管理，做"精明的买主"。

国内学者曹可强（2008）等研究认为，在体育公共服务体系中，政府是责任主体，市场与非营利体育组织是实施主体；建设体育公共服务体系，要充分利用市场和非营利体育组织的作用。王才兴（2008）指出，体育公共服务的核心任务是向群众提供基本的体育公共服务及体育产品，以保障群众的体育权利得到实现。樊炳有（2010）认为，体育公共服务是一个系统性的实践，整个系统至少包括体育公共服务管理系统、体育公共服务规划系统、体育公共服务融资系统、体育公共服务提供系统和体育公共服务绩效评估系统这五个系统结构。闵健等（2005）认为公共体育服务的提供方不但要包括政府体育组织，还要有社会体育组织，它们之间应按合理的等级和层级关系保持运转协调，各司其职。周爱光在《从体育公共服务的概念审视政府的地位和作用》（2012）中提出，在纯体育公共服务和基本体育公共服务领域，政府处于绝对主导地位，在准体育公共服务领域，政府处于核心主导地位。并从体育公共服务的立法者、基本体育公共服务的供给者、多元体育公共服务供给主体的主导者、体育公共服务的监管者、体育公共服务人力资源的开发者和体育公共服务改革的推动者六个方面论述了政府在体育公共服务体系中的重要作用。

（四）体育公共服务供给主体多元化及其合作供给研究

目前，公共服务供给主体多元化研究集中于多元供给主体之间的分工与合作关系。其中，一种观点以对政府责任边界的界定为前提，将那些以纠正市场失灵、维护社会公平为目标的公共服务明确界定为政府责任。但政府可以在组织、监管、协调的前提下吸引、利用其他供给主体共同参与公共服务的供给，比如可以利用命令，采用企业化、社会化、市场化等方式，以政府为主以其他供给主体为辅来共同供给公共服务。[①] 另一种观点以对供给主体性质与公共服务性质的分析为基础，试图在不同供给主体与不同性质的公共服务之间建立一种对应关系，以保证特定性质的公共服务与特定供给机制相匹配，从而实现公共服务供给效率最佳。在这种观点指导下，政府可以提供普遍的义务性服务，市场可以提供差异性服务，而社会力量则可以提供公益性与志愿性服务。[②] 吕达（2004）认为，公共物品应该主要由政府公共部门提供，但不排除在明确产权或收费状态下出于效率的考虑，由私人供给或公私合作供给。吴俊培、卢洪友（2004）提出按照受益范围大小与排他成本的高低，建立公私混合的供给制度是解决公共物品供给效率的选择。

王磊（2007）认为公共物品最优供给主体的选择取决于公共物品供给过程中发生的交易费用，通过一个理论模型来说明公共物品可能存在多个供给主体联合供给。霍丽娇（2011）在《基于政府、企业、社会合作的公共服务提供——PPP 模式及其拓展》中针对政府、市场和志愿的三重失灵，基

---

① 张菀洺. 政府公共服务供给的责任边界与制度安排 [J]. 学术研究, 2008（5）: 50 - 54.
② 黄耀南. 浅析公共服务主体多元化 [J]. 南方论坛, 2008（1）: 52 - 53.

于公私伙伴关系模式进行公共服务的提供便应运而生。田永贵（2008）提出政府在公共服务中垄断了权威与资源配置权，可以利用自上而下的命令与自下而上的互动形成网络。这种网络的治理，一是靠权威，二是靠协商合作实现共同治理。尚海涛、任宗哲（2010）在《公共性和效率性观点下公共产品供给模式多元化及其潜在问题》中认为，通过多主体的协调配合可以克服政府及市场供给的无效或低效，但多元化机制中各主体的协调配合也会发生失效，一样会造成供给的效率损失以及产品公共性缺失的问题。为避免这种问题，政府必须发挥多元机制中的主导和协调作用，从而实现公共利益的最大化。

马寒玉（2012）在《公共服务供给方式的嬗变与重塑——走向网络化治理的供求均衡范式研究》提出从单中心的提供主体扩展到网络化的协作治理；从垂直的服务程式转变到水平的回应结构；从选择性的服务对象过渡到普遍化的社会顾客，在所有供给主体之间创造新的伙伴关系与资源整合方式来提升公共服务供给的效度与满意度，有益于提高公共服务供给质量和效率，盘活公共服务存量，最终使公共服务的分配在资源的约束下趋向最佳动态均衡，逐步实现公共利益最大化。刘银喜、任梅（2007）从公共产品供给主体和供给机制两个层面概括公共产品多元化供给原则，即公共产品的受益空间原则、公共产品非排他性和非竞争性的相关性原则。严明明在《公共服务供给模式的选择——基于公平与效率关系理论的阐释》（2011）中指出，在公共服务供给这一相对具体的层面上，公平与效率的关系问题解决的好坏同样是影响公共服务供给最终效果的一个关键问题。通过对公共服务中公平与效率之间关系的三个层次进行分析，唐祥来（2009）《公共产品供给模式之比较》提出公共产品单一供给主体不可避免"失灵"问题。PPP供给模式是公共部门与私人部门、第三部门缔结为合作伙伴关系供给公共产品的一种有效模式，竞争、激励和博弈不仅提升公共资源的配置效率，也能维护社会公众的公平利益。

肖林鹏（2008）认为政府和体育行政部门，以及准政府组织、非政府组织、企业和个人都可能成为公共体育服务的供给主体。郑家鲲（2011）在《"十二五"时期构建我国公共体育服务体系的若干思考》中提出从明确不同层级政府间的公共体育服务职责、构建非均衡的公共财政政策、构建以政府为主导的多元主体协同互动的公共体育服务治理格局。曹可强在《论体育公共服务供给主体的多元化》（2010）中提出应该运用市场化和社会化手段，引导和吸引社会资源参与体育公共服务供给，逐步形成政府、社会非营利组织和市场商业性组织的多元化体育公共服务供给格局。周岩松《论我国体育公共服务多元供给模式》（2012）结合我国体育公共服务供给主体多元化的考虑，以及我国体育公共服务发展的实际需要，给出以政府为主导，引入企业和社会团体等非政府组织的体育公共服务多元化供给模式。刘艳丽、姚从容（2004）提出在我国体育公共服务供给过程中，提供主体和生产主体可以适当分离。分析了政府、市场、第三部门的多元生产趋势以及各自在体育公共服务生产方面的优势与不足，提出应该在改革实践中使三种方式相结合。张金桥、李丽等（2015）提出构建多元供给主体的协调合作机制；健全供给主体多元化发展的方式支持，推行政府向社会力量购买竞技体育公共服务产品；把握需求多样性，丰富竞技体育公共服务产品供给类型。刘次琴（2012）提出构建以"政府主导，社会参与、适度竞争、监管有力"的模式提供体育公共服务，允许和鼓励私人部门、社会组织、企业参与体育公共服务的供给，满足广大人民群众日益增长的体育公共服务需求。

上述研究深化了体育公共服务改革的思路，奠定了本书研究的基础。虽然有学者主张体育公共服务的市场化和社会化，强调私人部门和社会组织也是体育公共服务供给主体，但对多元供给主体研究缺乏独立性和系统性，对其机制选择缺乏协作性、连接性的思考，协同创新研究较为少见。因此，本书将从政府、市场与社会组织等主体层面对我国体育公共服务多元供给主体协同创新进行研究，旨在提高体育公共服务供给质量和效率，满足公众体育公共服务多元化的需求。

第三节　研究思路与研究方法

一、研究思路

第一，对研究背景、研究意义进行介绍和明确，述评国内外相关研究文献，确立研究方法和研究框架。

第二，阐释了公共服务和体育公共服务的含义，明确了体育公共服务框架层次及提供过程，进而分析了体育公共服务供需的总体特征，确立了本书的理论依据。

第三，系统分析了中国体育公共服务政府供给规模与结构及空间效应、中国体育公共服务政府财政支出效率情况和中国体育公共服务政府供给均等化情况。

第四，分析了国外体育公共服务供给情况及特点，归纳了国外体育公共服务供给的启示与可借鉴的经验等。

第五，中国体育公共服务供给模式演变及现实考察。主要从中国体育公共服务供给模式演变逻辑（演变历史、演变特征、发展态势）、中国体育公共服务多元供给主体供给方式现实分析（政府主导型体育公共服务供给方式、市场主导型体育公共服务供给方式与社会主导型体育公共服务供给方式）以及中国体育公共服务多元供给主体角色定位与多元主体行为优化模式（政府角色定位：主导协调；社会组织定位：补充共享；市场组织定位：互利双赢；多元主体行为优化模式）等方面进行了系统分析。

最后是中国体育公共服务多元供给主体协同创新的路径分析。本部分内容主要从中国体育公共服务多元供给主体协同创新的原则、多元供给主体协同创新的制约因素、多元供给主体协同的模式创新，多元供给主体协同的机制创新和多元供给主体协同创新实践等层面进行了全面分析。

二、研究方法

（一）文献资料法

本书通过中国知网数据库和苏州大学图书馆，以公共服务、体育公共服务、公共体育服务、供给主体、网络治理、协同创新等为关键词查阅了相关研究文献，并对检索的文献进行了归纳整理，为本书的顺利进行提供了资料支撑。

（二）数理模型分析法

本书综合运用不同的数理模型测度和评价了我国体育公共服务效率及均等化情况。运用数据包络分析法（DEA 模型）和 Malmquist 指数模型测度并分析了体育公共服务财政支出的静态和动态效率，并运用 TOBIT 模型分析了影响体育公共服务效率的外部因素；运用 Theil 指数模型评价分析了 2011～2015 年我国体育公共服务均等化发展情况，得出了一系列有价值的研究结果。

（三）比较分析法

本书首先分析了国外发达国家体育公共服务的组织机构、制度建设、场地设施、经费投入、监督评估等层面的内容，并且归纳分析了国外发达国家在各个层面发展相关的情况特点，进而比较分析了国外、国内体育公共服务各个相关领域间的差异性所在以及发展借鉴的经验。

（四）统计分析法

本书通过查阅中国统计机构官方网站和中国体育事业统计年鉴中的相关数据，进行了针对性的整理和统计分析，获得了体育事业相关统计数据，为本书的深入分析提供了数据支撑。

（五）案例分析法

案例分析法是对单一研究对象进行深入且具体研究的方法。本书选择中国体育公共服务多元供给主体协同创新进行研究，总体上涵盖了众多研究内容，主要选取了国家体育总局、江苏省人民政府公共体育服务示范区的发展实践以及江苏省常州市的体育公共服务协同实践作为发展中的案例进行了分析。

第二章

中国体育公共服务多元供给主体协同创新理论阐释

第一节 相关概念的界定

一、公共服务的概念界定

目前，"公共服务"已成为理论界和实践界使用相当广泛的词语，不同学者从各自的视角对其进行了不同界定，虽然形成了一些共识，但仍未形成统一的定义。国际标准化组织（ISO，1991）对服务的定义为：有形产品的附属物（子集），即由生产过程而产生的结果。从形式看，产出可分为产品和服务两种。产品具有有形的特征，生产与消费在时间与空间具有可分性；而服务具有无形的特征，生产与消费在时间上与空间上具有一体性。服务是主体和客体分离的结果，是主体的需要和满足主体需要的客体之间的一种关系，也是指客体在其效用上对主体需要的满足。

1912年，法国公法学家莱昂·狄骥（Leon Duguit）最早明确提出了"公共服务"的范畴，即"任何因其与社会团结的实现与促进不可分割，而必须通过政府来加以规范和控制的活动，就是一项公共服务，只要它具有除非通过政府干预，否则便不能得到保障的特征。"[①] 狄骥同时认为政府是公共服务的唯一主体，基于其所处时代其他公共服务组织尚未发展成熟，所提出的公共服务主体是政府的论点则显得有些狭隘。法国现代著名法学家古斯塔夫·佩泽尔认为，公共服务是指"公共团体为满足普遍利益的需要而进行的活动"，[②] 该理论使得公共服务的主体从政府向公共团体进行了延伸和

---

① ［法］莱昂·狄骥. 公法的变迁 [M]. 辽海出版社，1999：7.

② ［法］古斯塔夫·佩泽尔. 法国行政学（第十九版）[M]. 廖明坤，译. 国家行政学院出版社，2002：14.

拓展。

1954 年，萨缪尔森（Paul A Samuelson）在《经济学和统计学评论》上发表《公共支出的纯粹理论》一文中首次明确界定"公共产品"的含义和特征，他认为公共产品的主要特征是"任何人消费这种物品不会导致他人对该物品消费的减少"。① 随后，布坎南（James McGill Buchanan）提出了"俱乐部经济理论"，奥斯特罗姆（Elinor Ostrom）则从"公共池塘资源"入手，探讨了自主治理公共池塘的可能性，这在一定程度上丰富了公共产品理论，使得公共产品理论体系更加完善，也由此形成了目前公共服务的研究基础和重要途径。上述各位学者试图通过公共产品的非竞争性和非排他性来推演并阐释公共服务。

公共作为一个外来词，在西方语境下，不同学者的理解会有所不同。美国学者乔治·弗雷德里克森（H George Frederickson）在《公共行政的精神》中归纳总结了社会科学中学者们关于"公共"的五种观点：（1）公共是利益集团；（2）公共是理性选择者；（3）公共是被替代者；（4）公共是顾客；（5）公共是公民。② 并且认为，公共既是一种理念也是一种能力。作为一种理念，公共意味着所有的人为了公共利益，而不是出于个人的或者家庭的目的才走到一起。作为一种能力，公共意味着为了公共利益而在一起的工作是一种积极的、获取充分信息的能力。③ 于是，公共与政府被区别开来。当然，公共的行动大多数是通过政府进行的，但是并不是所有的行动都通过政府，社会组织、非营利组织、志愿者协会都是公共的表现形式，这为非政府组织介入公共服务提供了一个合理的理由。公共服务作为政府职能的重要组成部分，使得政府成为公共服务的天然主体。

马庆钰（2005）认为，公共服务主要指由公法人授权的政府和非政府组织以及有关工商企业在纯粹公共物品、混合性（型）公共物品以及私人物品的生产和提供中所承担的职责。李军鹏（2003）认为，公共服务是公共部门与准公共部门为满足社会公众需要，共同提供公共产品的服务行为的总称。该界定强调了公共服务需要满足对象的需求以实现其价值来进行界定。虽然理论界和实务界对公共利益的界定存在分歧，但维护公共利益对公共服务的提供极其重要。柏良泽（2007）认为，公共服务可以界定为以公共利益为目的提供各种物品（包括有形物和无形物）的活动。并且认为，公共利益是判断公共服务的内在依据，物品只有与公共利益相联系才具有公

---

① 方堃. 当代中国新型农村公共服务体系研究［M］. 中国社会科学出版社，2010：18.
②③ ［美］乔治·弗雷德里克森. 公共行政精神［M］. 丁煌，译，中国人民大学出版社，2003：28，46.

共服务的特性。弗雷德里克森（2003）提出，"政府公共服务就是对宪法、社会公正和公共利益做出必需的回答"。陈昌盛、蔡跃洲（2007）提出"公共服务通常指在一定社会共识基础上，一国全体公民不论其种族、收入和地位差异如何，都应公平、普遍地享有服务。"方堃（2010）认为，公共服务是指以政府为代表的公共部门和其他治理主体为满足社会公共需要，整合公共权力和公共资源，通过各种机制及方式，提供物质形态或非物质形态的公共物品和服务，以实现公共利益目标的行为总称。这种基于公共利益对公共服务的界定对传统语境下依据物品属性而进行的界定有了一定的突破。陈力（2007）从广义和狭义层面界定了公共服务概念，认为狭义上的公共服务是指政府公共服务，而广义上的公共服务是指政府组织及社会其他组织，以社会公共利益为目的，提供各种共同需要的有形或无形服务产品的活动（包括纯公共产品、混合性公共产品以及特殊私人产品）。

综上所述，公共服务中包含着价值维度，严格的非竞争性和非排他性的公共产品则缺乏价值判断的意蕴。追求公共利益成为政府公共服务问题研究的重点，公共服务强调社会的公正和覆盖面，注重公共利益的实现。政府作为公共利益的代表，其职责是促进公共利益的实现。政府虽然在公共服务供给中承担着重要责任，而公共服务的复杂性使得单靠政府难以提供足够的公共服务，将服务的提供者与生产者相分离成为世界的潮流。私营部门和社会组织日益成为公共服务不可或缺的提供主体，当然，政府仍然是公共服务供给中的最核心、最重要的责任主体。因此，本书认为，公共服务是指由政府部门、市场组织及其他社会组织以社会公共利益为目的，为满足社会公共需要而提供的各种公共物品和服务。

二、体育公共服务的概念界定

目前，理论界和实践界仍然存在着体育公共服务与公共体育服务这两种表述上的争论。关于体育公共服务，部分学者认为其是公共服务的一个领域，完全具有公共服务的各种特性，区别在于体育公共服务概念的外延比公共服务概念的外延狭窄。刘亮（2011）指出，厘清体育公共服务概念的内涵，不仅是理论研究的逻辑起点，而且对体育实践也有着重要的指导意义。从概念位阶维度看，体育公共服务的上位概念是公共服务。易锋（2013）等学者认为国内学者对体育公共服务的概念和内涵存在诸多争议，而外文资料几乎没有对体育公共服务概念相关的专门讨论。外文有称之"体育和公共服务"，也有称"公共体育和娱乐服务"的。樊炳有（2009）强调，体育公共服务就是提供体育公共产品和服务行为的总和，包括加强体育公共设施建设、发展体育公共事业、发布体育公共信息等，为丰富社会公众生活和参与体育活动提供社会保障和创造条件。

关于公共体育服务，学者肖林鹏（2007）等认为，公共体育服务的上位概念是公共体育。我国政府将体育与科、教、文、卫并称五大事业，实际上就是将体育视为公共体育的一种形式。郇昌店（2009）等学者认为体育领域公共服务的术语也应采用"公共＋公共事业＋服务的格式"，最终推断"公共体育服务"是规范术语。戴永冠和林伟红（2012）同样认为"公共"是形容词，修饰名词"体育"或者"体育服务"，构成"公共体育"或"公共体育服务"是合乎逻辑的。各种争论虽未能达成共识，却启发我们从不同的角度来确定术语的规范性和合理性，为今后体育领域术语的使用提供了参考。① 王家宏（2016）研究认为公共体育服务概念是根据公共服务的概念进行推演而得出的，即公共服务概念在体育领域内的适用。此外，肖林鹏、李宗浩等（2007），闵健（2005）、汤际澜（2011）等学者均从不同角度对公共体育服务的概念进行了各自的界定。

综上所述，"体育公共服务"和"公共体育服务"不是内涵与外延的争论，而是表述的争议，名词的不同并未有实质差异，即在现实点上"体育公共服务"和"公共体育服务"作为不同语词所表达的是同一概念，② 修饰语"公共"反映了体育需求与供给过程中的一种价值取向与利益选择，③ 都强调体育服务的公共属性，其内涵为实现和维护社会公众或社会共同体的公共体育利益，保障其体育权益目标的实现。④ 体育公共服务与公共体育服务在内涵与外延上并无实质区别，对于这两种概念的表述只是在语言表述倾向、所属上位概念上有所争议，但均认同政府部门、社会组织等作为主体，满足人民群众客体的体育需求、提供各种体育服务内容的实质内涵。学者们更多地是从产品性质的角度进行研究的，而满足公众的公共体育需求、保障公民体育权利则是最终目标。在市场经济体系下，公共服务的生产与提供主体是多元的，政府、市场组织与社会组织均可参与其中。因此，体育公共服务是指由政府部门、市场组织及其他社会组织以社会公共利益为目的，为满足社会公共需要而提供的公共物品和服务，其研究的核心问题是有效地整合体育公共服务资源，为有效运行提供保障，即研究服务主体如何有效提供体

① 陈斌，韩会君. 公共体育服务概念的科学认识——基于术语学的视阈 [J]. 广州体育学院学报，2015（2）：7-11.

② 吕树庭，王菁. 体育公共服务，还是公共体育服务——概念间关系的梳理与辨析 [J]. 广州体育学院学报，2016，36（1）：1-6.

③ 周爱光. 从体育公共服务的概念审视政府的地位和作用 [J]. 体育科学，2012（5）：64-70.

④ 刘亮. 我国体育公共服务的概念溯源与再认识 [J]. 体育学刊，2011，18（3）：34-40.

育公共服务的问题。

三、协同创新的概念界定

关于协同创新的概念，目前尚未有统一的界定。德国理论物理学家赫尔曼·哈肯于 1973 年首先提出了"协同"这一概念，1977 年出版了《协同学导论》一书，构建了协同学理论的框架，目前协同学已成为非平衡系统的自组织理论中一个重要的学派。① 协同创新是协同学的思想应用于技术创新领域的具体体现。不同学者对协同创新的概念进行了研究。彼得葛洛（2011）最早将协同创新定义为由自我激励的人员组成的网络小组形成集体愿景，借助网络交流思路、信息及工作状况，合作实现共同的目标。亨利·埃茨科维兹在《三螺旋》中指出，在协同创新中，不强调谁是创新主体，大学、产业、政府三方都可以是创新的组织者、主体和参与者，无论以哪一方为主，最终都是要形成动态三螺旋，推动各种创新活动深入开展。胡恩华等（2007）提出协同创新是指集群创新企业与群外环境之间既相互竞争、制约，又相互协同、受益，通过复杂的非线性相互作用产生企业自身所无法实现的整体协同效应的过程。李兴华（2011）认为协同创新是围绕创新的目标、多主体、多因素共同协助、相互补充、彼此配合的创新行为。严雄（2007）研究认为，产学研协同创新是指企业、大学、研究机构三个基本主体投入各自的优势资源和能力，在政府、科技服务中介机构、金融机构等相关主体的协同支持下，共同进行技术开发的协同创新活动。陈光（2005）研究认为，协同创新是指创新相关要素有机配合，通过复杂的非线性相互作用产生单独要素所无法实现的整体协同效应的过程。李金海、崔杰、刘雷（2013）在《基于协同创新的概念性结构模型研究》中认为，协同创新是指多个协同创新主体在外部环境的影响下，通过复杂的非线性相互作用产生单个主体自身所无法实现的协同效应的过程，提出了协同创新的新理论——双钻石模型。陈劲（2009）等认为相对于协同制造和开放式创新，协同创新是一项更为复杂的创新组织方式，其关键是形成以大学、企业、研究机构为核心要素的创新主体。黄承梁（2011）认为，协同创新是指内外部组织各行为主体或资源主体基于共同目标、内在动力和有效沟通，通过构建充分发挥各自优势、资源和能力的共享平台和分享机制，互相配合、协调一致创造新生事物的过程和活动。

协同创新多为组织内部形成的知识（思想、专业技能、技术）分享机

---

① 赫尔曼·哈肯. 协同学 [M]. 上海世纪出版社，2005.

制，特点是各独立的创新主体拥有共同的目标、内在动力，依靠现代信息技术构建资源平台，进行多方位交流、多样化协作。协同创新是指创新资源和要素有效汇聚，通过突破创新主体间的壁垒，充分释放彼此间人才、资本、信息、技术等创新要素的活力而实现深度合作。协同创新是一项复杂的创新组织方式，其关键是形成以大学企业研究机构为核心要素，以政府、金融机构、中介组织、创新平台、非营利性组织等为辅助要素，多元主体协同互动的网络创新模式，通过知识创造主体和技术创新主体间的深入合作和资源整合，产生系统叠加的非线性效用。协同创新主要具有整体性和动态性的特点。由此看出，协同旨在实现共同目标，两个或两个以上的主体各自发挥自己的优势，通过长期合作，并综合运用各种工具和手段，放大整体功效的过程。从组织之间相互合作的视角来看，协同强调主体之间的合作关系，强调对组织使命有益的一致性。① 同时，创新具有主体多元性、效应协同性和自组织原理等特征。其中，主体是指有目的、有意识地从事实践和认识活动的人或由人群构成的组织。体育公共服务供给的协同创新涉及的主体主要有政府、市场与社会组织等，各个主体通过协同作用，提高体育公共服务供给效益和公平，保障公众体育公共服务需求。

　　本书在借鉴以往学者观点的基础上，结合协同论的基本内涵，认为协同创新是基于共同目标、内在动力和有效沟通，通过构建充分发挥各自优势、资源和能力的共享平台和分享机制，互相配合、协调一致创造新生事物的过程和活动。其中，协同创新包括不同治理主体之间的大协同创新和政府内部跨部门的小协同创新。协同创新是正式的制度安排，即不同主体间形成长效、稳定的制度设计和安排，且只有跨部门、跨组织之间的协同合作，才可以发挥多元主体的协同效应。在公共治理活动中，协同治理创新包括三类主体协同模式：政府组织之间的协同合作，即行政部门之间的协同合作，政府组织与非政府公共组织间的跨部门合作以及政府、社会组织与企业组织之间的公私合作关系等模式。而具体到公共管理领域，协同包括上下级政府之间的纵向协同和同级政府之间、同一政府不同职能部门之间的横向协同，以及政府公共部门与非正组织之间的内外协同。当然，公共管理的协同强调三个层面的整合：（1）治理层级的整合，包括不同治理层级或同一层级的整合；（2）治理功能的协调整合，使不同功能部门协同工作；（3）公私部门的整合。协同是通过包括横向和纵向的协调，有效利用各自的资源和优势，为公众提供无缝隙的而非相互分离的服务的过程。协同更是解决公共服务多元主

---

① 赖先进. 论政府跨部门协同治理［M］. 北京：北京大学出版社，2015：26 - 27.

体供给导致的碎片化问题的机制选择，目标和利益两个关键变量的不同组合，可以形成不同的协同关系类型（见图2－1）。①

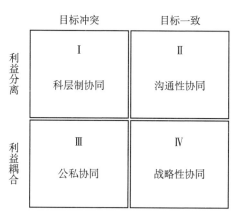

图2－1 公共服务协同体系分析

当然，科层制协同式的协同关系表现为自上而下的协同安排，通过超越各方利益的自上而下的力量，促使协同机制形成。公共服务供给机制中，民营化的公私伙伴关系类似于买卖双方间的协同关系，尽管双方目标冲突，但利益相互依赖，即存在利益耦合关系。当然，当双方目标一致、利益无法耦合时，双方或多方之间的协同即为沟通性协同；而当双方和多方出现目标一致和利益耦合的局面时，即形成了稳定的、持续的、制度化的协同关系，也即构成战略性协同关系。

第二节 体育公共服务框架层次及提供过程分析

一、体育公共服务框架层次分析

公共服务的分类是公共服务多元主体产生的基础，服务自身的特性决定了供给的条件和方式分别见表2－1、表2－2。国内学者陈昌盛、蔡跃洲（2006）认为，任何公共服务都可以划分为四个层次来考察（见表2－3）。第一个层次必须回答什么是公共服务和公共服务的范围。第二个层次则要回答提供多少、如何融资、生产与定价问题。第三个层次需要更加注重公共服

① 汪锦军. 构建公共服务的协同机制：一个界定性框架 [J]. 中国行政管理，2012（1）：18－22.

务实践中的运行问题，强调如何在现实中保证公共服务的效率和公平，需要建立什么样的机制来实现这一目的。第四层次强调政策执行的效果与激励机制设计，并为政策工具的调整和改进直接提供依据，目的是保证公共服务提供的稳定性、有效性和可持续性。

表2-1　　　　　　　　　公共服务类型和供应的安排方式

生产方式	制度安排	个人物品	可收费物品	集体物品	公用资源
政府直接生产	免费供应	适用	适用	适用	适用
	用者付费	适用	适用	—	适用
	内部市场	适用	适用	—	—
政府间接生产	政府间协议	适用	适用	适用	适用
	合同外包	适用	适用	适用	适用
	特许经营	适用	适用	—	—
	补助	适用	适用	—	适用
	凭单	适用	适用	—	适用
政府减少或不生产	政府撤资	适用	适用	—	—
	政府淡出	适用	适用	—	—

资料来源：句华. 公共服务中的市场机制：理论、方式与技术 [M]. 北京：北京大学出版社，2006：47.

表2-2　　　　　　　　　不同部门提供公共服务有效性比较

部门	任务	公共部门	私营部门	第三部门（社会组织）
适合公营部门	政策管理	E	I	D
	管理实施	E	I	D
	实行公平	E	I	E
	防止歧视	E	D	D
	防止剥削	E	I	E
	提高社会凝聚力	E	I	E
适合私营部门	经济的任务	I	E	D
	投资的任务	I	E	D
	产生利润	I	E	I
	提高自足的能力	I	E	D

续表

部门	任务	公共部门	私营部门	第三部门 （社会组织）
适合私营部门	社会的任务	D	I	E
	需要志愿劳动的任务	D	I	E
适合第三部门	产生微利的任务	D	I	E
	提高个人的责任心	I	D	E
	加强社区	D	I	E
	提高对他人福利的责任心	D	I	E

注：每一部门最适合的任务，E＝有效果，I＝无效果，D＝取决于环境。

资料来源：［美］戴维奥斯本，［美］特德·盖布勒.《改革政府：企业家精神如何改革着公共部门》.周敦仁等，译.上海：上海译文出版社，2006：330－331.

表 2－3　　　　　　　　　公共服务的分析框架

公共服务层次	对应理论及说明
第一层次：公共服务范围	公共服务界定，政府的边界、政府规模
第二层次：公共服务的提供 　提供多少、怎样融资 　如何生产、定价与提供	偏好显示与公共选择、最优公共品供给税收、公债或收费 公共品生产效率与定价、写作生产理论 公私合作
第三层次：公共服务运行机制 　效率机制 　分权化 　市场化 　从单中心到多中心 　公平机制 　内部化 　中央政府再分配 　基本公共服务与机会均等	公共产品的层次性，以足投票、信息优势与竞争机制，地方政府治理理论 平民主义、市场准则与"企业化政府理论" 公私合作、协议外包等 偏好异质性、选择多样性与引入竞争机制 非政府组织 外部性 政府转移支付 社会保障、公共教育与公共医疗等 福利体系
第四层次：公共服务：绩效与可持续性 　公共服务绩效评估与审核 　公共服务的可持续性	公共服务的生产力 制度效率与激励机制，公共服务与法制 成本—效益分析、公共监督 可持续战略、财政风险控制

资料来源：陈昌盛，蔡跃洲.中国政府公共服务：体制变迁与地区综合评估［M］.中国社会科学出版社，2007：21－22.

学者阿格罗夫（Robert Agranoff）与麦克格雷（Micheal Mcguire）认为，在分权化和民营化的趋势下，政府与非政府的私营企业、非营利组织等联合供给公共物品大大提高了公共物品的供给效率，以致"管理的和制度的安排经常是建立在公私之间以及州与地方政府之间的链环基础之上的"。[①] 在此基础上，国内学者王伯超（2008）以公共服务层次理论作为体育公共服务层次框架的分析基础，把体育公共服务体系分成四个层次。其中，第一层次是基本理论问题；第二层次是体育公共产品和服务提供；第三层次是如何保证体系健康有序运行的体育公共服务运行机制；第四层次为绩效与可持续发展。通过上述分析得知，公共服务以及体育公共服务追平公平和效率的机制构成体育公共服务的运行目标机制，而体育公共服务的提供以及绩效评价和改进则成为体育公共服务有效供给的重要保障，其整体上的层次构架蕴含着体育公共服务供给的流程，涉及各个方面的所有重大问题。

二、体育公共服务提供过程分析

著名质量管理专家戴明提出质量环模型，阐释了通过计划、实施、检查、改进螺旋上升的模式提升质量控制水平的理论，戴明"质量环"主要包括四个要素：（1）计划——做什么，何时做，谁来做，怎样做以及用什么来做；（2）实施——计划性活动得到实施；（3）检查——确定活动是否达到了预期的效果；（4）改进——根据检查中收集的信息对计划进行调整。该模型是对产品或者服务形成的流程和规律的描述，也包含在从识别需要到评定这些需要是否得到满足的各阶段中，影响质量的相互作用活动的概念模式。ISO9004-2 中给出了服务业通用的质量环模型，[②] 体育公共服务作为服务的一种，其基本过程的构成与一般服务过程不存在本质上的差异。公共服务环作为一个不断循环的封闭的环，涵盖了自公共服务的需要和期望，至最终满足需要和期望的各个阶段，是对体育公共服务产生、形成和实现过程的抽象描述、理论提炼和系统概括，这样一个质量—过程理论模型，对体育公共服务过程进行了较为全面的准确反映，从本质上揭示了体育公共服务质量的规律。对于体育公共服务供给改革的整体设计而言，就是运用结构化思想进行系统结构分析和构造，自上而下、划分模块、逐步求精，找出系统的组成要素，按照体系构造要求形成结构。

根据公共服务质量环原理，结合体育公共服务发展实践，本书分析得出

---

① 田永贤. 公共服务供给的组织间合作网络 [J]. 东南学术，2008（1）：88-94.

② 蒲伦昌，朱立恩. 服务质量体系的建立与运行——ISO9004-2 标准的实施 [M]. 中国计量出版社，1994.

体育公共服务质量环的理论模型（见图2-2），体育公共服务涉及各个方面，从群众体育需求和基本体育权益研究开始，如何供给与如何保障体育公共服务、提供更好的体育公共服务，到体育公共服务评价考核体系研究，各部分环环相扣、关联密切，具有严密的逻辑性和完整性。体育公共服务是关乎服务的一个需求、产生、形成与实现的过程，这种过程是由按照一定逻辑顺序进行的一系列活动构成的，提高体育公共服务的质量就是提高这个过程的质量。体育公共服务可以分为四个前后贯通的部分和过程，包括体育公共服务需求、体育公共服务供给、体育公共服务保障以及体育公共服务评价等，进而形成了体育公共服务供给的过程结构。

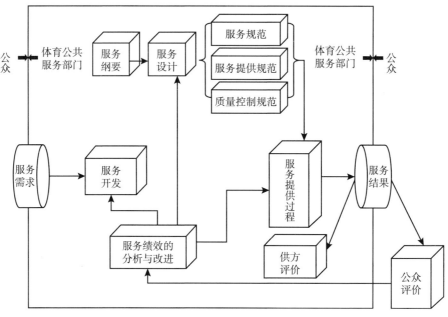

图2-2 体育公共服务质量环

资料来源：笔者设计。

上述"质量环"模型所进行的流程分析更多的是从宏观、中观层面对体育公共服务需求、供给与保障以及及时有效评价等环节的整体呈现，并未涉及供给主体类型以及微观层面各个供给主体的程序分工等微观层面的问题。随着社会分工的不断细化，体育公共服务供给涵盖了多元主体内部乃至跨主体之间多个环节的外包与转移、分工与协作的产生，服务供应链等制度供给的形成（见图2-3）。程序分工理论则为本书从微观层次观察服务供给流程中主体分工，以及分析体育公共服务多元主体协同供给提供了全新视角。

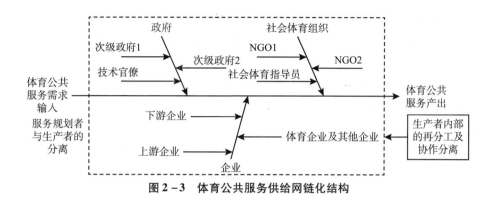

图 2 - 3　体育公共服务供给网链化结构

由图 2 - 3 可知，体育公共服务供应链绝非单链式结构，其本质是由多元参与主体形成的战略合作和联盟，是横向一体化在不同服务生产主体间的扩展。每一个主体都有着自己的职责分工和能力要求，网链化结构对体育公共服务供给中的程序分工进行了高度的整合，对纵向一体化和横向一体化两个维度进行了有效融合，实现了政府机制、市场机制和社会机制的作用互动，促使了体育公共服务效率和质量的提高。

第三节　我国体育公共服务供给与需求的总体特征分析

一、体育公共服务需求的多层次和多样性

公共需要不是全社会个人需要的简单相加，而是一般社会需要的抽象，是维持社会存在和社会发展正常运行的基础条件。[①] 公共服务需求是公共需要的一个重要组成部分，它是人类社会共同体对公共产品和公共服务的共同需要。[②] 体育公共服务需求存在异质性，即在同质体育公共服务需求的基础上，基于年龄、社会地位及收入等差异而存在需求差别。长期以来，我国实行自上而下的管理体制，供给与切实需求存在着偏差。而政府在体育公共产品决策机制上的缺位、越位还导致公共产品供给结构上的失衡。随着公共管理改革和"以人为本"理念的影响，逐步建立起以居民为导向的体育公共服务体制，即体育公共服务的提供转而由公民和社会需求决定。公民体育权利的实现是我国体育公共服务需求体系框架结构功能支撑点，并进而成为政策的出发点。

---

① 孙晓莉. 中外公共服务体制比较研究［M］. 国家行政学院出版社，2007：3.
② 李军鹏. 公共服务学——政府公共服务的理论与实践［M］. 国家行政学院出版社，2007：9.

公共需求是公民个体需求中的共性要求。① 随着社会经济发展，人民收入水平得以提高，导致体育公共服务需求的快速增加，而个人偏好的多样化则引起了体育公共服务需求的多样化。近年来，城市和农村体育公共服务需求结构发展迅速，逐渐由消费型向发展型转变。社会的发展和城市所处的地域、文化环境、发展水平和居民层次等不同，不同的经济基础、文化水平和工作单位构成了不同群体，形成了体育公共服务不同的需求理解和需求。根据国家体育总局对 20～69 岁城乡居民的日常体育健身活动状况调查，该调查围绕体育健身活动的参与度、体育健身意识与锻炼项目、体育健身活动的场所、体育锻炼的消费、体育赛事观赏、对体育公共服务体系建设的需求等方面展开。城乡居民参加体育健身活动原因的前五位依然是"消遣娱乐""增加体力活动""防病治病""减肥"和"减轻压力及调节情绪"。锻炼形式以健步走为主，其次是跑步、乒乓球、羽毛球、广场舞、足球和篮球。在参加体育锻炼的人群中，有过体育消费的比例为 68.1%，其中 58.5% 的人全年消费总额在 500 元之内。与以往同类调查结果相比，人均消费水平有所提高，由原有的全年人均消费水平 593 元提高到 645 元。② 从总体上看，体育项目观赏呈现多元化特点，球类项目受关注的程度较高，这也充分反映了体育公共服务需求的多样化特征。因此，按照"保基本、全覆盖、公平均享有、可持续"的原则，在充分调查民众场地需求、项目需求、时间需求、技术需求、组织需求等的基础上，制订多样化的体育发展计划，向全体居民提供体育公共服务，努力促进和完善妇女儿童、老年人、残疾人、职工等重点人群的体育公共服务供给。

二、体育公共服务供给的复杂性

公共服务的复杂性来源于自身结构、参与方关系、供给方式和所处社会环境的复杂性，公共服务供给中往往存在着各种不同机制的混合。③ 体育公共服务供给体系不仅需要立足于公众的基本体育权益和体育公共服务需求组织好体育公共服务的生产，还需要根据供给对象的需求特点和行为特点，选择合适的途径和方式，实现体育公共服务的最优供给。随着经济和社会自组织力量的发展，体育公共服务供给过程演变成为由政府、市场与第三方等不同角色所组成的复杂合作网络过程。目前，多元化背景下的体育公共服务供

① 鄂爱红. 公共服务的伦理内涵与价值 [J]. 中国特色社会主义研究，2006 (4)：73 – 77.
② 李雪颖. 青少年锻炼强度有待提高 [N]. 中国体育报，2014.
③ 王家宏. 我国公共体育服务体系的内涵特征与价值取向 [J]. 成都体育学院学报，2014，40 (1)：7 – 11.

给体系已不再是政府作为单一主体的活动，而是多元主体的多中心供给模式。

体育公共服务主体主要包括政府、企业、第三部门及社会居民等。从纵向上来看，政府主体主要由市级政府、县（区）级政府及乡（镇）政府（含街道、办事处）三个层次组成；横向上主要包括参与体育公共服务体系运行的政府部门、人大部门、政协部门、党组织机构。政府作为体育公共服务体系运行的主要推动力量，本身结构的复杂性无形中增加了系统的复杂性，尤其是资源的有限供给中，政府行为的改变影响了系统整体的运行。在系统变化过程中，作为拥有资源优先权和政策制定权的政府，其围绕资源和环境互动做出的行动策略影响着体育公共服务体系的发展。在复杂系统与环境交互过程中，政府主体针对外界环境变化与外界主体和内部主体的博弈选择也是体育公共服务体系面对复杂外界环境的集中体现。

三、体育公共服务实现过程的民主性

民主化主要是针对民众需求提供制度化供给的过程，即通过有效制度和规则顺应民意的过程。公共服务供给决策的民主化是将民主理念、民主机制以及民主方法和技术引入公共服务供给决策，以促进公共服务供需结构平衡，增进公共服务供给的民主性和科学性。[①] 相应地，我国体育公共服务供给决策民主化需要多元化的决策主体，民主化的决策程序与决策监督以及理性化的信息交流与偏好转换。首先，我国政府与公民之间的关系更多地表现为管理者和被管理者关系，这种关系影响了公民对于政府的认同意识和支持度。其次，各级政府需要不断建立和完善体育公共服务事项调查研究和集体决策制度、政策专家咨询制度、公示及公开征求意见制度，确保决策程序的民主化，进而实现政府公共决策的科学化。再者，上级政府体育公共服务供给决策不能仅靠考核指标、政绩、任期等因素来进行，还需要强化体育公共服务供给决策过程的公民参与，这不仅需要畅通公众表达公共利益诉求的通道，保证体育公共服务的公共性和服务性，还需要公开体育公共服务的有关信息，赋予公众更多的知情权、表达权和监督权，让公众参与监督和评估体育公共服务绩效，提高体育公共资源的利用效率；最后，要尊重公众公共体育权益，实现公共政策执行由管理型向服务型的转变。

---

① 吴春梅，翟军亮. 协商民主与农村公共服务供给决策民主化 [J]. 理论与改革，2011（4）：73 – 76.

第四节 本书的理论依据

一、新公共管理理论：市场主导

新公共管理理论（new public management，Hood，1991）不仅是一种新的政府管理理论，而且是一种新的公共服务模式。美国学者戴维·奥斯本和特德·盖布勒在《改革政府：企业家精神如何改革着公共部门》中认为：（1）起催化作用的政府：掌舵而不是划桨；（2）社区拥有的政府：授权而不是服务；（3）竞争性政府：把竞争机制注入服务提供中去；（4）有使命的政府：改变照章办事的组织；（5）讲究效果的政府：按效果而不是按投入拨款；（6）受顾客驱使的政府：满足顾客的需要而不是政治的需要；（7）有事业心的政府：有收益而不是浪费；（8）有预见的政府：预防而不是治疗；（9）分权的政府：从等级制到参与和协作；（10）以市场为导向的政府：通过市场力量进行改革。① 新公共管理提倡在合理划分政府与市场各自职能的同时，把公共机制和市场机制有机融合。新公共管理理论对我国体育公共服务供给建设的理论贡献在于为在处理政府与市场、政府与企业、政府与社会的关系时提供了一整套不同于传统行政学的新思路，主张将市场的激励机制、竞争机制和私人部门的管理方法与手段引入政府的体育公共服务供给。但该理论在重视供给效率的同时，存在对体育公共服务公平的忽视。新公共管理运动之后，公共服务供给方式的研究肯定了市场与社会力量在显示个人需求方面的有效性，并以此为基础，开发了许多可操作性的市场化与社会化的供给方式，这些方式在实践上表现出了很强的有效性，并产生了示范效应，成为当前体育公共服务供给方式研究的主要内容。

二、新公共服务理论：公民价值

新公共服务理论是在与新公共管理理论的争鸣中产生并发展的，主张在公共管理改革中倡导参与式的国家模式，强调保护公民自由，发挥社区与非政府组织在公共管理中的作用。美国行政学者罗伯特·丹哈特和珍妮特·丹哈特夫妇首次正式系统地提出新公共服务理论，其基本原则和内涵是：（1）服务，而非掌舵；（2）公共利益是目标而非副产品；（3）战略地思考，民主地行动；（4）服务于公民而不是顾客；（5）责任并不是单一的；

---

① ［美］戴维·奥斯本，特德·盖布勒. 改革政府：企业家精神如何改革着公共部门 ［M］. 周敦仁，译. 上海：上海译文出版社，1996.

（6）重视人的价值；（7）超越企业家身份，重视公民权和公共服务的价值。新公共服务理论是公共行政将公共服务、民主治理和公民参与置于中心地位的治理系统中应扮演角色的一系列思想和理论。^① 新公共服务理论强调政府在多中心治理系统中的重要作用，提倡政府应承担满足公民所需要的各种公共服务的责任，努力促进和维护公共利益的实现。在公共服务提供体系中，通常有三种主要力量，分别是国家、市场和志愿部门。政府提供公共物品和服务有两种方式：第一种是直接提供，即政府全面负责公共服务的生产和供给；第二种是政府通过签约的形式，交由企业或者非营利组织来提供。而在更多的领域，则可以由私人本身通过生产或购买服务得到解决。因此，在公共服务的提供中，需要明确政府在公共服务提供中的责任与边界，政府并不需要提供所有服务，但在很多公共服务中需要承担责任。与此同时，在体育公共服务提供中，不同的制度和组织环境，政府可以采用不同的提供模式，政府并不一定在需要承担责任的体育公共服务领域都亲力亲为。

三、委托—代理理论：所有权与经营权分离

20 世纪 30 年代，美国经济学家伯利和米恩斯提出了委托代理理论。委托代理理论认为，委托代理关系是随着生产力大发展和规模化大生产的出现而产生的，其原因一方面是生产力发展使得分工进一步细化，权利的所有者由于知识、能力和精力的原因不能行使所有的权利了；另一方面，专业化分工产生了一大批具有专业知识的代理人，他们有精力、有能力代理行使被委托的权利。但在委托代理关系当中，由于委托人与代理人的效用函数不一样，委托人追求的是自己的财富更大，而代理人追求自己的收入、奢侈消费和闲暇时间最大化，这必然导致两者的利益冲突。没有有效的制度安排，代理人的行为很可能最终损害委托人的利益。我国体育公共服务供给中，政府虽然是主导地位，但各种社会力量是完善和补充体育公共服务体系的重要构成，不可或缺；但要打破政府垄断局面，引入市场竞争机制，主张公共部门以委托代理方式签订对外合同，发挥市场和社会力量在体育公共服务转包方面的作用。而政府须在公共服务合同外包给第三方过程中进行有效监督。

四、治理理论：多中心主体

20 世纪 70 年代末以来，主要的市场经济国家针对市场失效与政府失效进行了政府改革，治理理论应运而生。治理理论突破了政府中心论的局限

---

① 罗伯特·B. 登哈特. 新公共服务——服务而不是掌舵［M］. 中国人民大学出版社，2004：22.

性，将市场、政府以及其他机构看作一个不可或缺的整体，目标是建立政府、市场、公民社会三者相互依赖与多元合作的公共事务治理模式。治理理论强调政府在完成社会职能时，有责任采用新的方法和措施，以提高管理效率。而以奥斯特罗姆为代表的制度分析学派提出了多中心治理理论。多中心则意味着在社会公共事务的管理过程中，并非只有政府一个主体，而是存在着中央政府单位、地方政府单位、非政府组织、私人机构等多个主体，它们在一定的规则约束下，以多种形式共同行使主体性权力，即多中心体制①。多中心的治理结构要求在公共事务领域中，国家和社会、政府和市场、政府和公民共同参与，结成合作、协商和伙伴关系，形成一个上下互动的双向度或多维度的管理过程。在国家公共事务、社会公共事务甚至政府部门内部事务的管理上，借助于多方力量共同承担责任，其中既有对事务的管理，也有对人和组织的管理；既有对眼前事务的管理，也有对长远事务的管理。其特别之处在于用一种新的眼光思考什么样的管理方式可以实现公共利益的最大化。② 治理理论可以弥补国家和市场在调控和协调过程中的某些不足。

本 章 小 结

体育公共服务是指由政府体育相关部门、市场组织及其他社会组织以社会公共利益为目的，为满足社会公共需要而提供的公共物品和服务，其研究的核心问题是，研究服务主体如何有效提供体育公共服务，为有效运行提供保障。

体育公共服务供给改革的整体设计是运用结构化思想进行系统结构分析和构造，自上而下、划分模块、逐步求精，找出系统的组成要素，按照体系构造要求形成结构。体育公共服务供应链绝非单链式结构，其本质是在多元参与主体的范围内形成的战略合作和联盟，是横向一体化在不同服务生产主体间的扩展，每一个主体都有着自己的职责分工和能力要求，对体育公共服务供给中的程序分工进行了高度的整合，从纵向一体化和横向一体化两个维度实现了政府机制、市场机制和社会机制的互动，促使了体育公共服务效率和质量的提高。体育公共服务需求与供给的总体特征主要包括体育公共服务需求的多层次和多样性、体育公共服务供给的复杂性、体育公共服务实现过程的民主性。新公共管理理论、新公共服务理论、委托代理理论、治理理论等为中国体育公共服务多元供给主体协同创新研究奠定了基础。

---

①② 陈广胜. 走向善治 [M]. 杭州：浙江大学出版社，2007：99，101.

第三章

中国体育公共服务效率与
均等化评价研究

体育公共服务事业发展是社会发展与人类文明进步的重要组成和标志之一，是一个国家综合国力和社会文明程度的主要体现。我国人均 GDP 已经突破 10000 美元大关，我国公众体育消费动力开始展现，发展体育公共服务事业成为适应公众消费需求变化的历史选择。改革开放以来，党中央、国务院高度重视体育工作，各级政府对体育事业的投入不断加大，全社会参与体育的热情日益高涨。特别需要指出的是，公共性是现代财政制度中公共财政的核心特征，要求财政的职能主要是提供充足的公共产品和公共服务，保障和改善民生。[①] 体育事业的发展离不开国家和社会的资金投入，但体育事业投入的质量与数量尚未能满足其可持续发展的需要，导致体育公共服务事业投入的效果不明显。

第一节　中国体育公共服务财政支出规模与结构分析

"十二五"时期，健康中国和全民健身上升为国家战略，为体育发展提供了新机遇，将不断满足广大人民群众对健康更高层次的需求，但人民群众日益增长的多元化、多层次的体育需求与体育有效供给不足的矛盾依然突出。[②]"十三五"时期是全面建成小康社会的决胜阶段，我国仍处于大有作为的重要战略机遇期。体育事业支出主要指体育事业的财政支出，具体主要

---

① 石亚军，施正文. 建立现代财政制度与推进现代政府治理［J］. 中国行政管理，2014（4）：11－16.

② 国家体育总局政法司. 体育发展"十三五"规划［EB/OL］. 2017－11－27. http：// www. sport. gov. cn/n10503/c722960/content. html.

包括体育竞赛支出、体育训练费支出、体育场馆支出、群众体育支出和行政办公经费等内容。[①] 财政支出为体育公共服务经费支出的主体，其支出规模和结构决定着体育事业发展的水平和速度，体育事业支出是体育事业经费支出的重要组成部分。本书通过分析我国体育事业财政投入的规模和结构，有助于中央政府和各级地方政府明确体育事业政府财政投入存在的问题、薄弱之处以及亟须重视的领域，对于进一步完善政府部门的体育实践工作具有重要的现实意义。

一、中国体育公共服务财政支出总体规模分析

（一）中国体育公共服务财政支出总额增加的幅度较大

根据我国财政部相关统计数据，我国政府财政支出总额和体育事业财政支出总额从"一五"时期到"十二五"时期总体上一直保持着较快的增长速度，增长趋势具有同向性特征。"一五"时期（1953～1957年）我国的体育事业财政支出数额为0.96亿元，不足1亿元，随后经历了"二五"时期的迅速增长，"三五"时期体育事业财政支出较之"二五"时期出现了一定幅度的负增长。随后，从"四五"时期至"十二五"时期，体育事业财政支出数值连续出现快速增长，而高速增长的时期出现在"六五"时期、"七五"时期，"九五"时期和"十五"时期。其中，"十五"时期为增速最快的五年，增速达到180%。"十一五"时期，我国公共财政支出达到318970.83亿元，较"十五"时期128022.85亿元的支出额度的增长率高达149%。"九五"时期至"十二五"时期，我国公共财政支出增长率分别为72%、90%、134%、124%和120%，由此看出，我国公共财政支出增长率总体上保持着上升的态势。特别是"九五"以来，我国公共财政支出增加幅度巨大。体育事业政府财政支出集中体现在政府对体育事业的资金投入，是反映体育事业发展的核心指标。其中，我国"十一五"时期和"十二五"时期体育事业财政支出较"十五"时期有了较大幅度的提高，体育事业财政支出分别达到1499.14亿元和1758.16亿元，如表3-1所示。虽然体育事业财政支出的绝对数值自"六五"时期以来一直有较大幅度的增加，但从"十五"时期以来，体育事业财政支出占全国财政总支出的相对比重却存在大幅度下降的态势，见表3-2。"十一五"和"十二五"两个时期我国体育事业财政支出增长率远远低于国家财政支出的增长率。

---

① 李丽. 我国体育事业发展的公共财政保障研究 ［M］. 武汉：武汉大学出版社，2015.

表 3 - 1　　　　　　"一五"时期至"十二五"时期体育公共服务
财政支出和财政支出增长率

时期	体育事业 财政支出 （亿元）	体育事业财政 支出增长率 （%）	财政支出 （亿元）	财政支出 增长率 （%）	体育事业支出 占财政支出的 比重（%）
"一五"	0.96	—	1346.75	—	0.07
"二五"	4.52	352	2188.67	62.5	0.21
"三五"	2.39	-47.1	2518.52	15.1	0.09
"四五"	6.45	170	3928.44	56.0	0.16
"五五"	12.06	86.9	5282.44	34.5	0.23
"六五"	25.68	113	7483.18	41.7	0.34
"七五"	59.98	134	12865.67	72	0.47
"八五"	100.37	67	24387.46	90	0.41
"九五"	275.39	174	57043.46	134	0.48
"十五"	770.16	180	128022.85	124	0.60
"十一五"	1499.14	95	318970.83	149	0.47
"十二五"	1758.16	17	703076.19	120	0.25

　　注：2016 年为"十三五"时期的开局之年，因《体育事业统计年鉴》统计数据存在滞后性，在此并未将 2016 年和 2017 年的数据统计进去。

　　资料来源：国家财政网和中国体育事业统计年鉴（2011~2015 年）。

表 3 - 2　　　　　"六五"时期至"十二五"时期各年度我国体育
公共服务费及其占国家财政总支出比重

时间	体育事业费 （亿元）	国家财政总支出 （亿元）	体育事业费占国家财政比重 （%）
"六五"时期	25.68	7483.18	0.34
1981 年	3.44	1138.41	0.30
1982 年	4.14	1229.98	0.34
1983 年	4.55	1409.52	0.32
1984 年	5.99	1701.02	0.35
1985 年	7.56	2004.25	0.38
"七五"时期	59.98	12865.67	0.47
1986 年	9.89	2204.91	0.45
1987 年	10.02	2262.18	0.44
1988 年	11.67	2491.21	0.47

续表

时间	体育事业费 （亿元）	国家财政总支出 （亿元）	体育事业费占国家财政比重 （％）
1989 年	13.77	2823.78	0.49
1990 年	14.63	3083.59	0.47
"八五" 时期	100.37	24387.46	0.41
1991 年	16.66	3386.62	0.49
1992 年	18.65	3742.20	0.50
1993 年	20.94	4642.30	0.45
1994 年	20.24	5792.62	0.35
1995 年	23.88	6823.72	0.35
"九五" 时期	275.39	57043.46	0.48
1996 年	28.42	7937.55	0.36
1997 年	40.14	9233.56	0.43
1998 年	56.81	10798.18	0.53
1999 年	63.17	13187.67	0.48
2000 年	86.85	15886.50	0.55
"十五" 时期	770.16	128022.85	0.60
2001 年	119.11	18902.58	0.63
2002 年	141.81	22053.15	0.64
2003 年	155.31	24649.95	0.63
2004 年	173.75	28486.89	0.61
2005 年	180.18	33930.28	0.53
"十一五" 时期	1499.14	318970.83	0.47
2006 年	215.68	40422.73	0.53
2007 年	260.06	49781.35	0.52
2008 年	383.94	62592.66	0.61
2009 年	313.54	76299.93	0.41
2010 年	325.92	89874.16	0.36
"十二五" 时期	1758.16	703076.19	0.25
2011 年	365.21	109247.79	0.33
2012 年	388.42	125952.97	0.31
2013 年	315.79	140212.10	0.23
2014 年	333.79	151785.56	0.22
2015 年	354.95	175877.77	0.20

资料来源：国家财政网和中国体育事业统计年鉴。

　　"十二五"时期以来，2011 年我国体育事业财政支出值为 365.21 亿元，体育事业财政支出增长率由 2011 年的 12.1% 下降至 2012 年的 6.4%。2012 年的全国体育事业财政支出额度（本书中对全国的统计数据均不涉及香港、澳门、台湾数据）达到 5 年间的最高值，额度达到 388.42 亿元，而体育事业财政支出绝对规模在 2013 年达到最低点，仅为 315.79 亿元，2013 年相较于 2012 年，体育事业财政支出额度出现了负增长，下降幅度为 18.7%，这也反映了我国体育事业财政支出额度受奥运会影响显著的特征。随后的 2014 年和 2015 年，政府体育事业财政支出规模下降趋势逐渐停止并出现了明显上升趋势，额度分别达到 333.79 亿元、354.95 亿元，较之 2013 年、2014 年，体育事业财政支出增加幅度分别达到 5.7% 和 6.3%（见图 3-1），显示出近些年来我国政府对体育事业重要性的认识和重视，但是增速却大幅度放缓。同时，体育事业财政支出增长率的变化与财政支出增长率的变化在大多数年份具有一致性和同向性特征。

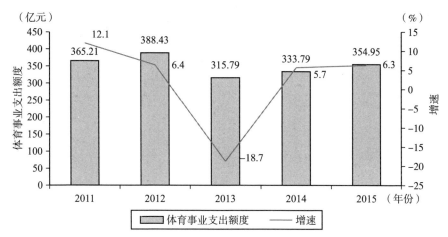

图 3-1　2011～2015 年体育公共服务财政支出额度及增速

资料来源：财政部官网（www.mof.gov.cn）和《中国体育事业统计年鉴》（2012～2016 年）。

（二）体育公共服务财政支出横向相对规模依然偏小

　　从另一个角度来考察，将体育事业的财政投入与教科文卫中的教育、科学技术、医疗卫生投入做比较，不难发现政府对体育事业的财政投入比重过小。我国 2011～2015 年文化传媒财政支出比例基本稳定在 1.5%，每年的占比均超过了 1%。医疗卫生财政支出额度 2011～2015 年间逐年得以提升，且医疗卫生支出占国家财政总支出的比例也出现了小幅度的提升。相比之下，我国政府在体育事业方面的支出规模偏小，2011 年在体育事业方面的支出为 365.21 亿元，占财政总支出的 0.3%，2012 年为 388.42 亿元，占财政总支出的 0.3%，2013 年为 322.41 亿元，占财政总支出的 0.2%，2014 年为 333.79 亿元，占财政总支出的 0.2%，2015 年为 354.95 亿元，占财政总支出的 0.2%，体育事业财政支出占财政总支出 2011～2015 年的比重仅在 0.3% 左右，五年内的财政支出占比均未超过 1%。基于横向的对比分析，发现我国体育事业投入在教科文卫体的投入中仍然处于偏弱地位，见表 3－3 和图 3－2。而对体育事业投入的持续偏弱，导致体育事业发展依然落后于其他社会事业，不利于国民身体素质和精神文明的提高。当然，本书所进行的对比分析，只是一种研究方面的思考，并未得出横向对比的适当比重的结论，而旨在强调体育事业投入规模偏小的问题应引起相关管理部门的重视。

表 3－3　　2011～2015 年体育公共服务、教科文卫支出占财政支出的比重

项目	2011 年		2012 年		2013 年		2014 年		2015 年	
	支出额（亿元）	占总支出比重（%）	支出额（亿元）	占总支出比重（%）	支出额（亿元）	占总支出比重（%）	支出额（亿元）	占总支出比重（%）	支出额（亿元）	占总支出比重（%）
科学技术	3828.02	3.5	4452.63	3.5	5084.30	3.6	5314.45	3.5	5862.57	3.3
教育	16497.33	15.1	21242.10	16.9	22011.76	15.7	23041.75	15.2	26271.88	14.9
文化传媒	1627.01	1.5	1879.93	1.5	2221.98	1.6	2357.69	1.6	2721.69	1.5
医疗卫生	6429.51	5.9	7245.11	5.8	8279.90	5.9	10176.81	6.7	11953.18	6.8
体育事业	365.21	0.3	388.42	0.3	322.41	0.2	333.79	0.2	354.95	0.2
财政总支出	109247.70	—	125952.97	—	140212.10	—	151785.56	—	175877.77	—

资料来源：财政部官网（www.mof.gov.cn）和《中国体育事业统计年鉴》（2012～2016 年）。

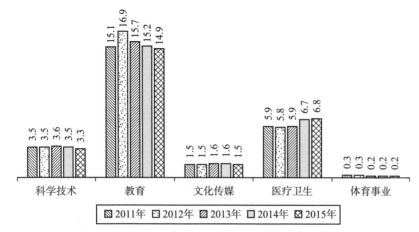

图 3 - 2　2011～2015 年体育公共服务支出与教科文卫财政支出比重对比

资料来源：财政部官网（www. mof. gov. cn）和《中国体育事业统计年鉴》（2012～2016 年）。

（三）中国体育公共服务财政支出在财政支出中占比的相对规模分析

本书根据中国统计网对我国省、自治区、直辖市的划分，主要分析了我国 31 个省份（不含香港、澳门、台湾，全书同）体育事业财政支出在财政总支出中的占比情况。其中，北京、江苏、上海、山东等东部地区内各省份财政支出额度和占比较高，而宁夏、青海等省份的占比则较低，2011 年和 2012 年，青海省体育事业财政支出占国家财政总支出的比例不足 0.1%，很多省份不足 0.2%，但很多中部和西部省份开始重视体育事业财政投入，多数省份的年均支出额度和比重有所提高，见表 3 - 4 和表 3 - 5。

表 3 - 4　　　　　　　　我国 31 个省份体育公共服务财政支出　　　　　单位：亿元

地区	2011 年		2012 年		2013 年		2014 年		2015 年	
	体育事业支出	财政支出	体育事业支出	财政支出	体育事业支出	财政支出	体育事业支出	财政支出	体育事业支出	财政支出
北京	18.23	3245.23	22.79	3314.93	17.77	4173.66	18.24	4524.67	22.38	5737.70
天津	11.41	1796.33	13.30	1760.02	11.14	2549.21	9.01	2884.70	7.89	3232.35
河北	7.36	3537.39	10.21	2084.28	8.39	4409.58	9.39	4677.30	7.38	5632.19
山西	6.76	2363.85	6.27	1516.38	5.28	3030.13	6.97	3085.28	6.30	3422.97
内蒙古	5.78	2989.21	6.80	1552.75	7.55	3686.52	10.64	3879.98	9.86	4252.96
辽宁	11.58	3905.85	17.87	3105.38	10.07	5197.42	9.41	5080.49	12.42	4481.61

续表

地区	2011 年		2012 年		2013 年		2014 年		2015 年	
	体育事业支出	财政支出	体育事业支出	财政支出	体育事业支出	财政支出	体育事业支出	财政支出	体育事业支出	财政支出
吉林	4.89	2201.74	6.28	1041.25	5.03	2744.81	5.27	2913.25	6.19	3217.10
黑龙江	8.90	2794.08	8.44	1163.17	7.53	3369.18	9.32	3434.22	9.21	4020.66
上海	23.21	3914.88	20.08	3743.71	11.57	4528.61	14.41	4923.44	10.85	6191.56
江苏	24.44	6221.72	39.18	5860.69	27.75	7798.47	27.24	8472.45	29.12	9687.58
浙江	18.20	3842.59	20.31	3441.23	18.36	4730.47	18.75	5159.57	20.06	6645.98
安徽	6.21	3302.99	7.06	1792.72	7.03	4349.69	5.30	4664.10	6.00	5239.01
福建	12.18	2198.18	12.09	1776.17	26.41	3068.80	11.95	3306.70	15.56	4001.58
江西	8.73	2534.60	3.55	1371.99	5.85	3470.30	6.24	3882.70	6.82	4412.55
山东	22.39	5002.07	22.92	4059.43	13.11	6688.80	15.21	7177.31	18.37	8250.01
河南	7.63	4248.82	9.08	2040.33	6.64	5582.31	8.60	6028.69	6.80	6799.35
湖北	11.21	3214.74	17.74	1823.05	12.80	4371.65	10.37	4934.15	9.86	6132.84
湖南	8.40	3520.76	9.44	1782.16	8.24	4690.89	9.62	5017.38	10.30	5728.72
广东	37.53	6712.40	29.36	6229.18	16.96	8411.00	22.41	9152.64	27.25	12827.80
广西	6.88	2545.28	8.30	1166.06	6.41	3208.67	8.84	3479.79	10.52	4065.51
海南	2.88	778.80	3.52	409.44	2.40	1011.17	3.26	1099.74	3.14	1239.43
重庆	7.41	2570.24	8.59	1703.49	5.30	3062.28	4.83	3304.39	6.44	3792.00
四川	13.45	4674.92	14.03	2421.27	13.52	6220.91	14.44	6796.61	16.06	7497.51
贵州	4.94	2249.40	7.26	1014.05	5.39	3082.66	6.66	3542.80	7.31	3939.50
云南	9.81	2929.60	11.10	1338.15	5.64	4096.51	8.17	4437.98	8.17	4712.83
西藏	1.96	758.11	2.37	86.58	0.97	1014.31	1.78	1185.51	2.61	1381.46
陕西	8.00	2930.81	7.08	1600.69	6.95	3665.07	7.01	3962.50	7.42	4376.06
甘肃	3.81	1791.24	5.90	520.40	4.05	2309.62	7.14	2541.49	3.33	2958.31
青海	0.20	967.47	0.25	186.42	1.65	1228.05	2.85	1347.43	2.58	1515.16
宁夏	2.01	705.91	2.68	263.96	1.81	922.48	2.29	1000.45	2.05	1138.49
新疆	4.62	2284.49	6.94	908.97	7.61	3067.12	9.62	3317.79	6.31	3804.87

资料来源：财政部官网（www.mof.gov.cn）和《中国体育事业统计年鉴》（2012~2016 年）。

表 3 - 5　　我国 31 个省份体育公共服务财政支出占财政支出比重　　单位：%

地区	2011 年占比	2012 年占比	2013 年占比	2014 年占比	2015 年占比
北京	0.56	0.62	0.43	**0.40**	0.39
天津	0.64	0.62	0.44	**0.31**	0.24
河北	0.21	0.25	0.19	**0.20**	0.13
山西	0.29	0.23	0.17	**0.23**	0.18
内蒙古	0.19	0.20	0.20	**0.27**	0.23
辽宁	0.30	0.39	0.19	**0.19**	0.28
吉林	0.22	0.25	0.18	**0.18**	0.19
黑龙江	0.32	0.27	0.22	**0.27**	0.23
上海	0.59	0.48	0.26	**0.29**	0.18
江苏	0.39	0.56	0.36	**0.32**	0.30
浙江	0.47	0.49	0.39	**0.36**	0.30
安徽	0.19	0.18	0.16	**0.11**	0.11
福建	0.55	0.46	0.86	**0.36**	0.39
江西	0.34	0.12	0.17	**0.16**	0.15
山东	0.45	0.39	0.20	**0.21**	0.22
河南	0.18	0.18	0.12	**0.14**	0.10
湖北	0.35	0.47	0.29	**0.21**	0.16
湖南	0.24	0.23	0.18	**0.20**	0.18
广东	0.56	0.40	0.20	**0.24**	0.21
广西	0.27	0.28	0.20	**0.25**	0.26
海南	0.37	0.39	0.24	**0.30**	0.25
重庆	0.29	0.28	0.17	**0.15**	0.17
四川	0.29	0.26	0.22	**0.21**	0.21
贵州	0.22	0.26	0.17	**0.19**	0.19
云南	0.33	0.31	0.14	**0.18**	0.17
西藏	0.26	0.26	0.10	**0.15**	0.19
陕西	0.27	0.21	0.19	**0.18**	0.17
甘肃	0.21	0.29	0.18	**0.28**	0.11
青海	0.02	0.02	0.13	**0.21**	0.17
宁夏	0.28	0.31	0.20	**0.23**	0.18
新疆	0.20	0.26	0.25	**0.29**	0.17

资料来源：财政部官网（www.mof.gov.cn）和《中国体育事业统计年鉴》（2012～2016 年）。

二、我国体育公共服务财政支出结构分析

(一) 体育公共服务财政支出的内容结构分析

根据《中国体育事业统计年鉴》统计得知，在财政对体育事业的投入中，除其他支出以外，体育事业从总体上主要包括体育竞赛、体育训练、体育场馆和群众体育等内容。由表 3 - 6 可以看出，2011 年，我国体育事业财政支出总额度达到 365.21 亿元，体育竞赛额度达到 26.62 亿元，为 2011 ~ 2015 年的最高值。2012 年体育事业财政支出额度达到 388.42 亿元。体育竞赛支出并未像体育训练支出那样得到重视，体育竞赛支出额度仅为 27.79 亿元，远远低于体育训练支出和群众体育支出额度 44.853 亿元和 32.55 亿元，而 2012 年体育训练财政支出和群众体育支出额度均为 5 年间最高值，占比分别为 11.5% 和 8.4%。2013 年，体育事业财政支出额度达到 315.79 亿元，群众体育支出仅为 19.54 亿元，为 5 年内最低值，占比仅为 6.2%。2014 年，体育事业财政支出额度达到 333.79 亿元，体育场馆支出额度达到 72.43 亿元，为 5 年间的最高值，占比高达 21.7%。2015 年，体育事业财政支出额度达到 354.95 亿元，体育场馆支出额度为 70.70 亿元，体育场馆财政支出额度在 5 年内仅次于 2014 年，反映了国家在重视体育事业财政总体支出的基础上，也非常重视体育场馆的持续建设。

表 3 - 6　　　　　　　2011 ~ 2015 年体育公共服务财政支出情况

项目	2011 年		2012 年		2013 年		2014 年		2015 年	
	支出额 (亿元)	比重 (%)	支出额 (亿元)	比重 (%)	支出额 (亿元)	比重 (%)	支出额 (亿元)	比重 (%)	支出额 (亿元)	比重 (%)
总计	365.21	100	388.42	100	315.79	100	333.79	100	354.95	100
体育竞赛	33.75	9.2	27.79	7.2	22.10	7.0	27.70	8.3	25.62	7.2
体育训练	39.63	10.9	44.85	11.5	38.96	12.3	39.73	11.9	41.83	11.8
体育场馆	50.77	14.9	53.49	13.8	64.75	20.5	72.43	21.7	70.70	19.9
群众体育	26.62	7.3	32.55	8.4	19.54	6.2	21.03	6.3	25.14	7.1
其他	214.45	57.7	222.97	59.1	170.44	54	172.90	51.8	191.67	54

资料来源：财政部官网 (www.mof.gov.cn) 和《中国体育事业统计年鉴》(2012 ~ 2016 年)。

(二) 体育公共服务中央与地方政府支出情况分析

体育事业具有地域性特征，绝大部分体育事业的收益范围通常为地方性的。体育事业的财政支出资金绝大部分是通过地方政府财政投入的。从

2011 年之后的财政相关数据来看，中央政府对体育事业的投入比重在逐年下降，地方政府的投入比重在上升，这符合体育事业的地域性特征。2011年，中央本级的体育事业投入占全国的体育事业投入的 12.1%，2012 年下降了近 5 个百分点，2013 年、2014 年和 2015 年分别降低 8.4%、8.5% 和8.9%，比重的降低形成了一定的趋势，见表 3 - 7。而从数据的对比结果来看，我国对体育事业的财政投入存在着多年欠账、底子很薄的问题，即使近些年来加大了财政投入，但还是远远不够，体育事业投入占财政支出的比重依然很低，体育事业的增长速度依然不够持续快速。为此，需要继续加大对体育事业的投入，保证体育事业在未来若干年内的持续快速增长。只有这样，才能逐渐将体育事业所存在的不足进行扭转，使得体育事业的发展与我国快速增长的经济和社会文化需求相匹配。当然，体育事业财政支出中地方体育事业财政支出的比例与国家支出比例的表现相似，其中，地方政府体育事业财政支出发挥着主要作用，这可以从中央政府和地方政府财政支出额度的比较看出，见表 3 - 8。

表 3 - 7　　　　　2011 ~ 2015 年中央与地方体育公共服务财政支出结构

年份	全国（亿元）	中央		地方	
		额度（亿元）	比重（%）	额度（亿元）	比重（%）
2011	365.21	44.22	12.1	321.00	87.9
2012	388.42	27.62	7.1	360.80	92.9
2013	315.79	26.58	8.4	289.21	91.6
2014	333.79	28.53	8.5	305.26	91.5
2015	354.95	31.43	8.9	323.52	91.1

　　资料来源：财政部官网（www.mof.gov.cn）和《中国体育事业统计年鉴》（2012 ~ 2016 年）。

表 3 - 8　　　　　2011 ~ 2015 年我国各级政府体育公共服务财政支出情况　　　单位：亿元

项目	2011 年			2012 年			2013 年			2014 年			2015 年		
	全国	地方	中央	全国	地方	中央	全国	地方	中央	全国	地方	中央	全国	地方	中央
体育竞赛	33.75	31.13	2.62	27.79	24.28	3.51	22.10	19.58	2.52	27.70	25.25	2.45	25.62	23.01	2.61
体育训练	39.63	34.04	5.59	44.85	38.52	6.33	38.96	33.27	5.69	39.73	33.15	6.58	41.83	34.15	7.68
体育场馆	507.7	46.03	4.74	53.49	48.40	5.09	64.75	57.90	6.85	72.43	65.19	7.24	70.70	63.46	7.24
群众体育	26.62	26.17	0.45	32.55	32.05	0.50	19.54	—	19.54	21.03	21.03	—	25.13	25.14	—

　　资料来源：财政部官网（www.mof.gov.cn）和《中国体育事业统计年鉴》（2012 ~ 2016 年）。

三、中国体育公共服务人均财政支出的空间效应分析

根据本书统计分析得出,"十二五"期间,人均体育事业财政支出额度位次排在前列的省份是北京、上海、天津,浙江,排名总体靠前的区域还有西藏、内蒙古、青海、宁夏、福建、新疆、海南等省份。由此看出,人均体育事业财政支出额度较高的省份多为东部和西部地区。东部地区人均体育事业财政支出较高的省份主要是由于其自身经济发展水平较高,财力相对比较雄厚;部分西部地区人均体育事业财政支出较高主要是由于近些年来地方政府的充分重视和中央政府财政转移支付较多,而人口稀少也是其人均体育财政支出较高的原因。据统计,北京市 2011 年度人均体育事业财政支出额度达到 90.3 元,位居全国 31 个省份的第二位,上海则位居第一,人均体育事业财政支出额度达到 98.9 元,而 2012~2015 年,北京市的人均体育事业财政支出额度连续四年位居全国第一,天津、上海和西藏的人均体育事业财政支出额度则处于全国前四位。东部的江苏、浙江一直以来是全国体育事业财政支出中排名前十的常客。而中部地区的河南、湖北、湖南、江西和安徽等省份的人均体育事业财政支出额度则位居全国 31 个省份的靠后位置。2015 年排名首位的北京市,人均体育事业财政支出额度达到 103.1 元,而排名全国第 31 位的河南省,人均体育事业支出额度仅为 7.2 元,两者相差 10 倍还多,而在同一年份,内蒙古、青海、宁夏和新疆等省(区、市)人均体育事业支出额度分别达到 39.3 元、43.9 元、30.6 元和 26.7 元,额度远远高于中部地区河南省的人均体育事业财政支出额度,见表 3-9。

表 3-9　　2011~2015 年 31 个省份人均体育公共服务财政支出与位次

地区	2011 年		2012 年		2013 年		2014 年		2015 年	
	人均支出（元）	位次	人均支出（元）	位次	人均支出（元）	位次	人均支出（元）	位次	人均支出（元）	位次
北京	90.3	2	110.1	1	84.0	1	84.8	1	103.1	1
天津	84.2	3	94.1	2	75.7	2	59.4	3	51.0	3
河北	10.2	29	14.0	27	11.4	30	12.7	29	9.9	29
山西	18.8	21	17.4	24	14.6	23	19.1	18	17.2	24
内蒙古	23.3	13	27.3	15	30.2	9	42.5	6	39.3	7
辽宁	26.4	11	40.7	7	22.9	13	21.4	15	28.4	12
吉林	17.8	22	22.8	19	18.3	17	19.2	17	22.5	16

地区	2011 年		2012 年		2013 年		2014 年		2015 年	
	人均支出（元）	位次	人均支出（元）	位次	人均支出（元）	位次	人均支出（元）	位次	人均支出（元）	位次
黑龙江	23.2	15	22.0	20	19.6	15	24.3	14	24.1	15
上海	98.9	1	84.4	3	47.9	4	59.4	2	44.9	4
江苏	30.9	10	49.5	5	35.0	5	34.2	10	36.5	8
浙江	33.3	6	37.1	9	33.4	7	34.0	11	36.2	9
安徽	10.4	28	11.8	28	11.7	29	8.7	31	9.8	30
福建	32.7	8	32.3	10	70.0	3	31.4	12	40.5	6
江西	19.4	20	7.9	30	12.9	26	13.7	28	14.9	27
山东	23.2	14	23.7	17	13.5	25	15.5	26	18.7	22
河南	8.1	30	9.7	29	7.1	31	9.1	30	7.2	31
湖北	19.5	19	30.7	12	22.1	14	17.8	22	16.8	25
湖南	12.2	27	14.2	26	12.3	27	14.2	27	15.2	26
广东	35.7	5	27.7	14	15.9	20	20.9	16	25.1	14
广西	14.8	25	17.7	23	13.6	24	18.6	20	22.0	17
海南	32.8	7	39.2	7	26.8	12	36.1	4	34.4	10
重庆	25.4	12	29.2	13	17.8	18	16.1	25	21.3	18
四川	16.7	23	17.4	25	16.7	19	17.8	23	19.6	20
贵州	14.2	26	20.8	21	15.4	22	19.0	19	20.7	19
云南	21.2	17	23.8	16	12.0	28	17.3	24	17.2	23
西藏	64.8	4	77.1	4	31.2	8	55.9	4	80.7	2
陕西	21.4	16	18.9	22	18.5	16	18.6	21	19.6	21
甘肃	14.9	24	23.0	18	15.7	21	27.5	13	12.8	28
青海	3.6	31	4.3	31	28.5	10	49.0	5	43.9	5
宁夏	31.4	9	41.4	6	27.7	11	34.6	9	30.6	11
新疆	20.9	18	31.1	11	33.6	6	41.8	7	26.7	13

资料来源：财政部官网（www.mof.gov.cn）和《中国体育事业统计年鉴》（2012~2016 年）。

第二节　中国体育公共服务财政支出效率评价分析

党的十九大报告强调：广泛开展全民健身活动，加快推进体育强国建设，筹办好北京冬奥会、冬残奥会。[①] 从效率角度考虑，地方政府是地方性公共品的有效提供主体，因为与中央政府比地方政府更能针对本地居民的消费偏好，以尽可能小的成本适量地提供本辖区内的公共品。[②] 随着体育强国战略和全民健身战略的提出，体育公共服务事业财政支出在全国各省份间的差距较大，存在着一定的效率差异，导致了体育公共服务供给能力的参差不齐。现阶段，体育公共服务事业已成为影响一个国家综合竞争力的重要因素之一。

资金虽可以纳入供给的范畴，但公共财政投入的重要性使之必须单独分析。公共财政作为与市场经济发展要求相适应的一种财政类型，是满足社会公共需要的政府财政运行模式。[③] 体育公共服务事业财政支出效率对于财政资源配置效率的提高以及体育公共服务事业的可持续发展具有重要作用。本书全面关注我国财政中体育公共服务财政支出效率，利用 DEA 方法和 Malmquist 指数方法对我国各个省份体育公共服务 2011 ~ 2015 年财政支出效率进行了核算和分析，并运用 Tobit 随机效应面板模型对影响我国 31 个省份体育公共服务财政支出效率的因素进行了回归分析。系统考察我国体育公共服务效率的影响因素及其效应，有助于寻找体育公共服务效率有效提升的路径，提高我国体育公共服务事业财政支出效率，促进我国体育公共服务事业快速发展。

目前，关于全国特别是各省份体育公共服务领域的效率和影响因素研究相继出现，代表性文献主要有：学者余平（2010）运用 CCR 模型对 2003 ~ 2008 年我国财政体育投入的效率进行评价，得出 2003 ~ 2008 年我国财政体育投入效率总体上呈下降趋势，且下降速度不断加快。袁春梅（2014）对我国 2008 ~ 2011 年的体育公共服务效率进行评价，认为我国体育公共服务平均效率水平不断提高，地区间平均效率的差异在逐年缩小。邵伟钰（2014）运用数据包络分析方法的 CCR、BCC 和 SE-DEA 模型对 2011 年我国地方群众体育财政投入效率进行了分析评价。王占坤运用 DEA 方法评价 2008 ~ 2012 年浙江省 11 个地级市公共体育服务的效率，认为浙江省公共体育服务平均效率变化较为平稳，呈上升趋势。总之，国内学者对体育公共服务效率的研究仍然处于起步阶段，对静态效率研究较多，而对于动态效率研

① 魏婉怡. 困境与破解：现阶段我国社区体育发展的多元审视 [J]. 北京体育大学学报，2017（12）：14 - 19.

② 王银梅，朱耘婵. 基于面板数据的地方政府公共文化支出效率研究 [J]. 经济问题，2015（6）：35 - 40.

③ 汪来杰. 公共服务：西方理论与中国选择 [M]. 郑州：河南人民出版社，2007.

究较少，且在测度公共体育服务效率时存在测度年份未进行有效延伸的情况。国内学者对政府效率影响因素主要从经济层面、人口密度等因素进行分析，虽然影响因素及其估计结果出现了不一致，但这些为研究影响体育公共服务效率的因素提供了有益借鉴，如表3-10所示。

表3-10 国内学者对体育公共服务效率的影响因素

研究学者	研究观点
曾争等（2015）	经济水平、人口密度、教育程度和体育产业产值比重影响公共体育服务技术效率
卜华杰（2016）	经济水平、公共体育服务可及性和体育赛事影响公共体育服务效率
游国鹏等（2016）	经济水平、人口密度和地理因素影响公共体育服务效率
严淇美（2016）	人口密度和受教育程度影响公共体育服务效率
李欣（2017）	经济水平、人口密度和体育管理人员比重影响公共体育服务效率

资料来源：笔者整理。

一些学者认为经济发展情况和人口密度等因素与体育公共服务效率正相关，如曾争等（2015）研究认为，体育产业产值比重对技术效率的提升最为显著，地区经济增长水平对提高体育公共服务技术效率有正向效应；人口密度和受教育水平均对体育公共服务技术效率的提升有正向促进作用。李欣（2017）认为人均GDP对公共体育服务效率具有较高的正向影响；人口密度水平与公共体育服务效率具有一定的正相关关系；体育管理人员比例对体育公共服务效率起一定的正向作用，但并不是比例越来越高，如果超出了最优比例，反而会降低了公共体育服务支出效率。另外，有学者对人均GDP等经济发展水平和人口密度指标对公共体育服务发展效率正相关的观点持有相反态度或中立态度。游国鹏等（2016）认为，发展地区经济将有效促进群众体育投入产出效益，人口密度对群众体育投入产出效益无影响，地理位置因素对群众体育投入产出效益的影响仅存在于中西部地区。严淇美（2016）研究得出，人口密度、60岁以上人口比重、15~69岁人口比重以及大专以上学历人员比重与公共体育效率正相关，其中人口密度的影响程度最大。而人均国民生产总值、年体育事业经费中非公共体育经费投入金额与公共体育效率负相关。卜华杰（2016）认为公共体育服务的效率有时和地区经济发展水平成正比，有时则成反比。公共体育服务可及性程度越高，公共体育服务资源的利用效率就高。大型的体育赛事可以促进全民健身运动的开展，提高公共体育服务效率。由此看出，体育公共服务效率的影响因素多数从经济发展水平和人口密度出发，但是观点不一；涉及其他方面的因素较少，而且对政府管理层面有欠考虑，所以对体育公共服务效率影响因素的研究需要从多角度进行深入。传统 DEA 模型在测度政府体育公共服务效率时存在着对要素松弛因素的影响及效率测度偏误的认识不足等问题。并且，已有的政府体育公共服务效率影响因素指标存在着重复设置和社会发展联系不足等问题。因此，本书旨在能够科学地测度政府体育公共服务效率，政府体育公共服务效率影响因素设置借鉴、参考众多学者的观点，在传统人口数量、人均GDP 等因素的基础上，引入财政分权、大专文化程度以上人口占比等影响地方政府体育公共服务效率的因素。运用 DEA-Malmquist 指数科学地评价31个省份2011~2015 年间体育公共服务财政效率及存在问题，并运用 Tobit 模型法分析影响体育公共服务财政效率的因素，具有重要的现实意义。

一、我国省级政府体育公共服务财政支出效率及影响因素分析模型

（一）DEA-TOBIT 模型

1. DEA 模型

DEA 模型又称数据包络分析法，是一种非参数效率评价方法，不需要处理投入和产出数据的纲量，也不用确定投入和产出指标间的权重。DEA模型分为产出导向型模型和投入导向型模型，前者用于评估既定产出条件下的投入最小化，后者用于评估既定投入条件下的产出最大化，二者在本质上是等价的。[①] CCR 模型和 BCC 模型是 DEA 效率评价中最常用的两种模型。CCR 模型是在固定的规模报酬的基础上提出来的，根据综合效率值是否等于 1 来判断决策单元的相对有效性，表示投入的资源是否充分利用、获得最优的产出。CCR 模型无法区分纯技术效率和规模效率，当综合效率值不等于 1 的时候，无法判断是由纯技术效率还是规模效率造成的。因此，在CCR 模型基础上，用规模报酬可变假设取代固定规模报酬假设，并引入Shephard 距离函数构建了能够区分纯技术效率和规模效率，以及判定 DMU生产是否处于最优的 BCC 模型。[②] S^+ 和 S^- 代表松弛变量，λ 和 θ 代表决策变量。BCC 模型是规模报酬可变的 DEA 模型，不仅可以测量技术效率和规模效率，同时也可以判断 DMU 是处在规模报酬递增还是递减的状态。BCC

---

① 邵伟钰. 基于 DEA 模型的群众体育财政投入绩效分析 [J]. 体育科学, 2014, 34 (9): 11 – 16, 22.

② 王伟. 基于 DEA 模型的山东省基本公共卫生服务效率评价 [J]. 中国行政管理, 2014 (12): 86 – 89.

模型所用公式如式（3-1）所示。

$$\min\theta$$

$$s.t.\begin{cases} \sum_{k=1}^{n} X_k\lambda_k + S^- = \theta X_t \\ \sum_{k=1}^{n} Y_k\lambda_k - S^- = Y_t \\ \sum_{k=1}^{n} \lambda_k = 1 \\ S^- \geqslant 0,\ S^+ \geqslant 0,\ \lambda_k \geqslant 0,\ K=1,\ 2,\ \cdots,\ n \end{cases} \quad (3-1)$$

同理，技术效率和规模效率达到 1 时，即为相对有效。技术效率表示资源的使用效率和管理水平在投入给定的情况下产出是否达到最大，规模效率则表示投入规模是否合适，对资源的配置是否达到最佳。

2. Tobit 模型

经典 DEA 方法计算出的效率值未能考虑不同主体所处的外部环境的差异性，会导致效率评估的"不公正性"。Tobit 模型以综合效率为被解释变量、外部环境因素作为解释变量，进一步分析了效率的影响因素。Tobit 模型是因变量受到限制的一种回归模型，当因变量的数值是切割的情况下，采用最大似然法估计回归系数。由于第一阶段所计算出的效率值处于 0~1 之间，被解释变量被截取，直接使用最小二乘法（OLS）模型容易导致参数估计出现偏误，因此采用截断的 Tobit 随机效应面板模型进行回归分析，[①] 通过回归结果可以对体育公共服务支出效率的影响因素进行解释和分析。

（二）Malmquist 指数模型

马姆奎斯特（Malmquist，1953）首次提出 Malmquist 指数的概念，罗夫法勒（RolfFäre，1994）基于 DEA 模型提出了 Malmquist 指数模型，并测量相邻两个决策单元间全要素生产率（TFP）的变化，分析决策单元不同期间技术效率的变动，弥补 CCR 和 BCC 模型的不足。假设有 H 个主体，其中第 h 个主体期的投入和产出分别记为 x_t、y_t 如果用 t 时期的全要素生产效率作为参考指标，则 t+1 时期的全要素生产率变化的指数可以描述为式（3-2）。

$$M_h^{t+1}(x_t,\ y_t,\ x_{t+1},\ y_{t+1}) = \left[\frac{d_h^t(x_{t+1},\ y_{t+1})}{d_h^t(x_t,\ y_t)} \frac{d_h^t(x_{t+1},\ y_{t+1})}{d_h^t(x_t,\ y_t)} \right]^{1/2}$$

$$h=1,\ \cdots,\ H \quad (3-2)$$

① 王银梅，朱耘婵. 基于面板数据的地方政府公共文化支出效率研究［J］. 经济问题，2015（6）：35-40.

式（3-2）中，$d_h^t(x_{t+1}, y_{t+1})$ 代表第 h 个主体以第 t 期的技术表示的第 t+1 期技术效率水平；$d_h^t(x_t, y_t)$ 代表第 h 个主体以第 t 期的技术表示的当期技术效率水平；$d_h^{t+1}(x_{t+1}, y_{t+1})$ 代表第 t+1 期技术表示的当期技术效率水平。由此，全要素生产效率指数公式可以变化为式（3-3）。

$$M_h^{t+1}(x_t, y_t, x_{t+1}, y_{t+1}) = TxE$$

$$= \frac{d_h^t(x_{t+1}, y_{t+1})}{d_h^t(x_t, y_t)} \left[\frac{d_h^t(x_{t+1}, y_{t+1})}{d_h^{t+1}(x_{t+1}, y_{t+1})} \frac{d_h^{t+1}(x_{t+1}, y_{t+1})}{d_h^{t+1}(x_t, y_t)} \right]^{1/2}$$

$$h = 1, \cdots, H \qquad (3-3)$$

Malmquist 指数可以被分解为技术进步变动指数和综合效率指数。技术效率变化指数是相对效率变化指数，主要衡量生产投入要素是否有浪费、资源配置是否最优，该指数描述的是由 t 期到 t+1 期的每个决策单元对生产前沿面的追赶程度。[①]

二、我国体育公共服务财政支出效率评价分析

（一）指标体系及原始数据选取

本书借鉴国内学者袁春梅（2014）以及参考国家体育总局经济司编制的《中国体育事业统计年鉴》里的统计指标，在度量我国体育公共服务财政效率时所采用的投入类指标中包含绝对指标和相对指标，具体指标如下：人均体育公共服务财政支出（X1），主要是指该地区当年体育公共服务财政支出除以该地区当年总人口数量。人均体育公共服务财政支出占地方财政支出总额的比重（X2），主要指政府体育公共服务财政支出额度占政府财政支出总额的比重，其中，政府体育公共服务财政支出主要采用体育事业财政支出额度。同时，基于产出指标全面反映投入的结果，选取与投入相对应的指标作为产出变量，产出指标主要采用代表地方体育公共服务供给能力的人均场地设施面积（Y1）、社会体育组织个数（Y2）、社会体育指导员人数（Y3）、年度每万人国民体质监测站点数（Y4）和年度每万人参加国民体质监测人数（Y5）5 个指标，见表 3-11。体育公共服务产出指标中的人均场地设施面积主要是指场地设施面积除以各省份当年度的总人口总数量。其中，2011 年和 2012 年人均场地设施面积是以各省（自治区、直辖市）政府命名的群众体育场地、全民健身中心、体育公园、其他群众体育场地、政府援建国家级体育场地、政府援建省级体育场地、政府援建地级体育场地、政

府援建县级体育场地的场地面积之和除以相应地区年度人口数量得出。2015年人均场地设施面积由各省（自治区、直辖市）政府命名的群众体育场地、全民健身中心、体育公园、村级农民体育健身工程、乡镇体育健身工程、全民健身路径工程、户外健身场地设施和其他群众体育场地面积之和除以相应地区年度人口数量得出。社会体育指导员人数主要是指相应年度社会体育指导员的数量，反映了我国体育公共服务体系建设和群众体育活动的科学化水平。需要特别指出的是，社会体育组织数指综合运动项目和单项运动项目组织数之和，从某种程度上也反映了省级层面群众体育健身活动开展的基本情况，年度每万人国民体质监测人数指标则有利于掌握国民体质现状和变化规律，推动全民健身活动的开展，提高国民身体素质，从体质监测层面反映群众体育活动的开展情况。通过 2011～2015 年《中国体育事业统计年鉴》和中国统计局网站的相关数据，计算得出各省（自治区、直辖市）体育公共服务财政投入、产出指标的原始数据。

表 3-11　　　　　　　　　我国公共体育服务财政效率指标体系

投入指标	产出指标
X1 人均公共体育服务财政支出（元/人）	Y1 年度人均场地体育设施面积（平方米/万人）
	Y2 年度社会体育组织个数（个/万人）
X2 人均公共体育服务支出占地方财政支出总额的比重（%）	Y3 年度社会体育指导员人数（个/万人）
	Y4 年度每万人拥有国民体质监测站点（个/万人）
	Y5 年度每万人参加国民体质监测人数（人/万人）

资料来源：作者整理。

（二）我国体育公共服务财政支出静态效率分析

在 DEA 分析结果中，综合技术效率结果表示对决策单元的资源配置能力、资源使用效率等多方面能力的综合衡量与评价。[①] 根据 BCC 模型可知，纯技术效率是指制度和管理水平带来的效率，规模效率则表示现有规模与最优规模之间的差距所在。[②] 根据我国各省份 2011～2015 年人均地方财政收入额度和人均体育公共服务支出占地方财政支出总额的比重，以及我国各省份体育公共服务产出指标中的人均群众场地设施面积（Y1）、社会体育组织

---

① 杨林，许敬轩. 基于 DEA 模型的山东省公共服务财政效率评价研究［J］. 中国海洋大学学报（社会科学版），2013（4）：46-51.

② 赵佳佳. 我国文化事业财政支出效率及影响因素［J］. 地方财政研究，2014（8）：54-60.

个数（Y2）、社会体育指导员人数（Y3）、年度每万人国民体质监测人数
（Y4）和年度每万人参加国民体质监测人数（Y5）5 个指标的具体数值，使
用软件 DEAP 2.1 分析得出我国各省份体育公共服务财政投入产出综合效率
的具体结果，如表 3 - 12 所示。

表 3 - 12　　　　2011～2015 年我国地方政府体育公共服务综合效率

省份	2011 年	2012 年	2013 年	2014 年	2015 年	平均效率	变异系数
北京	0.308	0.471	0.471	0.509	0.438	0.433	0.160
天津	0.181	0.450	0.334	0.494	0.410	0.353	0.311
河北	0.559	0.308	0.534	0.557	0.536	0.487	0.197
山西	1.000	0.728	1.000	1.000	0.682	0.869	0.167
内蒙古	0.661	0.493	0.706	1.000	0.640	0.682	0.244
辽宁	0.421	1.000	0.710	0.871	0.697	0.711	0.274
吉林	0.920	0.830	0.538	0.673	0.566	0.690	0.215
黑龙江	0.305	0.261	0.557	0.380	0.508	0.386	0.295
上海	0.297	0.613	0.820	0.617	0.739	0.584	0.305
江苏	0.741	0.716	0.600	0.842	0.797	0.734	0.112
浙江	0.591	0.892	1.000	0.647	1.000	0.806	0.216
安徽	0.546	0.441	0.553	0.891	1.000	0.653	0.334
福建	0.297	0.226	0.126	0.429	0.441	0.276	0.435
江西	0.646	1.000	0.688	1.000	1.000	0.850	0.193
山东	0.569	0.447	0.797	1.000	0.621	0.661	0.292
河南	0.753	1.000	1.000	1.000	1.000	0.945	0.105
湖北	0.416	0.238	0.369	0.852	0.785	0.476	0.508
湖南	0.519	0.351	0.487	0.676	1.000	0.570	0.390
广东	0.247	0.635	0.475	0.651	0.490	0.469	0.347
广西	1.000	0.742	0.552	0.588	0.358	0.613	0.350
海南	0.164	0.364	0.344	0.388	0.448	0.324	0.295
重庆	0.508	0.380	0.423	0.505	0.586	0.475	0.152
四川	0.633	0.482	0.412	0.470	0.470	0.488	0.152
贵州	0.653	0.217	0.442	0.530	0.554	0.450	0.327

省份	2011 年	2012 年	2013 年	2014 年	2015 年	平均效率	变异系数
云南	0.469	0.925	1.000	0.577	0.494	0.658	0.341
西藏	0.196	0.173	1.000	1.000	0.819	0.488	0.770
陕西	0.432	0.734	0.705	0.782	0.713	0.659	0.187
甘肃	1.000	0.565	0.749	0.534	1.000	0.743	0.272
青海	1.000	1.000	1.000	0.690	1.000	0.928	0.134
宁夏	0.366	0.237	1.000	1.000	0.820	0.589	0.547
新疆	0.263	0.167	0.557	0.324	0.555	0.338	0.466
全国平均值	0.538	0.551	0.644	0.693	0.683	0.618	0.112
年度变异系数	0.470	0.492	0.372	0.312	0.307	—	—

注：变异系数是衡量各观测值变异程度的指标，计算公式为：$CV = S/M$，其中 S 为标准差，M 为数据的平均值，一般认为变异系数大于 0.1 表示数值相对不稳定，变异系数越大，表示数据越离散，稳定性越差。

资料来源：财政部官网（www.mof.gov.cn）和《中国体育事业统计年鉴》（2012～2016 年）。

我国 31 个省级政府 2011～2015 年各年度体育公共服务财政综合效率变动趋势均不一致，各省份存在着不同的社会经济发展水平和不同的体制环境。山西省、河南省、西藏自治区、陕西省、青海省、宁夏回族自治区等省份始终保持着较高的效率水平，其间几个省份并未曾经历较大的效率波动，是体育公共服务效率绩效实现较好的省份。天津市、福建省、海南省、新疆维吾尔自治区等省份 2011～2015 年都经历了一个较为明显的公共服务低效率的过程。特别是吉林省、甘肃省、广西壮族自治区三个省份 2011 年体育公共服务财政保持相对的高效率，但在 2012 年以后年份中三个省份效率均出现了大幅度下滑，这一现象应当引起各级政府的足够重视。我国 31 个省份综合效率平均值 2011～2015 年变异系数均大于 0.1，稳定性较差；同时，2011～2015 年体育公共服务综合效率五个年度变异系数平均值均大于 0.1，离散程度较大，稳定性较差。因此，2011～2015 年中国省级政府公共服务效率得分情况为研究体育公共服务效率的影响因素提供了必要基础，也对为何会出现这种不同地区间的效率差异进行了深入分析，得出我国 31 个省份 2015 年体育公共服务财政综合效率、技术效率、规模效率以及规模效益变化的具体结果，如表 3 - 13 所示。

表 3–13　　　　　　2015 年我国 31 个省份体育公共服务 DEA 效率

省份	综合效率	技术效率	规模效率	规模效益	结果评价	参考标杆
北京	0.438	0.853	0.513	drs	非 DEA 有效，效益递减	浙江（0.237）；江苏（0.763）
天津	0.410	0.723	0.567	drs	非 DEA 有效，效益递减	江苏（0.700）；河南（0.300）
河北	0.536	0.615	0.871	drs	非 DEA 有效，效益递减	河南（0.789）；安徽（0.131）；江苏（0.081）
辽宁	0.697	1.000	0.697	drs	非 DEA 有效，效益递减	辽宁（1.000）
上海	0.739	0.903	0.818	drs	非 DEA 有效，效益递减	浙江（0.111）；江苏（0.249）；江西（0.157）；河南（0.482）
江苏	0.797	1.000	0.797	drs	非 DEA 有效，效益递减	江苏（1.000）
浙江	1.000	1.000	1.000	—	DEA 有效，效益不变	浙江（1.000）
福建	0.441	0.725	0.608	drs	非 DEA 有效，效益递减	江苏（1.000）
山东	0.621	0.890	0.698	drs	非 DEA 有效，效益递减	河南（0.329）；甘肃（0.344）；浙江（0.017）；江苏（0.3100）
广东	0.490	0.779	0.629	drs	非 DEA 有效，效益递减	河南（0.450）；江苏（0.550）
海南	0.448	0.552	0.812	drs	非 DEA 有效，效益递减	青海（0.192）；安徽（0.132）；江苏（0.676）
东部平均值	**0.577**	**0.807**	**0.715**	—		—
山西	0.682	0.844	0.808	drs	非 DEA 有效，效益递减	河南（0.229）；安徽（0.471）；江苏（0.299）
吉林	0.566	0.646	0.876	drs	非 DEA 有效，效益递减	甘肃（0.392）；河南（0.163）；浙江（0.038）、江西（0.003）；江苏（0.385）；青海（0.019）

续表

省份	综合效率	技术效率	规模效率	规模效益	结果评价	参考标杆
黑龙江	0.508	0.662	0.767	drs	非 DEA 有效，效益递减	江苏（0.540）；河南（0.045）；安徽（0.415）
安徽	1.000	1.000	1.000	—	DEA 有效，效益不变	安徽（1.000）
江西	1.000	1.000	1.000	—	DEA 有效，效益不变	江西（1.000）
河南	1.000	1.000	1.000	—	DEA 有效，效益不变	河南（1.000）
湖北	0.785	0.973	0.807	drs	非 DEA 有效，效益递减	浙江（0.064）；江苏（0.236）；河南（0.700）
湖南	1.000	1.000	1.000	—	DEA 有效，效益不变	湖南（1.000）
中部平均值	**0.655**	**0.835**	**0.785**	—	—	—
内蒙古	0.640	0.802	0.798	drs	非 DEA 有效，效益递减	青海（0.280）；江苏（0.552）；河南（0.168）
广西	0.358	0.498	0.719	drs	非 DEA 有效，效益递减	甘肃（0.239）；江苏（0.118）；浙江（0.152）、江西（0.189）；辽宁（0.129）；湖南（0.173）
四川	0.470	0.624	0.753	drs	非 DEA 有效，效益递减	江苏（0.397）；安徽（0.296）；河南（0.307）
贵州	0.554	0.650	0.853	drs	非 DEA 有效，效益递减	河南（0.536）；青海（0.011）；江苏（0.446）；甘肃（0.007）
云南	0.494	0.582	0.849	drs	非 DEA 有效，效益递减	江苏（0.335）；浙江（0.006）；河南（0.659）
陕西	0.713	0.740	0.963	drs	非 DEA 有效，效益递减	河南（0.300）；甘肃（0.368）；浙江（0.267）；江苏（0.064）

续表

省份	综合效率	技术效率	规模效率	规模效益	结果评价	参考标杆
甘肃	1.000	1.000	1.000	—	DEA 有效，效益不变	甘肃（1.000）
重庆	0.586	0.752	0.779	drs	非 DEA 有效，效益递减	江苏（0.041）；辽宁（0.286）；西藏（0.045）；甘肃（0.628）
西藏	0.819	1.000	0.819	drs	非 DEA 有效，效益递减	西藏（1.000）
青海	1.000	1.000	1.000	—	DEA 有效，效益不变	青海（1.000）
宁夏	0.820	0.935	0.877	drs	非 DEA 有效，效益递减	江苏（0.30）；浙江（0.000）；江西（0.282）；西藏（0.0000）；甘肃（0.409）
新疆	0.555	0.707	0.786	drs	非 DEA 有效，效益递减	辽宁（0.201）；江苏（0.082）；甘肃（0.588）；西藏（0.130）
西部平均值	**0.649**	**0.756**	**0.845**	—	—	—
全国平均值	**0.651**	**0.804**	**0.810**	drs	非 DEA 有效，效益递减	—

注：东部地区包括北京、天津、河北、辽宁、上海、江苏、浙江、福建、山东、广东和海南11个省（市）；西部地区包括的省级行政区共12个，分别是四川、重庆、贵州、云南、西藏、陕西、甘肃、青海、宁夏、新疆、广西、内蒙古；中部地区有8个省级行政区，分别是山西、吉林、黑龙江、安徽、江西、河南、湖北、湖南；"irs"表示递增，"drs"表示递减，"—"表示效益不变。

资料来源：财政部官网（www.mof.gov.cn）和《中国体育事业统计年鉴》（2012~2016年）。

1. 综合效率分析

综合技术效率是对体育公共服务决策单元的资源配置能力、资源使用效率等多方面能力的综合衡量与评价。浙江省、安徽省、江西省、河南省、湖南省、甘肃省和青海省7个省份综合效率、纯技术效率和规模效率三项数值均为1，达到 DEA 强有效；辽宁省、江苏省、西藏自治区3个省份仅满足纯技术效率或规模效率为1，为弱 DEA 有效，其余21个省份为非 DEA 有效。

全国体育公共服务财政综合效率平均值为 0.683，北京市、天津市、河北省、山西省、内蒙古自治区、吉林省、黑龙江省、福建省、山东省、广东省、广西壮族自治区、海南省、重庆市、四川省、贵州省、云南省、新疆维吾尔自治区 17 个省份的数值低于全国平均值，占 31 个省份的 54.8%。同时，东部、中部和西部地区间体育公共服务供给效率差距显著，中部地区综合效率值最高，数值达到 0.655，西部地区次之，东部地区最低，综合效率值为 0.557；综观东部、中部、西部地区各省份，东部地区的浙江省、江苏省综合效率值比较高，分别达到 1 和 0.797，而综合效率值最高的中部地区也存在着效率低下的省份，比如吉林、黑龙江省效率值分别仅为 0.566 和 0.508。

2. 纯技术效率分析

我国中部地区体育公共服务财政支出纯技术效率最高，数值为 0.835，东部地区效率值为 0.807，西部地区最低，效率值为 0.756；31 个省份财政纯技术效率平均值为 0.821。其中，辽宁省、江苏省、浙江省、安徽省、江西省、湖南省、河南省、西藏自治区、甘肃省与青海省 10 个省份的纯技术效率值为 1，表明这些省份体育公共服务财政资源配置较为合理。广西壮族自治区的纯技术效率最低，技术效率值为 0.498。经济发达的北京市、上海市和天津市体育公共服务财政纯技术效率值分别为 0.853、0.903 和 0.723，而规模效率值分别为 0.513、0818 和 0.567，表明纯技术效率高于同年度的规模效率，拉动作用更为明显。中部地区的吉林省、黑龙江省，东部地区的河北省、海南省以及西部地区的重庆市、广西壮族自治区、四川省、贵州省、云南省、陕西省以及新疆维吾尔自治区的规模效率高于纯技术效率，规模效率值较之纯技术效率值更加接近效率前沿面，表明管理和决策水平对体育公共服务财政效率的制约作用较大。

3. 规模效率与规模效益分析

我国 7 个 DEA 强有效省份的规模效率值为 1，规模效益稳定，未达到 DEA 有效的 24 个省份规模效率值均低于 1，规模效益递减，这些省份体育公共服务财政要素资源投入配置结构不合理，大多数省份体育公共服务供给规模并没有达到最优水平，而财政投入力度不足是规模效率偏低的主要原因。根据规模效益递减（drs）需要缩小生产规模、减少要素投入的观点，由于我国体育公共服务事业发展的增长比小于投入的增长比，仅通过财政支出的增加来推进体育公共服务发展显得不合时宜。西部地区体育公共服务财政支出规模效率最高，规模效率值为 0.845；中部地区次之，规模效率值为 0.785；东部地区最低，规模效率值为 0.715。

通过以上分析得知，东部地区、中部地区规模效率平均值分别为 0.715、0.785，小于相应的技术效率值分别为 0.807 和 0.835，这需要重视财政投入的规模经济性，加大两个地区的支出规模。西部地区财政支出规模效率值略高于纯技术效率，表明在重视提高经营管理水平的同时，仍然需要进一步加大财政投入力度。当然，尽管东部地区和中部地区的技术效率相对较高，但是仅为相对效率，两个地区体育公共服务财政资源配置和组织管理水平亟待提高。

4. 我国 31 个省份体育公共服务财政支出效率投影分析

投影分析即对无效决策单元在前沿面上的投影点与原始值之间的差异进行分析，无效决策单元在前沿上的投影点代表其目标值，目标值等于原始值与改进值之和。① 由表 3 - 14 可以看出，我国 2015 年 16 个省份体育公共服务财政投入有冗余现象，占 31 个省份的 51.6%。其中，人均体育公共服务财政投入和人均体育公共服务财政投入占公共财政支出比例指标出现冗余的省份均为 9 个，占 31 个省份的 29%。同时，在产出不足指标中，11 个省份人均场地设施面积（Y1）产出不足，6 个省份社会体育组织个数（Y2）产出存在不足，13 个省份社会体育指导员人数（Y3）存在不足，9 个省份年度每万人拥有国民体质监测站点（Y4）数量存在不足，16 个省份年度每万人参加国民体质监测人数（Y5）存在不足。由此看出，各省份产出指标存在不足的数量排在前三位的依次是年度每万人参加国民体质监测人数（Y5）、社会体育指导员人数（Y3）和人均场地设施面积（Y1）。

改进效率由径向比例改进值与松弛改进值之和除以投影目标值得出，表示各个单项指标存在尚待改进的空间。2011 ~ 2015 年 31 个省份体育公共服务产出不足的现象比较普遍，在投入改进的基础上需要注重产出指标存在着的改进空间。其中，国民体质监测人数（Y5）、人均场地设施面积（Y1）和社会体育指导员人数（Y3）改进空间是产出指标的重点领域，见表 3 - 15。较高的改进率表明要注重配置方式和政策的调整，改善落后的资源配置水平，各个省份要合理分配体育公共服务财政资源，明确产出不足之处，并分析其深层次原因，提高产出严重不足指标的效率。

---

① 成刚. 数据包络分析方法与 MaxDEA 软件 [M]. 北京：知识产权出版社，2014：26.

表3-14　投入冗余（额）率与产出不足额（率）分析

省份	投入冗余额及冗余率						产出不足额及不足率							
	X1	Rate	X2	Rate	Y1	Rate	Y2	Rate	Y3	Rate	Y4	Rate	Y5	Rate
北京	66.671	0.647	0.090	0.231	916.242	3.019	0.228	0.633	0	0	0	0	12.789	0.297
天津	23.290	0.453	0	0	906.172	5.227	0.260	1.182	0	0	0.030	0.750	35.732	2.552
河北	0	0	0.013	0.100	182.574	0.776	0	0	9.226	1.355	0	0	11.050	0.615
山西	0	0	0.015	0.083	0	0	0	0	1.725	0.113	0.034	3.4	28.602	2.200
内蒙古	5.642	0.144	0	0	614.402	1.538	0	0	0	0	0.037	1.233	52.047	3.470
吉林	0	0	0	0	0	0	0	0	3.616	0.287	0	0	0	0
黑龙江	0	0	0.018	0.078	115.428	0.223	0	0	4.249	0.347	0	0	4.460	0.149
上海	25.954	0.578	0	0	675.252	6.743	0.130	0.500	0	0	0	0	0	0
福建	4.000	0.099	0.090	0.231	993.303	3.282	0	0	23.939	4.569	0.059	1.967	6.800	0.17
山东	0	0	0.051	0.232	0	0	0	0	0.209	0.010	0	0	22.918	1.042
湖北	0.829	0.049	0	0	290.901	0.644	0.118	0.454	0	0	0	0	30.799	2.053
广东	1.785	0.118	0	0	262.185	0.448	0.244	1.220	0	0	0.039	1.3	8.000	0.235
广西	0	0	0.057	0.219	0	0	0	0	0	0	0	0	0	0
海南	0	0	0	0	720.067	2.981	0	0	19.557	6.721	0.059	5.9	48.958	4.896

续表

省份	投入冗余额及冗余率						产出不足额及不足率									
	X1	Rate	X2	Rate	Y1	Rate	Y2	Rate	Y3	Rate	Y4	Rate	Y5	Rate
重庆	0	0	0	0	0	0	0	0	9.302	1.368	0.007	0.233	6.564	0.298
四川	0	0	0.028	0.133	0	0	0	0	11.174	1.615	0.042	4.2	0.491	0.017
贵州	0	0	0	0	0	0	0	0	14.759	2.180	0.057	5.7	40.782	6.697
云南	0	0	0.002	0.012	84.684	0.196	0	0	14.076	2.423	0	0	29.701	2.970
陕西	0.702	0.036	0	0	0	0	0.094	0.470	0	0	0	0	0.429	0.012
宁夏	9.863	0.322	0	0	0	0	0	0	9.423	1.002	0	0	0	0
新疆	0	0	0	0	0	0	0	0	11.826	2.77	0.046	0	35.394	0

注：投入松弛变量与投入指标原始值的比值即为投入冗余率，产出松弛变量与对应产出指标原始值的比值为产出不足率。

资料来源：财政部官网（www.mof.gov.cn）和《中国体育事业统计年鉴》（2012～2016年）。

表 3 – 15　我国31个省份体育公共服务财政投入产出改进效率

省份	X1 改进值	X1 改进率(%)	X2 改进值	X2 改进率(%)	Y1 改进值	Y1 改进率(%)	Y2 改进值	Y2 改进率(%)	Y3 改进值	Y3 改进率(%)	Y4 改进值	Y4 改进率(%)	Y5 改进值	Y5 改进率(%)
北京	66.671	183	0.090	0	916.242	72	0.228	35.1	0.000	0	0.000	0	12.789	20.2
天津	23.290	84	0.000	0	906.172	79.1	0.260	46.1	0.000	0	0.030	35.3	35.732	64.8
河北	0.000	0	0.013	11.1	182.574	32.3	0.000	0	9.226	45.4	0.000	0	11.050	27.4
山西	0.000	0	0.015	9.1	0.000	0	0.000	0	1.725	8.7	0.034	73.9	28.602	65.0
内蒙古	5.642	16.8	0.000	0	614.402	55.2	0.000	0	0.000	0	0.037	49.3	52.047	73.6
吉林	0.000	0	0.000	0	0.000	0	0.000	0	3.616	15.7	0.000	0	0.000	0
黑龙江	0.000	0	0.018	8.5	115.428	12.9	0.130	31.1	4.249	18.7	0.000	0	4.460	9.0
上海	25.954	137	0.000	0	675.252	85.9	0.000	0	0.000	0	0.000	0	0.000	0
福建	4.000	11	0.090	30	993.303	70.4	0.000	0	23.939	76.8	0.059	59	6.800	11
山东	0.000	0	0.051	30.2	0.000	0	0.000	0	0.209	0.9	0.000	0	22.918	48.1
湖北	0.829	5.2	0.000	0	290.901	38.5	0.118	30.6	0.000	0	0.000	0	30.799	66.6
广东	1.785	7.7	0.000	0	262.185	25.9	0.244	48.7	0.000	0	0.039	50.6	8.000	15.5
广西	0.000	0	0.057	28.1	0.000	0	0.000	0	0.000	0	0.000	0	0.000	0
海南	0.000	0	0.000	0	720.067	62.2	0.000	0	19.557	78.8	0.059	76.6	48.958	73.0

续表

省份	X1 改进值	X1 改进率（%）	X2 改进值	X2 改进率（%）	Y1 改进值	Y1 改进率（%）	Y2 改进值	Y2 改进率（%）	Y3 改进值	Y3 改进率（%）	Y4 改进值	Y4 改进率（%）	Y5 改进值	Y5 改进率（%）
重庆	0.000	0	0.000	0	0.000	0	0.000	0	9.302	50.7	0.007	14.9	6.564	18.3
四川	0.000	0	0.028	15.4	0.000	0	0.000	0	11.174	50.2	0.042	72.4	0.491	1.0
贵州	0.000	0	0.000	0	0.000	0	0.000	0	14.759	58.6	0.057	79.2	40.782	81.5
云南	0.000	0	0.002	1.2	84.684	10.3	0.000	0	14.076	58.5	0.000	0	29.701	63.4
陕西	0.702	3.7	0.000	0	0.000	0	0.094	25.8	0.000	0	0.000	0	0.429	0.9
宁夏	9.863	47.6	0.000	0	0.000	0	0.000	0	9.423	48.4	0.000	0	0.000	0
新疆	0.000	0	0.000	0	0.000	0	0.000	0	11.826	66.2	0.046	100	35.394	1

注：改进效率＝（径向比例改进值＋松弛改进值）÷目标值×100%，投入产出调整值等于目标值与原始值之差额。31个省份中有21个存在冗余和不足，因而本表包含21个省份。

资料来源：财政部官网（www.mof.gov.cn）和《中国体育事业统计年鉴》（2012~2016年）。

（三）我国体育公共服务财政支出的动态效率分析

1. 我国体育公共服务财政支出效率指数总体变化特征分析

根据对我国 2011～2015 年体育公共服务事业财政支出的 Malmquist 指数分析，我国体育公共服务财政支出效率近几年来总体呈现出增长趋势，并且发展速度很快，2011～2015 年全要素生产率（TFP）的动态变化平均值为 1.120，表示 2011～2015 年间我国体育公共服务全要素生产率改善了 12%，见表 3-16。

表 3-16　2011～2015 年我国体育公共服务财政支出的 Malmquist 指数

区间	综合技术效率变动（effch）	技术进步变动（techch）	纯技术效率变动（pech）	规模效率变动（sech）	全要素生产效率变动（fpch）
2012 年	1.009	0.840	0.984	1.025	0.847
2013 年	1.234	1.336	0.984	1.254	1.648
2014 年	1.111	1.000	1.049	1.059	1.121
2015 年	0.990	1.015	1.067	0.927	1.004
平均值	1.082	1.035	1.020	1.060	1.120

资料来源：财政部官网（www.mof.gov.cn）和《中国体育事业统计年鉴》（2012～2016 年）。

2012 年，我国体育公共服务财政支出的全要素生产率（TFP 指数）为 0.847，Malmquist 指数下降了 15.3%，这主要是源于纯技术的变化，技术变化指数是导致全要素生产率下降的主要因素，下降了 16%。2013 年，体育公共服务财政支出全要素生产率为 1.648，增长率达到 64.8%，这是 2011～2015 年研究样本增长速度最快的一年。技术进步和规模效率是主要贡献者，平均值分别达到 1.336 和 1.254，增长率分别达到 33.6% 和 25.4%，而技术效率变化指数则下降了 1.6%，拖累作用明显。2014 年体育公共服务财政支出的全要素生产率为 1.121，增长率达到 12.1%，技术效率和规模效率是主要拉动因素，贡献率分别达到 4.9% 和 5.9%，而技术变化指数相对于 2013 年并没有显著变化，虽没有出现下滑趋势，但拉动作用并没有呈现出来。2015 年体育公共服务财政支出的全要素生产率为 1.004，相较于 2014 年，增长率达到 0.4%，技术进步和纯技术效率是主要贡献者，贡献率分别达到 1.5% 和 6.7%，但是，2015 年我国体育公共服务财政支出的全要素生产率相对于 2011～2015 年的平均值，却下降了约 10%，这表明我国体育公共服务财政资源的利用情况并不稳定，效率仍然比较低。从综合技术效率变动角度看，2011～2015 年以 8.2% 的平均速度增长。综合技术效率等于纯技术效率与规模效率的乘积，可以看出综合技术效率变动主要是由纯技术效率变动引起的。纯技术效率在 2011～2015 年虽然有所下降，但是这 5 年间增长率却达到了 2.0%，这说明我国体育公共服务财政支出的管理力度总体上处于上升态势。从规模效率来看，各年度规模效率值均大于 1，说明财政支出效率呈规模递增趋势，而 2015 年规模效率值仅为 0.927，仍然需要继续扩大体育公共服务财政支出规模。同时，从体育公共服务财政的技术进步变动角度看，2011～2015 年技术进步变动的均值为 1.035，2012 年的技术进步变动值为 0.840，2013 年技术进步变动值为 1.336，2014 年技术进步变动值为 1.000，2015 年技术进步变动值为 1.015，可以发现技术进步变动是影响全要素生产率衰退趋势的主要因素，这表明技术要素是我国体育公共服务财政支出效率低下的主要原因之一。

2. 我国 31 个省份不同效率指数的分布特征分析

从全国 31 个省份来看，2011～2015 年各省份体育公共服务财政支出全要素生产率变动主要受技术进步变动的影响，甘肃省和青海省两个省份的综合技术效率变动为 1，这些省份的技术进步变动值即为全要素生产率变动值，见表 3 - 17。

表 3 - 17　　　　　　　2011～2015 年我国各地区体育公共服务
财政支出的 Malmquist 指数

地区	综合技术效率变动（effch）	技术进步变动（techch）	纯技术效率变动（Pech）	规模效率变动（Sech）	全要素生产效率变动（tfpch）
北京	1.092	1.212	0.972	1.123	1.323
天津	1.228	1.167	0.970	1.266	1.432
河北	0.989	0.915	0.955	1.036	0.905
山西	0.909	0.937	0.959	0.948	0.852
内蒙古	0.992	0.719	0.946	1.048	0.713
辽宁	1.134	1.197	1.018	1.114	1.357
吉林	0.886	0.965	0.897	0.988	0.854
黑龙江	1.136	1.033	1.097	1.035	1.174
上海	1.256	1.130	0.989	1.270	1.419
江苏	1.018	1.316	1.000	1.018	1.340
浙江	1.141	1.069	1.000	1.141	1.219
安徽	1.163	0.922	1.095	1.062	1.073

续表

地区	综合技术效率 变动（effch）	技术进步 变动（techch）	纯技术效率 变动（Pech）	规模效率 变动（Sech）	全要素生产效率 变动（tfpch）
福建	1.104	0.967	1.043	1.058	1.068
江西	1.115	1.256	1.062	1.051	1.401
山东	1.022	1.036	1.032	0.991	1.059
河南	1.073	1.230	1.070	1.003	1.320
湖北	1.172	1.230	1.100	1.066	1.441
湖南	1.178	0.792	1.105	1.066	0.934
广东	1.187	1.375	1.139	1.042	1.632
广西	0.774	0.844	0.840	0.921	0.653
海南	1.285	0.979	1.120	1.147	1.258
重庆	1.036	1.045	0.985	1.052	1.083
四川	0.928	1.095	0.912	1.018	1.017
贵州	0.960	0.879	0.955	1.005	0.843
云南	1.013	1.364	0.987	1.027	1.382
西藏	1.430	1.096	1.205	1.186	1.566
陕西	1.133	1.180	1.053	1.076	1.337
甘肃	1.000	0.774	1.000	1.000	0.774
青海	1.000	0.955	1.000	1.000	0.955
宁夏	1.223	0.883	1.085	1.128	1.080
新疆	1.206	0.967	1.136	1.061	1.165
平均值	1.082	1.035	1.020	1.060	1.120

资料来源：财政部官网（www.mof.gov.cn）和《中国体育事业统计年鉴》（2012～2016年）。

　　我国各个省份2011～2015年体育公共服务财政支出的全要素生产率总体上处于较高水平，但是31个省份之间的差距较大，见表3-18。其中，广东省体育公共服务财政支出的全要素生产率最高，其数值达到1.638，江西省次之，其值为1.488，广西壮族自治区体育公共服务财政支出的全要素生产率最低，其值为0.655，最高值与最低值之间的差距达到0.983。因此，要提高我国体育公共服务财政支出的效率，需要注重技术进步要素开发，提升体育公共服务的技术效率。

表 3 – 18 　　　　　 我国 31 个省份体育公共服务财政支出

不同效率分布表（2011 ~ 2015 年）

指标	平均值	标准差	变异系数	最小值	最大值	大于 1 的省份（个）	比例（%）
综合效率变化	1.082	0.133	0.123	0.774	1.285	22	71
技术变化	1.035	0.171	0.165	0.774	1.375	17	54.8
纯技术效率变化	1.020	0.079	0.077	0.840	1.205	15	48.4
规模效率变化	1.060	0.078	0.074	0.921	1.270	25	81
全要素生产率变化	1.120	0.253	0.226	0.655	1.638	22	71

注：变异系数是衡量各观测值变异程度的指标，计算公式为：CV = S/M，其中 S 为标准差，M 为数据的平均值。一般认为变异系数大于 0.1 表示数值相对不稳定，变异系数越大，表示数据越离散、稳定性越差。

资料来源：财政部官网（www. mof. gov. cn）和《中国体育事业统计年鉴》（2012 ~ 2016 年）。

进一步分析我国体育公共服务财政不同效率的分布特征，有利于把握体育公共服务不同效率指数的分布和来源，为我国体育公共服务效率的改善和管理指出努力的方向。从表 3 – 18 可以看出，我国 31 个省份体育公共服务全要素生产率改善的省份有 22 个，占总数的 71%，均值达到 1.120，这充分说明我国大多数省份的全要素效率得到了有效改善。当然，各个省份体育公共服务财政投入不同效率指数的离散差距还是蛮大的。其中，综合效率变化指标最大值为 1.285，最小值为 0.774，均值达到 1.082，变异系数为 0.133，数值大于 0.1，31 个省份间体育公共服务综合效率变化值离散程度较大，稳定性较差。而技术变化和全要素生产率变化平均值分别为 1.035、1.120，变异系数分别为 0.165 和 0.226，离散程度也较大，稳定性存在不足；与之相反的是，我国 31 个省份体育公共服务纯技术效率变化和规模效率变化的平均值分别为 1.020 和 1.060，变异系数分别为 0.077 和 0.074，离散程度比其他指标较小，稳定性较好。

（四）我国 31 个省份体育公共服务财政支出技术效率收敛性分析

我国 31 个省份 2011 ~ 2015 年体育公共服务财政全要素生产率总体上处于较高水平（见表 3 – 19），全要素生产率变化主要受技术进步变化的影响，需要注重技术进步要素的开发。特别是 2015 年，东部地区体育公共服务技术效率平均值为 0.807，中部地区平均值为 0.835，西部地区平均值为 0.756，全国平均值为 0.804，中部地区最高，东部地区次之，而西部地区最低。

表 3 – 19　　　我国 31 个省份 2011 ~ 2015 年体育公共服务技术效率

地区	2011 年	2012 年	2013 年	2014 年	2015 年
北京	0.955	0.748	0.902	0.835	0.853
天津	0.817	0.788	0.692	0.680	0.723
河北	0.739	0.422	0.651	0.579	0.615
辽宁	0.931	1.000	0.796	0.940	1.000
上海	0.945	0.755	1.000	0.740	0.903
江苏	1.000	0.918	0.948	1.000	1.000
浙江	1.000	1.000	1.000	0.959	1.000
福建	0.612	0.588	0.580	0.673	0.725
山东	0.786	0.542	1.000	1.000	0.890
广东	0.463	0.650	0.546	0.852	0.779
海南	0.350	0.576	0.389	0.502	0.552
东部平均值	0.746	0.703	0.742	0.778	0.807
山西	1.000	1.000	1.000	1.000	0.844
吉林	1.000	1.000	0.571	0.698	0.646
黑龙江	0.457	0.438	0.757	0.498	0.662
安徽	0.695	0.557	0.598	1.000	1.000
江西	0.787	1.000	0.692	1.000	1.000
河南	0.762	1.000	1.000	1.000	1.000
湖北	0.665	0.935	0.475	0.967	0.973
湖南	0.670	0.463	0.572	0.703	1.000
中部平均值	0.735	0.755	0.685	0.835	0.835
内蒙古	1.000	1.000	0.727	1.000	0.802
广西	1.000	1.000	0.716	0.618	0.498
四川	0.903	0.717	0.520	0.568	0.624
贵州	0.782	0.263	0.457	0.569	0.650
云南	0.614	0.984	1.000	0.602	0.582
陕西	0.602	0.792	0.707	0.793	0.740
甘肃	1.000	0.752	0.833	0.693	1.000
重庆	0.798	0.483	0.461	0.554	0.752
西藏	0.474	1.000	1.000	1.000	1.000
青海	1.000	1.000	1.000	0.691	1.000

续表

地区	2011 年	2012 年	2013 年	2014 年	2015 年
宁夏	0.676	0.762	1.000	1.000	0.935
新疆	0.424	0.650	0.568	0.411	0.707
西部平均值	0.743	0.739	0.719	0.684	0.756
全国平均值	0.742	0.730	0.718	0.754	0.804

资料来源：财政部官网（www. mof. gov. cn）和《中国体育事业统计年鉴》（2012～2016 年）。

一般认为，地区之间过大或过小的技术差距都不利于实现技术收敛。有学者研究认为后发地区能够凭借自己的后发优势，充分地吸收发达地区技术溢出效应，从而达到技术收敛的效果。[①] 因此，本书通过技术效率指标考察我国不同地区之间体育公共服务技术的收敛性。此处采用回归模型进行研究，如式（3-4）所示。

$$Yit = \alpha + \beta \ln TEio + \varepsilon it^{②} \tag{3-4}$$

式（3-4）中，Yit 为 0 期到 t 期间不同地区间体育公共服务的技术效率的增长率，$\beta \ln TEio$ 为 0 期的技术效率，εit 为随机扰动项。[③] 这个方程即为检验 β 绝对收敛模型的简化形式。如果回归的结果 β 值为负值，则表明存在着收敛性；如果为正值，则表示存在发散性，回归的结果如表 3-20 所示。从 β 系数及其统计检验可以看出，不同地区间体育公共服务技术效率存在着显著的技术扩散现象。2011～2015 年我国体育公共服务技术效率系数为正值（0.677），且在统计检验上不够显著，这表明我国各地区体育公共服务财政技术收敛有着下降的趋势。我国东部地区、中部地区和西部地区之间体育公共服务财政技术差距客观存在，为了缩小三个地区体育公共服务财政技术效率的差距，政府需要采取一定的政策和措施加强各个地区之间技术领域的交流，进一步强化体育公共服务财政投入产出技术效率的收敛趋势。

表 3-20　　中国各地区体育公共服务的技术收敛性分析（2011～2015 年）

地区	2011～2015 年
常数项	3.6924
P	0.314

① 李松龄，生延超. 技术差距、技术溢出与后发地区技术收敛 [J]. 河北经贸大学学报，2007（4）：5-10.

②③ 赵伟，马瑞永等. 全要素生产率变动的分解 [J]. 统计年鉴，2005（7）：37-42.

续表

地区	2011～2015 年
B	0.677
P	0.323
调整的 R^2	0.188

（五）我国 31 个省份体育公共服务财政支出效率的聚类分析

聚类分析（cluster analysis）是一组将研究对象分为相对同质的群组（clusters）的统计分析技术。本书根据我国 31 个省份 2015 年体育公共服务财政投入效率中规模效率和纯技术效率的具体情况，并以各个省份体育公共服务财政投入规模效率、纯技术效率的平均值为临界点，对全国 31 个省份体育公共服务财政支出效率进行了聚类分析。其中，体育公共服务财政投入的纯技术效率平均值为 0.804，规模效率的平均值为 0.810，而各省份财政效率聚类分析的结果主要表现为四种类型，如图 3-3 所示。

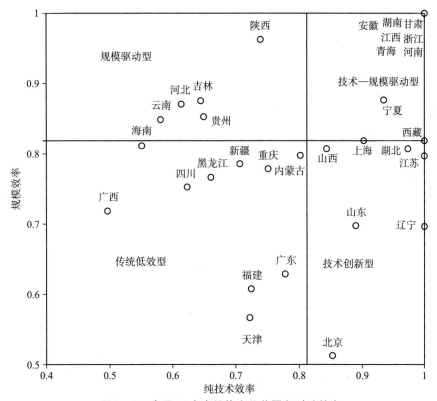

图 3-3　我国 31 个省份体育公共服务财政效率

资料来源：财政部官网（www. mof. gov. cn）和《中国体育事业统计年鉴》（2012～2016 年）。

　　第一种类型为纯技术效率值大于 0.804 且规模效率值在 0.810 以上的技术—规模共同推动型。由图 3-3 可以看出，浙江省（1.000，1.000）、安徽省（1.000，1.000）、江西省（1.000，1.000）、河南省（1.000，1.000）、湖南省（1.000，1.000）、甘肃省（1.000，1.000）、青海省（1.000，1.000）、宁夏回族自治区（0.935，0.877）8 个省份属于"双高型"，这类地区的效率相比较于其他地区所需要进行改进相对较小。第二种类型为纯技术效率大于 0.804，且规模效率在 0.810 以下的技术创新型。西藏自治区（1.000，0.819）、江苏省（1.000，0.797）、湖北省（0.973，0.807）、上海市（0.903，0.818）、山西省（0.844，0.808）、山东省（0.890，0.698）、辽宁省（1.000，0.697）、北京市（0.853，0.513）8 个省份属于这种类型，这类地区体育公共服务财政资源管理水平和资源配置水平相对较高，但体育公共服务供给规模尚不足以满足居民的实际需求，这类地区的省份需要在后续发展中重视体育公共服务的财政投入并加大投入力度。第三种类型为纯技术效率在 0.804 以下，且规模效率在 0.810 以上的规模驱动型。陕西省（0.740，0.963）、河北省（0.615，0.871）、吉林省（0.646，0.876）、云南省（0.582，0.849）、贵州省（0.650，0.853）共 5 个省份属于这种类型，这一类型的省份需要在后续发展中着重改进纯技术效率，即在体育公共服务供给过程中应重视管理和配置水平的提高。第四种类型为传统双低效型，即纯技术效率低于 0.804，规模效率值低于 0.810。内蒙古自治区（0.802，0.798）、广东省（0.779，0.629）、重庆市（0.752，0.779）、新疆维吾尔自治区（0.707，0.786）、福建省（0.725），0.608）、天津市（0.723，0.567）、黑龙江省（0.662，0.767）、四川省（0.624，0.753）、海南省（0.552，0.812）、广西壮族自治区（0.498，0.719）10 个省份属于该种类型，这些省份体育公共服务供给效率是"低纯技术效率，低规模效率"的"双低"状态，效率存在着很大的提升空间，还说明管理水平的提高和供给规模的"因地制宜"仍是未来提高各地区体育公共服务供给效率的主要手段。当然，上述对各省份体育公共服务财政综合效率的聚类分析更多地是以纯技术效率和规模效率平均值为临界点进行相对分析，旨在对全国范围内各个省份体育公共服务财政投入效率进行综合性考量并提供有效的改进思路。

（六）我国体育公共服务财政支出效率的影响因素分析

　　众所周知，DEA 效率结果无法体现外部环境因素对效率的影响，因此运用 Tobit 模型对影响体育公共服务财政支出效率的外部因素进行回归分析显得非常必要。本文根据已有文献选择影响体育公共服务财政支出效率的因素，并依据体育公共服务事业的属性和发展特性，建立了以下的回归初始模型，见式（3-5），并主要从财政分权程度、人均 GDP、人口密度与大专文化程度以上人口占比等作为控制变量建立回归模型，并探讨其外部影响因素。

$$Yit = C + a1X1 + a2X2 + a3X3 + a4X4 \qquad (3-5)$$

式（3-5）中，Yit 表示我国各个省份 2011~2015 年体育公共服务财政支出的综合效率值，C 为常数项，$a1$、$a2$、$a3$、$a4$ 分别为各个影响因素的回归系数，$X1$、$X2$、$X3$、$X4$ 分别为观察期间内各个年度的财政分权情况（%）、人均 GDP（元/人）、人口密度（人/平方千米）和大专文化程度以上人口占比（%）。其中，各年度的财政分权指标主要采用 31 个省份地方财政预算内支出占国家财政总支出的比重来反映；人口密度指标主要采用各省份每平方千米的居民数量来表示。该部分研究的相关数据均来源于财政部官网，并对相关统计数据进行了计算和分析。

采用截断的 Tobit 随机效应面板模型，运用 EViews 9.0 统计软件得出，并选择 Tobit 方法对 2011~2015 年我国体育公共服务财政支出的面板数据进行统计，得出相应的回归结果，见表 3-21。

表 3-21　　　　　　　地方政府体育公共服务财政支出效率回归结果

变量	系数	标准差	P 值
财政分权情况（%）	1.71E+00	1.65E+00	0.3014
人均 GDP（元/人）	8.14E-07	1.44E-06	0.5731
人口密度（万人/平方千米）	-1.54E-05	3.86E-05	0.6908
大专文化程度以上人口占比（%）	-10.73578**	4.680695	0.0218
常数项	7.42E-01***	8.30E-02	0
回归标准差	0.247329		
残差平方和	9.053402		
似然值	-0.301788		

注：***、**、* 分别表示在 1%、5%、10% 的水平上显著。
资料来源：财政部官网。

1. 关于财政分权与体育公共服务财政支出效率的关系

财政分权一直以来被认为是推进和维持中国经济快速增长的重要因素之一，较高的财政分权程度意味着地方政府拥有较强的自主财力。财政分权是中央政府与地方政府及地方政府间财政分工的方式，其实质在于中央政府和地方政府间职责和权力范围的划分，促进资源的更有效配置和社会福利的最大化。我国 1994 年的税制改革建立了分税制的财政分权体制,地方政府的积极性得到提升。而经济上的分权体制客观要求体育公共服务等领域的发展以及相应的体制建设,从而促使体育公共服务财政效率水平的提高。由表 3 – 21 中的回归分析结果得知,财政分权情况与体育公共服务财政效率呈正相关关系,P 值大于 0.05,但正相关关系在统计学上并未出现显著性。因此,只能说财政分权体制在一定程度上促进了体育公共服务效率水平的提高。

2. 关于经济发展水平与体育公共服务财政支出效率的关系

一些学者认为经济发展情况与体育公共服务效率正相关,并认为人均GDP 情况对体育公共服务效率具有较高的正向影响;还有学者认为体育公共服务的效率和地区经济发展水平的关系时而正相关,时而负相关,具有动态性。根据分析可以得知,经济发展水平对于提高体育公共服务财政支出效率具有促进作用,但回归分析结果显示出经济发展水平对体育公共服务财政支出效率提高的贡献作用并未充分体现,其影响作用在统计学上并不显著,这从某种程度上也反映了经济政绩观在促进地方政府经济增长的同时,也容易忽视体育公共服务事业的发展。

3. 关于人口密度与体育公共服务财政支出效率的关系

有学者认为人口密度对体育公共服务技术效率的提升有正向促进作用,即人口密度水平与体育公共服务效率具有一定的正相关性。另外,有学者认为人口密度与体育公共服务发展效率具有零相关和负相关关系。还有学者认为人口密度对体育公共服务财政支出效率的影响程度最大。

本书认为,人口密度对体育公共服务财政支出效率有着负向影响。较高的人口密度一般有利于降低行政管理成本,形成规模经济效应。但本书从回归结果分析得出,人口密度与体育公共服务财政效率水平的回归系数为负值,存在负向影响,而且人口密度的影响效应在统计学上并不具有显著性,这说明体育公共服务事业财政支出规模效应并未出现,体育公共服务财政支出网络效应和组织效应的发挥仍需加强。

4. 关于公众受教育程度与体育公共服务财政支出效率的关系

随着社会经济的快速发展,公众对体育公共服务的需求依然强烈。多数学者研究得出,公众的受教育程度对体育公共服务效率具有正向的影响,当然,有的学者选取高中及以上文化程度人口比例作为受教育程度指标,还有学者选取大专及以上学历人口比例作为公众受教育程度的指标。而本书通过回归分析得出,我国大专及以上学历人口的比例与体育公共服务财政支出效率存在着显著的负相关关系,反映了体育公共服务事业发展的水平仍然不足以提供充足的体育公共服务,或者各地公众体育权利意识依然薄弱的问题。

当然，影响体育公共服务财政支出效率的因素众多，除了上述影响因素之外，类似政府透明度、体育管理人员素质等难以测量的主客观因素，其影响程度仍然是值得研究的问题。

2011～2015年我国31个省份体育公共服务综合效率变异系数均大于0.1，稳定性较差；同时，2011～2015年综合效率变异系数年度平均值均大于0.1，离散程度较大，稳定性很差。我国31个省份体育公共服务全要素生产率均值达到1.120，综合效率变化指标最大值为1.285，最小值为0.774，均值达到1.082，变异系数为0.133，数值大于0.1，说明31个省份间体育公共服务综合效率变化值离散程度较大，稳定性较差。技术变化和全要素生产率变化平均值分别为1.035、1.120，变异系数分别为0.165和0.226，离散程度也较大，稳定性存在不足；31个省份体育公共服务财政纯技术效率变化和规模效率变化的平均值分别为1.020和1.060，变异系数分别为0.077和0.074，离散程度比其他指标小，稳定性较好。我国体育公共服务财政效率的影响因素主要包括各个年度的财政分权情况、人均GDP、人口密度和大专文化程度及以上人口占比等。其中，财政分权情况、人均GDP与体育公共服务财政效率正相关，但在统计检验上不存在显著性；同时，人口密度和大专文化程度以上人口占比与体育公共服务财政效率负相关，仅大专以上文化程度人口占比与体育公共服务财政效率相关性在统计检验上具有显著性。

本节基于实证分析结果认为，为提高地方政府体育公共服务财政支出效率，各地区在提升经济发展水平同时，需要高度重视体育公共服务事业的发展，为体育公共服务水平提升提供财政资金保障。建立体育公共服务财政支出的稳定增长机制，提升体育公共服务财政支出的管理水平，提高体育公共服务财政支出效率。针对体育公共服务项目内容的需求情况，政府需要出台扶持体育公共服务发展的相关政策，推动体育公共服务财政支出规模科学化、合理化，提升体育公共服务财政资源配置能力和管理能力水平。适当调整中央与地方在体育公共服务中财政投入的结构，加大地方政府对体育公共服务的财权集中力，提升地方政府体育公共服务财政投入大于中央投入的比重。坚持以为人民服务为导向，加强体育公共服务财政支出网络效应和组织效应发挥，实现体育公共服务事业财政支出的规模效应。各地政府需要重视公民文化教育水平的提升，增强公民体育权利意识，提高公民参与体育公共服务的积极性和主动性，确保体育公共服务事业发展能够提供充足的体育公共服务。

第三节　中国体育公共服务均等化评价分析

我国国民经济和社会发展"十二五"规划纲要提出加快发展各项社会事业，推进基本公共服务均等化，加大收入分配调节力度。《"十三五"基本公共体育服务均等化规划》指出，我国已初步构建起覆盖全民的国家基本公共服务制度体系，各级各类基本公共服务设施不断改善，国家基本公共服务项目和标准得到全面落实，保障能力和群众满意度进一步提升。[1] "十三五"时期是全面建成小康社会的决胜阶段，我国发展仍处于大有作为的重要战略机遇期，完善国家基本公共服务体系、推动基本公共服务均等化水平稳步提升，面临新的机遇和挑战。[2] 在我国基本公共服务均等化问题日益受到党和政府重视的大背景下，体育公共服务均等化问题也被提上了日程。党的十八大报告明确指出，"着力推进基本公共服务均等化，努力实现惠及全体人民的基本公共服务均等化目标"，其首要任务是实现基本公共资源配置的均等化。[3] 党的十九大报告提出要建立全面规范透明、标准科学、约束有力的预算制度，全面实施绩效管理，并广泛开展全民健身活动，加快推进体育强国建设。体育公共服务关乎公民的基本体育权利，反映了体育需求与供给过程中的一种价值取向与利益选择。"均等化"指政府等公共组织使用社会公共资源，向社会提供满足公民公共需求的、价值含量均等的公共产品和公共服务，并致力于保障公民在公共服务生产与提供过程中参与决策的机会均等。[4] 公共服务均等化是公共财政的基本目标之一，是指政府要为社会公众提供基本的、在不同阶段具有不同标准的、最终大致均等的公共物品和公共服务。体育公共服务均等化的实质就是通过体育公共服务的公平、合理配置，实现社会整体福利水平的提高。

新时代的我国，社会主要矛盾已经转化为人民日益增长的美好生活需要和不平衡不充分的发展之间的矛盾；在全民健身上升为国家战略之后，我国人民群众对体育公共服务的需求日益高涨，体育公共服务供给侧结构性改革成为我国政府首选途径。2016 年，《体育发展"十三五"规划》明确指出加快建设水平较高、内容完备、惠及全民的基本公共体育服务体系，逐步推

① 易剑东. 中国体育公共服务研究［J］. 体育学刊, 2012, 19（2）：1 – 10.
② 国家体育发展"十三五"规划［EB/OL］. http：//www. ndrc. gov. cn/fzgggz/fzgh/ghwb/gjjgh/201708/t20170810_857372. html.
③ 郭俊, 高璇. 着力推进基本公共服务均等化"［N］. 经济日报, 2013 – 10 – 25.
④ 刘金程, 李明刚. 从政策到制度：元创新视角下的"基本公共服务均等化"［J］. 新视野, 2008（3）：49 – 51.

动基本公共体育服务在地域、城乡和人群间的均等化;^① 同年,《"健康中国2030"规划纲要》提出遵循公平公正的原则,逐步缩小城乡、地区、人群间基本健康服务和健康水平的差异,实现全民健康覆盖,促进社会公平。^②2017 年,党的十九大报告指出:"发展不平衡不充分的一些问题尚未解决""城乡区域发展和收入分配差距依然很大"。为了贯彻落实以上系列政策,需要不断优化体育公共服务资源配置,促进体育公共服务资源配置的均衡。

　　为了解决目前各省份地区特别是东部、中部、西部地区体育公共服务发展不均衡问题,很多测量差异化的方法被用到我国体育公共服务均等化水平分析中。国内学者刘亮(2012)梳理了我国体育公共服务在人、财、物等资源上的配置数据,从横向与纵向分析了我国体育公共服务资源配置的总体特征;学者周结友(2013)探究了基本公共体育服务均等化的收入均等化原理、帕累托原理、补偿原理基础;学者王家宏(2014)指出公共体育服务价值取向要注重共享和参与、重视公共体育服务均等化的实现。关于城乡及区域公共体育服务资源配置的代表文献有:《我国城乡公共体育资源配置公平性评估指标体系研究》(2014)、《差异化与均等化:我国城乡体育公共服务发展的实然困境及应然选择》(2018)、《成都市体育公共服务均等化问题研究》(2015)、《江苏县域公共体育服务资源的配置水平与影响机制分析》(2016)。此外,学者郭新艳(2018)从"投入—产出—结果"维度对投入水平、区域发展均衡性、信息化平台建设、社会公众体育健身干预与引导、评估反馈机制建设等多个方面进行了分析。

　　目前,测度体育公共服务均等化的方法有基尼系数、变异系数等方法。学者汤际澜(2011)运用层次分析法(AHP)构建了体育公共服务均化的评价指标体系;学者熊飞(2013)运用优化的逼近理想解排序法(TOPSIS)对2009 年 8 个西部民族地区省份的体育公共服务水平做出综合评价;由此看出,基尼系数和变异系数等方法无法进行分解,无法判断其形成原因,也无法提出最合理的解决对策。泰尔(Theil)指数可以衡量组内差距和组间差距。关于体育资源配置泰尔指数的研究有:学者江广金(2014)运用泰尔指数对江西省2013 年的社会体育指导员、体育场地数、体育事业经费、体育社团的资源配置均等化进行分析,学者袁春梅(2014)运用泰尔指数法,通过体育事业经费支出、群众体育场地面积和公益性社会体育指导员三

　　① 国家体育总局. 体育发展"十三五"规划［EB/OL］. 政法司. http：//www. sport. gov. cn/n316/n340/c723004/content. html.

　　② 中共中央国务院印发"健康中国2030"规划［EB/OL］. http：//www. gov. cn/zhengce/2016 - 10/25/content_5124174. html.

个指标对我国2006～2011年体育公共服务资源配置的均等化水平进行了测量和分析，学者胡娟（2016）采用泰尔指数分析江苏省县城公共体育服务资源的配置水平。综上所述，体育公共服务资源在利用泰尔指数计算差异性的研究中，多集中在某地区或某个时间段的多地区，且选取指标较少分析也不够系统全面。本书运用泰尔指数从一般预算支出、体育事业经费投入、社会体育指导员、社会体育组织和国民体质监测站点个数、国民体质监测人数、人均场地设施面积等指标对2011～2015年我国31个省、自治区和直辖市体育公共服务资源配置的区域差异情况进行分析，这有利于把握我国体育公共服务资源配置的公平情况，强化体育公共服务资源公平供给的针对性。

一、研究模型选择及计算方法

（一）模型选择

泰尔指数可将总体差异性分解为地区内差异和地区间差异，可以很好地分析不均衡是由地区间差异造成，还是由地区内差异引起。泰尔指数现阶段已被广泛应用于分解不平衡现象，是衡量体育公共服务资源配置差异性的重要指标。本书既可用泰尔指数来分析体育公共服务资源配置总体差异性又可用泰尔指数来分析地区内部差异性和地区间差异性。[①] 泰尔指数越高，说明体育公共服务资源配置的均衡性越差；反之，表示体育公共服务资源配置越均衡。同时，它可以把整体差异分解为区域间的差异和区域内部的差异。因此，泰尔指数在分解和分析资源供给的差异性、不平等性等方面有着广泛的应用。泰尔指数被广泛应用于分解不均衡，是衡量体育资源配置均衡性的重要指标。泰尔指数越高，说明体育公共服务资源配置的均衡性越差；反之，表示体育公共服务资源配置越均衡。泰尔指数可将总体差异性分解为地区内差异和地区间差异，从而分析不公平性是由地区间差异还是由地区内差异引起的。本书中的泰尔指数可分为我国体育公共服务资源配置区域间差异（东部、中部、西部地区）和各区域内部差异，并可以比较各区域间和各区域内省份间体育公共服务资源配置的均衡性，这利于分析体育公共服务资源配置的总体差异性，地区内部差异性和地区间差异性。

（二）计算方式

泰尔指数衡量我国体育公共服务资源总体的均等化水平及区域间和区域内的均衡性计算公式为（3-6）。

---

① 张敏敏，王高玲，王彬夫. 基于基尼系数和泰尔指数的新医改后江苏省卫生资源配置公平性研究 [J]. 广西医学，2015，37（10）：1452-1456.

$$T = \sum_{i=1}^{n} P_i \times \log\left(\frac{P_i}{Y_i}\right) \div \sum_{i=1}^{n} P_i \times T_i \qquad (3-6)$$

泰尔指数越高，说明体育公共服务资源配置的均衡性越差；反之，表示体育公共服务资源配置越均衡。泰尔指数可将总体差异性分解为地区内差异和地区间差异。因此，既可用泰尔指数来分析体育公共服务资源配置总体差异性，又可用泰尔指数来分析地区内部差异性和地区间差异性。[①] 泰尔指数计算公式为式（3-7）。

$$T = \sum_{g=1}^{k} P_g \times \log\frac{P_g}{Y_g} \qquad (3-7)$$

式（3-7）中，g 代表省份，R 代表从 $g=1$ 到 k；P_g 为各省份人口数占各地区或全国总人口数的比例，Y_g 为各省份体育公共服务资源量占各地区或全国体育公共服务资源总量的比例。利用公式（3-7）计算得出各地区的泰尔指数，即 T_i。泰尔指数分解公式为式（3-8）。

$$T_{总} = T_{组内} + T_{组间}$$

$$T_{组内} = \sum_{i=1}^{n} P_i T_i$$

$$T_{组内} = \sum_{i=1}^{n} P_i \log\frac{P_i}{Y_i} \qquad (3-8)$$

式（3-8）中，i 代表地区，$T_{总}$ 为总体差异；$T_{组内}$ 为组内差异，在此指我国不同地区内部公共体育服务资源配置的差异；$T_{组间}$ 为组间差异，即我国不同地区之间公共体育服务资源配置的差异；P_i 为各地区人口数占全国总人口数的比例；Y_i 为各地区公共体育服务资源量占全国公共体育服务资源总量的比例；T_i 为各地区泰尔指数。通过对泰尔指数进行分解，可计算出我国各地区内差异与地区间差异对全国总泰尔指数的贡献率，其计算公式为式（3-9）和式（3-10）。

$$组内差异贡献值 = T_{组内}/T_{总} \qquad (3-9)$$

$$组间差异贡献值 = T_{组间}/T_{总} \qquad (3-10)$$

二、指标选取及区域划分

（一）指标选取

综合考虑我国体育公共服务数据的连续性、可得性、科学性与可参考性等因素，本书主要采用 2011~2015 年我国 31 个省份地方及省级政府一般预

---

① 李亦兵，孙晓晴. 我国基本医疗卫生服务均等化与经济增长的实证研究——基于向量自回归模型［J］. 价格理论与实践，2016（11）：146-149.

算支出、体育事业经费投入、社会体育指导员、社会体育组织和国民体质监测站点个数、国民体质监测人数、人均场地设施面积等指标对我国公共体育服务资源配置的区域差异情况进行分析。其中，各省份体育事业经费投入、社会体育指导员、社会体育组织和国民体质监测站点个数、国民体质监测人数、人均场地设施面积等数据均来自《2011～2015 年中国体育事业统计年鉴》，各省份人口数据和地方政府一般预算支出统计数据均来自国家统计局官方网站。我国香港、澳门特别行政区和台湾地区以及海外华侨人数未在本次统计范围之内。

（二）区域划分

根据我国传统区域划分情况和各地区经济发展现状，我国体育公共服务均等化的区域划分主要分为东部、中部、西部地区三个区域，各区域具体包含省份见表 3 – 22。

表 3 – 22 我国 31 个省份区域划分表

区域划分	省份	数量
东部地区	北京、天津、河北、辽宁、上海、江苏、浙江、福建、山东、广东、海南	11
中部地区	山西、安徽、江西、河南、湖北、湖南、吉林、黑龙江	8
西部地区	内蒙古、广西、重庆、四川、贵州、云南、西藏、陕西、甘肃、青海、宁夏、新疆	12

资料来源：公开信息。

三、2011～2015 年我国各省份体育公共服务资源配置的基本情况

各项数据见表 3 – 23 至表 3 – 35。

表 3 – 23 2011～2015 年各年度我国 31 个省份人口数 单位：万人

省份（区域）	2011 年	2012 年	2013 年	2014 年	2015 年
北京	2019	2069	2115	2152	2171
天津	1355	1413	1472	1517	1547
河北	7241	7288	7333	7384	7425
辽宁	4383	4389	4390	4391	4382
上海	2347	2380	2415	2426	2415
江苏	7899	7920	7939	7960	7976
浙江	5463	5477	5498	5508	5539

续表

省份（区域）	2011 年	2012 年	2013 年	2014 年	2015 年
福建	3720	3748	3774	3806	3839
山东	9637	9685	9733	9789	9847
广东	10505	10594	10644	10724	10849
海南	877	887	895	903	911
东部总计	55446	55850	56208	56560	56901
山西	3593	3611	3630	3648	3664
吉林	2749	2750	2751	2752	2753
黑龙江	3834	3834	3835	3833	3812
安徽	5968	5988	6030	6083	6144
江西	4488	4504	4522	4542	4566
河南	9388	9406	9413	9436	9480
湖北	5758	5779	5799	5816	5852
湖南	6596	6639	6691	6737	6783
中部总计	42374	42511	42671	42847	43054
内蒙古	2482	2490	2498	2505	2511
广西	4645	4682	4719	4754	4796
重庆	2919	2945	2970	2991	3017
四川	8050	8076	8107	8140	8204
贵州	3469	3484	3502	3508	3530
云南	4631	4659	4687	4714	4742
西藏	303	308	312	318	324
陕西	3743	3753	3764	3775	3793
甘肃	2564	2578	2582	2591	2600
青海	568	573	578	583	588
宁夏	639	647	654	662	668
新疆	2209	2233	2264	2298	2360
西部总计	36222	36428	36637	36839	37133
总计	134042	134789	135516	136246	137088

资料来源：财政部官网（www. mof. gov. cn）和《中国体育事业统计年鉴》（2012～2016 年）。

表 3 - 24　　　　　　2011～2015 年我国 31 个省份一般财政预算支出　　　　单位：亿元

省份（区域）	2011 年	2012 年	2013 年	2014 年	2015 年
北京	3245. 23	3685. 31	4173. 66	4524. 67	5737. 7
天津	1796. 33	2143. 21	2549. 21	2884. 7	3232. 35
河北	3537. 39	4079. 44	4409. 58	4677. 3	5632. 19
辽宁	3905. 85	4558. 59	5197. 42	5080. 49	4481. 61
上海	3914. 88	4184. 02	4528. 61	4923. 44	6191. 56
江苏	6221. 72	7027. 67	7798. 47	8472. 45	9687. 58
浙江	3842. 59	4161. 88	4730. 47	5159. 57	6645. 98
福建	2198. 18	2607. 5	3068. 8	3306. 7	4001. 58
山东	5002. 07	5904. 52	6688. 8	7177. 31	8250. 01
广东	6712. 4	7387. 86	8411	9152. 64	12827. 8
海南	778. 8	911. 67	1011. 17	1099. 74	1239. 43
东部总计	41155. 44	46651. 67	52567. 19	56459. 01	67927. 79
山西	2363. 85	2759. 46	3030. 13	3085. 28	3422. 97
吉林	2201. 74	2471. 2	2744. 81	2913. 25	3217. 1
黑龙江	2794. 08	3171. 52	3369. 18	3434. 22	4020. 66
安徽	3302. 99	3961. 01	4349. 69	4664. 1	5239. 01
江西	2534. 6	3019. 22	3470. 3	3882. 7	4412. 55
河南	4248. 82	5006. 4	5582. 31	6028. 69	6799. 35
湖北	3214. 74	3759. 79	4371. 65	4934. 15	6132. 84
湖南	3520. 76	4119	4690. 89	5017. 38	5728. 72
中部总计	20660. 82	24148. 6	26918. 07	28942. 39	33244. 48
内蒙古	2989. 21	3425. 99	3686. 52	3879. 98	4252. 96
广西	2545. 28	2985. 23	3208. 67	3479. 79	4065. 51
重庆	2570. 24	3046. 36	3062. 28	3304. 39	3792
四川	4674. 92	5450. 99	6220. 91	6796. 61	7497. 51
贵州	2249. 4	2755. 68	3082. 66	3542. 8	3939. 5
云南	2929. 6	3572. 66	4096. 51	4437. 98	4712. 83
西藏	758. 11	905. 34	1014. 31	1185. 51	1381. 46
陕西	2930. 81	3323. 8	3665. 07	3962. 5	4376. 06
甘肃	1791. 24	2059. 56	2309. 62	2541. 49	2958. 31

续表

省份（区域）	2011 年	2012 年	2013 年	2014 年	2015 年
青海	967.47	1159.05	1228.05	1347.43	1515.16
宁夏	705.91	864.36	922.48	1000.45	1138.49
新疆	2284.49	2720.07	3067.12	3317.79	3804.87
西部总计	30917.44	36388.09	40255.09	43814.1	49163.38
总计	92733.7	107188.36	119740.35	129215.5	150335.65

资料来源：财政部官网（www. mof. gov. cn）和《中国体育事业统计年鉴》（2012~2016 年）。

表 3 - 25　　　　　2011~2015 我国 31 个省份体育公共服务支出　　　单位：万元

省份（区域）	2011 年	2012 年	2013 年	2014 年	2015 年
北京	182261.2	227862.9	177675.53	182432.53	223752.37
天津	114083.2	133008.3	111432.3	90114.11	78896.57
河北	73622.6	102073.7	83921.63	93870.38	73750.45
辽宁	115813.9	178738.8	100677.6	94148.27	124248.39
上海	232092.2	200815.5	115729.1	144112.92	108511.99
江苏	244390.1	391811.1	277505.06	272433.42	291218.18
浙江	182025.7	203112.2	183605.11	187521.93	200585.17
福建	121787.3	120906.8	264145.11	119564.48	155572.59
山东	223901.8	229151.6	131138.94	152083.76	183727.72
广东	375288.5	293581.9	169636.94	224129.4	272516.54
海南	28809	35232.9	24021.71	32573.9	31379.06
东部总计	1894075.5	2116295.7	1639489.03	1592985.1	1744159.03
山西	67636.6	62720.5	52840	69742.2	63039.07
吉林	48877.2	62822	50263.63	52707.97	61862.03
黑龙江	89001.8	84352.3	75342.03	93218.98	92057.88
安徽	62088.5	70598.9	70300.09	53048.15	59956.11
江西	87274.6	35523.6	58514.86	62435.58	68163.86
河南	76286	90770.3	66444.31	85993.88	67955.63
湖北	112053.2	177375.4	128009.52	103682.99	98557.65
湖南	83970.4	94443.3	82396.06	96212.65	103046.36
中部总计	627188.3	678606.3	584110.5	617042.4	614638.59

续表

省份（区域）	2011 年	2012 年	2013 年	2014 年	2015 年
内蒙古	57755.1	68021.7	75529.21	106401.33	98588.31
广西	68827.5	82957.6	64054.95	88416.02	105169
重庆	74111.7	85944.2	52975.04	48282.09	64361.5
四川	134511.1	140262	135193.82	144407.38	160594.29
贵州	49422.8	72637.8	53941.4	66552.9	73104.54
云南	98077	110972.9	56431.24	81692.74	81669.42
西藏	19634.4	23743.8	9728.88	17762.72	26131.13
陕西	79999.2	70794.2	69521.01	70111.13	74195.33
甘肃	38085.2	59049.6	40509.97	71376.54	33250.82
青海	2039.4	2475	16473.96	28547.68	25824.26
宁夏	20059.3	26803.3	18126.25	22872.83	20459.33
新疆	46151.1	69420.3	76062.09	96153.95	63066.46
西部总计	688673.8	813082.4	668547.82	842577.31	826414.39
总计	3209937.6	3607984.4	2892147.35	3052604.81	3185212.01

资料来源：财政部官网（www.mof.gov.cn）和《中国体育事业统计年鉴》（2012～2016 年）。

表 3-26　　　　　2011～2015 年我国 31 个省份社会体育组织数量　　　单位：个

省份（区域）	2011 年	2012 年	2013 年	2014 年	2015 年
北京	710	386	421	381	790
天津	686	226	272	185	336
辽宁	2470	1337	1116	1265	1018
河北	2496	1294	1308	1185	1382
上海	698	365	648	578	638
江苏	2204	2117	3491	5068	5515
浙江	3492	1920	2342	2434	2907
福建	2110	1214	1469	1558	1921
山东	3124	1707	2783	2459	3541
广东	2818	1482	1555	1822	2169
海南	270	226	237	217	318
东部总计	21078	12274	15642	17152	20535

续表

省份（区域）	2011 年	2012 年	2013 年	2014 年	2015 年
山西	3884	2034	2678	895	1295
吉林	2228	1027	939	879	790
黑龙江	1624	790	1316	834	1290
安徽	2208	1306	1509	1607	1878
江西	2288	1175	1270	1317	1693
河南	2242	2118	2157	3525	2570
湖北	2458	1180	1399	1324	1546
湖南	2888	1451	1470	1388	1423
中部总计	19820	11081	12738	11769	12485
内蒙古	2524	1393	1192	1118	1225
广西	5186	2738	876	598	858
重庆	1292	600	563	499	598
四川	4202	2222	2209	2126	2263
贵州	1808	220	990	884	1066
云南	2084	1117	1550	1257	1160
西藏	154	26	14	40	19
陕西	1508	901	1038	1086	762
甘肃	1256	751	608	618	702
青海	116	111	203	191	386
宁夏	450	275	169	408	266
新疆	758	497	439	421	459
西部总计	21338	10851	9851	9246	9764
总计	62236	33709	38231	38167	42784

资料来源：财政部官网（www. mof. gov. cn）和《中国体育事业统计年鉴》（2012～2016 年）。

表 3－27　　　　2011～2015 年我国 31 个省份社会体育指导员数量　　　单位：人

省份（区域）	2011 年	2012 年	2013 年	2014 年	2015 年
北京	36553	29265	38915	7610	48858
天津	16518	19943	—	4834	31294
河北	51696	26925	256	8383	50558

续表

省份（区域）	2011 年	2012 年	2013 年	2014 年	2015 年
辽宁	68275	129086	19060	10715	82647
上海	40691	25278	76687	3699	44192
江苏	154816	30681	26	13933	248641
浙江	136145	182835	—	10190	60638
福建	39837	21268	—	1802	20121
山东	117380	71176	145217	36559	198420
广东	106963	141301	39097	27559	223044
海南	2823	1660	1700	129	2655
东部总计	771697	679418	320958	125413	1011068
山西	49199	40543	56722	6364	55690
吉林	17758	59394	23650	9397	34670
黑龙江	13140	16285	—	5053	46723
安徽	41047	10776	—	8863	74114
江西	22155	15318	21118	9786	39627
河南	41349	60484	—	49042	194881
湖北	57716	9983	4000	26718	127786
湖南	50173	11720	12830	3732	20907
中部总计	292537	224503	118320	118955	594398
内蒙古	22993	24324	—	6049	47932
广西	58196	4380	—	2600	34137
重庆	30583	11298	14512	2064	20504
四川	90945	41850	—	4347	56780
贵州	28769	17958	—	1179	23893
云南	26682	11136	—	4803	27535
西藏	1458	1336	1533	503	2243
陕西	32068	20788	37384	15138	49890
甘肃	19307	21737	32949	9358	47085
青海	3162	2812	11385	839	6620
宁夏	3993	4044	19716	1500	6279
新疆	10219	7693	8225	208	10078

续表

省份（区域）	2011 年	2012 年	2013 年	2014 年	2015 年
西部总计	328375	169356	125704	48588	332976
总计	1392609	1073277	564982	292956	1938442

注："—"表示当年数据缺失，故未进行统计，此处以 0 进行统计计算。

资料来源：财政部官网（www. mof. gov. cn）和《中国体育事业统计年鉴》（2012~2016 年）。

表 3 - 28　　　2011~2015 年我国 31 个省份国民体质监测站点数量　　单位：个

省份（区域）	2011 年	2012 年	2013 年	2014 年	2015 年
北京	220	27	222	247	306
天津	118	68	112	45	60
河北	120	89	285	265	197
辽宁	234	331	324	382	281
上海	91	81	90	213	221
江苏	443	318	894	919	788
浙江	592	597	1934	1126	2065
福建	24	25	80	95	101
山东	315	287	447	586	578
广东	242	173	381	346	377
海南	27	4	27	90	5
东部总计	2426	2000	4796	4314	4979
山西	611	14	54	1124	34
吉林	255	35	48	101	149
黑龙江	128	16	78	103	170
安徽	16	19	48	66	89
江西	215	185	224	270	258
河南	242	157	399	330	480
湖北	163	150	282	465	468
湖南	40	30	123	167	153
中部总计	1670	606	1256	2626	1801
内蒙古	90	70	96	93	78
广西	108	108	132	143	225

续表

省份（区域）	2011 年	2012 年	2013 年	2014 年	2015 年
重庆	41	40	58	68	78
四川	96	94	90	106	95
贵州	24	47	23	55	48
云南	482	137	235	180	197
西藏	1	4	14	77	5
陕西	18	81	246	340	384
甘肃	14194	60	140	113	100
青海	28	2	25	27	23
宁夏	15	18	38	83	39
新疆	13	9	217	204	0
西部总计	15110	670	1314	1489	1272
总计	19206	3276	7366	8429	8052

资料来源：财政部官网（www. mof. gov. cn）和《中国体育事业统计年鉴》（2012～2016 年）。

表 3 - 29　　　　2011～2015 年我国 31 个省份国民体质监测人数　　　　单位：人

省份（区域）	2011 年	2012 年	2013 年	2014 年	2015 年
北京	74470	99148	134147	137515	94152
天津	18050	64500	27848	47352	21960
河北	33585	24351	138513	68338	132489
辽宁	67296	281071	292305	168481	99115
上海	89876	114995	69948	225907	253787
江苏	329839	465354	476322	491047	496613
浙江	150095	156997	373988	311979	372303
福建	8970	14159	46232	169140	154871
山东	224510	177219	241930	459691	219852
广东	146342	291385	408779	388754	372464
海南	5456	18700	2655	18340	8740
东部总计	1148489	1707879	2212667	2486544	2226346
山西	1500	4020	22730	105979	46000
吉林	67115	16368	43000	105829	93920

续表

省份（区域）	2011 年	2012 年	2013 年	2014 年	2015 年
黑龙江	28448	28498	146116	136022	112667
安徽	15451	22498	34712	90733	213487
江西	102217	65657	83660	2130725	2164127
河南	105058	169327	233911	344341	374100
湖北	63523	40675	109229	141330	85113
湖南	320	310	82379	278176	94608
中部总计	383632	347353	755737	3333135	3184022
内蒙古	25399	26727	23085	33589	38884
广西	8945	11220	113621	149225	294932
重庆	67200	46411	42374	163107	66000
四川	127729	106633	217880	390848	239372
贵州	39630	5653	12500	21223	22900
云南	75899	178453	463074	113062	46452
西藏	—	—	11000	12511	2448
陕西	16044	83567	129028	89361	135324
甘肃	80570	54229	92110	128840	108051
青海	2580	1200	—	25587	62937
宁夏	3465	3410	6660	150496	106526
新疆	2130	5804	110415	82045	—
西部总计	449591	523307	1221747	1359894	1123826
总计	1981712	2578539	4190151	7179573	6534194

资料来源：财政部官网（www. mof. gov. cn）和《中国体育事业统计年鉴》（2012～2016 年）。其中，"—"表示当年数据缺失，故未进行统计，此处以 0 进行统计计算。

表 3 – 30　2011～2015 年我国东部、中部、西部人均场地设施面积一览

单位：平方米

省份（区域）	2011 年	2012 年	2013 年	2014 年	2015 年
北京	115. 71	302. 85	425. 76	842	303. 45
天津	947. 29	875. 48	1251. 62	503. 56	173. 35
河北	304. 26	158. 72	864. 71	677. 86	235. 18

续表

省份（区域）	2011 年	2012 年	2013 年	2014 年	2015 年
辽宁	377.01	824.9	785.5	806.35	1404.15
上海	55.94	30.83	436.44	315.65	100.13
江苏	381.61	177.12	247.34	605.44	1410.96
浙江	1030.29	835.62	1128.33	573.13	825.06
福建	578.15	661.66	180.05	211.82	302.65
山东	418.54	222.31	1683.97	1900.31	831.16
广东	333.83	172.13	625.36	368.07	585.22
海南	262.54	125.65	292.35	265.31	241.54
东部总计	4805.17	4387.27	7921.43	7069.5	6412.85
山西	1341.52	1310.72	600.76	1037.71	566.03
吉林	642.84	641.19	433.35	636.6	665.81
黑龙江	246.43	65.33	853.39	674.21	517.94
安徽	186.74	191.61	682.85	305.68	269.54
江西	261.54	411.46	497.85	550.83	560.11
河南	170.29	599.42	1150.32	582.74	527.73
湖北	221.71	2043.49	556.61	634.21	451.73
湖南	155.26	213.06	734.25	1101.44	1097.5
中部总计	3226.33	5476.28	5509.38	5523.42	4656.39
内蒙古	485.89	374.41	448.75	6646.17	399.5
广西	184.12	117.56	1157.6	1499.74	490.13
重庆	396.43	222.31	711.55	770.73	811.81
四川	283.01	125.49	342.13	389.51	500.66
贵州	162.05	56.54	449.45	823.52	603.19
云南	300.77	119.03	347.19	369.69	431.28
西藏	118.15	3827.27	3913.21	1634.2	1269.39
陕西	622.69	421.23	232	1001.93	592.06
甘肃	187.44	128.27	683.3	1171.75	897.07
青海	215.88	1701.78	1518.23	1814.24	875.46
宁夏	16.12	79.75	1452.78	1362.16	898.25
新疆	22.65	20.61	137.46	220.65	769.6
西部总计	2995.2	7194.25	11393.65	17704.29	8538.4
总计	11026.7	17057.8	24824.46	30297.21	19607.64

资料来源：财政部官网（www.mof.gov.cn）和《中国体育事业统计年鉴》（2012~2016 年）。

表3-31 2011年我国31个省份体育公共服务资源配置参数

地区	一般预算支出		体育事业支出		国民体质监测站点数		社会体育组织数		社会体育指导员数		国民体质监测人数		人均场地设施面积	
	n	Y_i	n	Y_i	n	Y_i	n	Y_i	n	Y_i	n	Y_i	n	Y_i
北京	3245.23	0.0350	182261.2	0.0568	220	0.0115	710	0.0114	36553	0.0262	74470	0.0376	115.71	0.0105
天津	1796.33	0.0194	114083.2	0.0355	118	0.0061	686	0.0110	16518	0.0119	18050	0.0091	947.29	0.0859
河北	3537.39	0.0381	73622.6	0.0229	120	0.0062	2470	0.0397	51696	0.0371	33585	0.0169	304.26	0.0276
辽宁	3905.85	0.0421	115813.9	0.0361	234	0.0122	2496	0.0401	68275	0.0490	67296	0.0340	377.01	0.0342
上海	3914.88	0.0422	232092.2	0.0723	91	0.0047	698	0.0112	40691	0.0292	89876	0.0454	55.94	0.0051
江苏	6221.72	0.0671	244390.1	0.0761	443	0.0231	2204	0.0354	154816	0.1112	329839	0.1664	381.61	0.0346
浙江	3842.59	0.0414	182025.7	0.0567	592	0.0308	3492	0.0561	136145	0.0978	150095	0.0757	1030.29	0.0934
福建	2198.18	0.0237	121787.3	0.0379	24	0.0012	2110	0.0339	39837	0.0286	8970	0.0045	578.15	0.0524
山东	5002.07	0.0539	223901.8	0.0698	315	0.0164	3124	0.0502	117380	0.0843	224510	0.1133	418.54	0.0380
广东	6712.4	0.0724	375288.5	0.1169	242	0.0126	2818	0.0453	106963	0.0768	146342	0.0738	333.83	0.0303
海南	778.8	0.0084	28809	0.0090	27	0.0014	270	0.0043	2823	0.0020	5456	0.0028	262.54	0.0238
山西	2363.85	0.0255	67636.6	0.0211	611	0.0318	3884	0.0624	49199	0.0353	1500	0.0008	1341.52	0.1217
吉林	2201.74	0.0237	48877.2	0.0152	255	0.0133	2228	0.0358	17758	0.0128	67115	0.0339	642.84	0.0583
黑龙江	2794.08	0.0301	89001.8	0.0277	128	0.0067	1624	0.0261	13140	0.0094	28448	0.0144	246.43	0.0223
安徽	3302.99	0.0356	62088.5	0.0193	16	0.0008	2208	0.0358	41047	0.0295	15451	0.0078	186.74	0.0169
江西	2534.6	0.0273	87274.6	0.0272	215	0.0112	2288	0.0368	22155	0.0159	102217	0.0516	261.54	0.0237
河南	4248.82	0.0458	76286	0.0238	242	0.0126	2242	0.0360	41349	0.0297	105058	0.0530	170.29	0.0154

续表

地区	一般预算支出		体育事业支出		国民体质监测站点数		社会体育组织数		社会体育指导员数		国民体质监测人数		人均场地设施面积	
	n	Y_i	n	Y_i	n	Y_i	n	Y_i	n	Y_i	n	Y_i	n	Y_i
湖北	3214.74	0.0347	112053.2	0.0349	163	0.0085	2458	0.0395	57716	0.0414	63523	0.0321	221.71	0.0201
湖南	3520.76	0.0380	83970.4	0.0262	40	0.0021	2888	0.0464	50173	0.0360	320	0.0002	155.26	0.0141
内蒙古	2989.21	0.0322	57755.1	0.0180	90	0.0047	2524	0.0406	22993	0.0165	25399	0.0128	485.89	0.0441
广西	2545.28	0.0274	68827.5	0.0214	108	0.0056	5186	0.0833	58196	0.0418	8945	0.0045	184.12	0.0167
重庆	2570.24	0.0277	74111.7	0.0231	41	0.0021	1292	0.0208	30583	0.0220	67200	0.0339	396.43	0.0360
四川	4674.92	0.0504	134511.1	0.0419	96	0.0050	4202	0.0675	90945	0.0653	127729	0.0645	283.01	0.0257
贵州	2249.4	0.0243	49422.8	0.0154	24	0.0012	1808	0.0291	28769	0.0207	39630	0.0200	162.05	0.0147
云南	2929.6	0.0316	98077	0.0306	482	0.0251	2084	0.0335	26682	0.0192	75899	0.0383	300.77	0.0273
西藏	758.11	0.0082	19634.4	0.0061	1	$5.20671E-05$	154	0.0025	1458	0.0010	—	0	118.15	0.0107
陕西	2930.81	0.0316	79999.2	0.0249	18	0.0009	1508	0.0242	32068	0.0230	16044	0.0081	622.69	0.0565
甘肃	1791.24	0.0193	38085.2	0.0119	14194	0.7390	1256	0.0202	19307	0.0139	80570	0.0407	187.44	0.0170
青海	967.47	0.0104	2039.4	0.0006	28	0.0015	116	0.0019	3162	0.0023	2580	0.0013	215.88	0.0196
宁夏	705.91	0.0076	20059.3	0.0062	15	0.0008	450	0.0072	3993	0.0029	3465	0.0017	16.12	0.0015
新疆	2284.49	0.02463	46151.1	0.0568	13	0.0007	758	0.0122	10219	0.0073	2130	0.0376	22.65	0.0021

资料来源：财政部官网（www.mof.gov.cn）和《中国体育事业统计年鉴》（2012～2016 年）。

表3-32　2012年我国31个省份体育公共服务资源配置参数

地区	一般预算支出		体育事业支出		国民体质监测站点数		社会体育组织数		社会体育指导员数		国民体质监测人数		人均场地设施面积	
	n	Y_i	n	Y_i	n	Y_i	n	Y_i	n	Y_i	n	Y_i	n	Y_i
北京	2012	0.0344	227862.9	0.0632	27	0.0082	386	0.0115	29265	0.0273	99148	0.0385	302.85	0.0178
天津	3685.31	0.0200	133008.3	0.0369	68	0.0208	226	0.0067	19943	0.0186	64500	0.0250	875.48	0.0513
河北	2143.21	0.0381	102073.7	0.0283	89	0.0272	1337	0.0397	26925	0.0251	24351	0.0094	158.72	0.0093
辽宁	4079.44	0.0425	178738.8	0.0495	331	0.1010	1294	0.0384	129086	0.1203	281071	0.1090	824.9	0.0484
上海	4558.59	0.0390	200815.5	0.0557	81	0.0247	365	0.0108	25278	0.0236	114995	0.0446	30.83	0.0018
江苏	4184.02	0.0656	391811.1	0.1086	318	0.0971	2117	0.0628	30681	0.0286	465354	0.1805	177.12	0.0104
浙江	7027.67	0.0388	203112.2	0.0563	597	0.1822	1920	0.0570	182835	0.1704	156997	0.0609	835.62	0.0490
福建	4161.88	0.0243	120906.8	0.0335	25	0.0076	1214	0.0360	21268	0.0198	14159	0.0055	661.66	0.0388
山东	2607.5	0.0551	229151.6	0.0635	287	0.0876	1707	0.050639295	71176	0.0663	177219	0.0687	222.31	0.0130
广东	5904.52	0.0689	293581.9	0.0814	173	0.0528	1482	0.04396452	141301	0.1317	291385	0.1130	172.13	0.0101
海南	7387.86	0.0085	35232.9	0.0098	4	0.0012	226	0.006704441	1660	0.001546665	18700	0.0073	125.65	0.0074
山西	46651.67	0.0257	62720.5	0.0174	14	0.0043	2034	0.060039969	40543	0.0378	4020	0.0016	1310.72	0.0768
吉林	2759.46	0.0231	62822	0.0174	35	0.0107	1027	0.030466641	59394	0.0553	16368	0.0063	641.19	0.0376
黑龙江	2471.2	0.0296	84352.3	0.0234	16	0.0049	790	0.023435878	16285	0.0152	28498	0.0111	65.33	0.0038
安徽	3171.52	0.0370	70598.9	0.0196	19	0.0058	1306	0.038743362	10776	0.0100	22498	0.0087	191.61	0.0112
江西	3961.01	0.0282	35523.6	0.0098	185	0.0565	1175	0.03485716	15318	0.0143	65657	0.0255	411.46	0.0241
河南	3019.22	0.0467	907770.3	0.0252	157	0.0479	2118	0.062831885	60484	0.0564	169327	0.0657	599.42	0.0351

续表

地区	一般预算支出		体育事业支出		国民体质监测站点数		社会体育组织数		社会体育指导员数		国民体质监测人数		人均场地设施面积	
	n	Y_i	n	Y_i	n	Y_i	n	Y_i	n	Y_i	n	Y_i	n	Y_i
湖北	5006.4	0.0351	177375.4	0.0492	150	0.0458	1180	0.035005488	9983	0.0093	40675	0.0158	2043.49	0.1198
湖南	3759.79	0.0384	94443.3	0.0262	30	0.0092	1451	0.043044884	11720	0.0109	310	0.0001	213.06	0.0125
内蒙古	4119	0.0320	68021.7	0.0189	70	0.0214	1393	0.041324275	24324	0.0227	26727	0.0104	374.41	0.0220
广西	3425.99	0.0279	82957.6	0.0230	108	0.0330	2738	0.0812	4380	0.0041	11220	0.0044	117.56	0.0069
重庆	2985.23	0.0284	85944.2	0.0238	40	0.0122	600	0.0178	11298	0.0105	46411	0.0180	222.31	0.0130
四川	3046.36	0.0509	140262	0.0389	94	0.0287	2222	0.0659	41850	0.0390	106633	0.0414	125.49	0.0074
贵州	5450.99	0.0257	72637.8	0.0201	47	0.0143	220	0.0065	17958	0.0167	5653	0.0022	56.54	0.0033
云南	2755.68	0.0333	110972.9	0.0308	137	0.0418	1117	0.0331	11136	0.0104	178453	0.0692	119.03	0.0070
西藏	3572.66	0.0084	23743.8	0.0066	4	0.0012	26	0.0008	1336	0.0012	——	0	3827.27	0.2244
陕西	905.34	0.0310	70794.2	0.0196	81	0.0247	901	0.0267	20788	0.0194	83567	0.0324	421.23	0.0247
甘肃	3323.8	0.0192	59049.6	0.0164	60	0.0183	751	0.0223	21737	0.0203	54229	0.0210	128.27	0.0075
青海	2059.56	0.0108	2475	0.0007	2	0.0006	111	0.0033	2812	0.0026	1200	0.0005	1701.78	0.0998
宁夏	1159.05	0.0081	26803.3	0.0074	18	0.0055	275	0.0082	4044	0.0038	3410	0.0013	79.75	0.0047
新疆	864.36	0.0254	69420.3	0.0192	9	0.0027	497	0.0147	7693	0.0072	5804	0.0023	20.61	0.0012

资料来源：财政部官网（www.mof.gov.cn）和《中国体育事业统计年鉴》（2012~2016年）。

表 3-33 2013年我国31个省份体育公共服务资源配置参数

地区	一般预算支出		体育事业支出		国民体质监测站点数		社会体育组织数		社会体育指导员数		国民体质监测人数		人均场地设施面积	
	n	Y_i	n	Y_i	n	Y_i	n	Y_i	n	Y_i	n	Y_i	n	Y_i
北京	4173.66	0.0349	177675.53	0.0614	222	0.0301	421	0.0110	38915	0	134147	0.0320	425.76	0.0171
天津	2549.21	0.0213	111432.3	0.0385	112	0.0152	272	0.0071	—	0	27848	0.0066	1251.62	0.0504
河北	4409.58	0.0368	83921.63	0.0290	285	0.039	1116	0.0292	256	0	138513	0.0331	864.71	0.0348
辽宁	5197.42	0.0434	100677.6	0.0348	324	0.0440	1308	0.0342	19060	0	292305	0.0698	785.5	0.0316
上海	4528.61	0.0378	115729.1	0.0400	90	0.0122	648	0.0169	76687	0	69948	0.01669	436.44	0.0176
江苏	7798.47	0.0651	277505.06	0.0960	894	0.1214	3491	0.0913	26	0	476322	0.1137	247.34	0.0100
浙江	4730.47	0.0395	183605.11	0.0635	1934	0.2626	2342	0.0613	—	0	373988	0.0893	1128.33	0.0455
福建	3068.8	0.0256	264145.11	0.0913	80	0.0109	1469	0.0384	—	0	46232	0.0110	180.05	0.0073
山东	6688.8	0.0559	131138.94	0.0453	447	0.0607	2783	0.0728	145217	0	241930	0.0577	1683.97	0.0678
广东	8411	0.0702	169636.94	0.0587	381	0.0517	1555	0.0407	39097	0	408779	0.0976	625.36	0.0252
海南	1011.17	0.0084	24021.71	0.0083	27	0.0037	237	0.0062	1700	0	2655	0.0006	292.35	0.0118
山西	3030.13	0.0253	52840	0.0183	54	0.0073	2678	0.0700	56722	0.1004	22730	0.0054	600.76	0.0242
吉林	2744.81	0.0229	50263.63	0.0174	48	0.0065	939	0.0246	23650	0.0419	43000	0.0103	433.35	0.0175
黑龙江	3369.18	0.0281	75342.03	0.02605055	78	0.0106	1316	0.0344	—	0	146116	0.0349	853.39	0.0344
安徽	4349.69	0.0363	70300.09	0.0243	48	0.0065	1509	0.0395	—	0	34712	0.0083	682.85	0.0275
江西	3470.3	0.0290	58514.86	0.0202	224	0.0304	1270	0.0332	21118	0.0374	83660	0.01996	497.85	0.0201
河南	5582.31	0.0467	66444.31	0.0230	399	0.0542	2157	0.0564	—	0	233911	0.0558	1150.32	0.0463

续表

地区	一般预算支出 n	一般预算支出 Y_i	体育事业支出 n	体育事业支出 Y_i	国民体质监测站点数 n	国民体质监测站点数 Y_i	社会体育组织数 n	社会体育组织数 Y_i	社会体育指导员数 n	社会体育指导员数 Y_i	国民体质监测人数 n	国民体质监测人数 Y_i	人均场地设施面积 n	人均场地设施面积 Y_i
湖北	4371.65	0.0365	128009.52	0.0443	282	0.0383	1399	0.0366	4000	0.0071	109229	0.0261	556.61	0.0224
湖南	4690.89	0.0392	82396.06	0.0285	123	0.0170	1470	0.03852	12830	0.0227	82379	0.0197	734.25	0.0296
内蒙古	3686.52	0.0308	75529.21	0.0261	96	0.0130	1192	0.0312	—	0	23085	0.0055	448.75	0.0181
广西	3208.67	0.0268	64054.95	0.0221	132	0.0179	876	0.0229	—	0	113621	0.0271	1157.6	0.0466
重庆	3062.28	0.0256	52975.04	0.0183	58	0.0079	563	0.0147	14512	0.02569	42374	0.0101	711.55	0.0287
四川	6220.91	0.0520	135193.82	0.0467	90	0.0122	2209	0.0578	—	0	217880	0.0520	342.13	0.0138
贵州	3082.66	0.0257	53941.4	0.0187	23	0.0031	990	0.0259	—	0	12500	0.0030	449.45	0.0181
云南	4096.51	0.0342	56431.24	0.0195	235	0.0319	1550	0.0405	—	0	463074	0.1105	347.19	0.0140
西藏	1014.31	0.0085	9728.88	0.0034	14	0.0019	14	0.0004	1533	0.002713	11000	0.0026	3913.21	0.1576
陕西	3665.07	0.0306	69521.01	0.0240	246	0.0334	1038	0.0272	37384	0.066168	129028	0.0308	232	0.0093
甘肃	2309.62	0.0193	40509.97	0.0140	140	0.0190	608	0.0159	32949	0.05832	92110	0.0220	683.3	0.0275
青海	1228.05	0.0103	16473.96	0.0057	25	0.0034	203	0.0053	11385	0.020151	—	0	1518.23	0.0611
宁夏	922.48	0.0077	18126.25	0.0063	38	0.0052	169	0.0044	19716	0.0349	6660	0.0016	1452.78	0.0585
新疆	3067.12	0.0256	76062.09	0.0263	217	0.02946	439	0.0115	8225	0.0146	110415	0.0264	137.46	0.0055

资料来源：财政部官网（www.mof.gov.cn）和《中国体育事业统计年鉴》（2012~2016年）。

表3-34　2014年我国31个省份体育公共服务资源配置参数

地区	一般预算支出		体育事业支出		国民体质监测站点数		社会体育组织数		社会体育指导员数		国民体质监测人数		人均场地设施面积	
	n	Y_i	n	Y_i	n	Y_i	n	Y_i	n	Y_i	n	Y_i	n	Y_i
北京	4524.67	0.0350	182432.53	0.0598	247	0.0293	381	0.0100	7610	0.0260	137515	0.0192	842	0.0278
天津	2884.7	0.0223	90114.11	0.0295	45	0.0053	185	0.0048	4834	0.0165	47352	0.0066	503.56	0.0166
河北	4677.3	0.0362	93870.38	0.0308	265	0.0314	1265	0.0331	8383	0.0286	68338	0.0095	677.86	0.0224
辽宁	5080.49	0.0393	94148.27	0.0308	382	0.0453	1185	0.0310	10715	0.0366	168481	0.0235	806.35	0.0266
上海	4923.44	0.0381	144112.92	0.0472	213	0.0253	578	0.0151	3699	0.0126	225907	0.0315	315.65	0.0104
江苏	8472.45	0.0656	272433.42	0.0892	919	0.1090	5068	0.1328	13933	0.0476	491047	0.0684	605.44	0.0200
浙江	5159.57	0.0399	187521.93	0.0614	1126	0.1336	2434	0.0638	10190	0.0348	311979	0.0435	573.13	0.0189
福建	3306.7	0.0256	119564.48	0.0392	95	0.0113	1558	0.0408	1802	0.0062	169140	0.0236	211.82	0.0070
山东	7177.31	0.0555	152083.76	0.0498	586	0.0695	2459	0.0644	36559	0.1248	459691	0.0640	1900.31	0.0627
广东	9152.64	0.0708	224129.4	0.0734	346	0.0410	1822	0.0477	27559	0.0941	388754	0.0541	368.07	0.0121
海南	1099.74	0.0085	32573.9	0.0108	90	0.0107	217	0.0057	129	0.0004	18340	0.0026	265.31	0.0088
山西	3085.28	0.0239	69742.2	0.0228	1124	0.1333	895	0.0234	6364	0.0217	105979	0.0148	1037.71	0.0343
吉林	2913.25	0.0225	52707.97	0.0173	101	0.0120	879	0.0230	9397	0.0321	105829	0.0147	636.6	0.0210
黑龙江	3434.22	0.0266	93218.98	0.0305	103	0.0122	834	0.0219	5053	0.0172	136022	0.0189	674.21	0.0223
安徽	4664.1	0.0361	53048.15	0.0174	66	0.0078	1607	0.0421	8863	0.0303	90733	0.0126	305.68	0.0101
江西	3882.7	0.0300	62435.58	0.0205	270	0.0320	1317	0.0345	9786	0.0334	2130725	0.2968	550.83	0.0189
河南	6028.69	0.0467	85993.88	0.0282	330	0.0392	3525	0.0924	49042	0.1674	344341	0.0480	582.74	0.0192

续表

地区	一般预算支出		体育事业支出		国民体质监测站点数		社会体育组织数		社会体育指导员数		国民体质监测人数		人均场地设施面积	
	n	Y_i	n	Y_i	n	Y_i	n	Y_i	n	Y_i	n	Y_i	n	Y_i
湖北	4934.15	0.0382	103682.99	0.0340	465	0.0552	1324	0.0347	26718	0.0912	141330	0.0197	634.21	0.0209
湖南	5017.38	0.0388	96212.65	0.0315	167	0.0198	1388	0.0364	3732	0.0127	278176	0.0387	1101.44	0.0364
内蒙古	3879.98	0.0300	106401.33	0.0349	93	0.0110	1118	0.0293	6049	0.0206	33589	0.0047	6646.17	0.2194
广西	3479.79	0.0269	88416.02	0.0290	143	0.0170	598	0.0157	2600	0.0089	149225	0.0208	1499.74	0.0495
重庆	3304.39	0.0256	48282.09	0.0158	68	0.0081	499	0.0131	2064	0.0070	163107	0.0227	770.73	0.0254
四川	6796.61	0.0526	144407.38	0.0473	106	0.0126	2126	0.0557	4347	0.0148	390848	0.0544	389.51	0.0129
贵州	3542.8	0.0274	66552.9	0.0218	55	0.0065	884	0.0232	1179	0.0040	21223	0.0030	823.52	0.0271
云南	4437.98	0.0343	81692.74	0.0268	180	0.0214	1257	0.0329	4803	0.0163	113062	0.0157	369.69	0.0122
西藏	1185.51	0.0092	17762.72	0.0058	77	0.0091	40	0.0010	503	0.0017	12511	0.0017	1634.2	0.0539
陕西	3962.5	0.0307	70111.13	0.0230	340	0.0403	1086	0.0285	15138	0.0518	89361	0.0124	1001.93	0.0331
甘肃	2541.49	0.0197	71376.54	0.0234	113	0.0134	618	0.01619	9358	0.0319	128840	0.0179	1171.75	0.0387
青海	1347.43	0.01043	28547.68	0.0094	27	0.0032	191	0.0050	839	0.0029	25587	0.0036	1814.24	0.0599
宁夏	1000.45	0.0077	22872.83	0.0075	83	0.0098	408	0.0107	1500	0.0051	150496	0.0210	1362.16	0.0450
新疆	3317.79	0.02567	96153.95	0.0315	204	0.0242	421	0.01103	208	0.0007	82045	0.0114	220.65	0.0073

资料来源：财政部官网（www.mof.gov.cn）和《中国体育事业统计年鉴》（2012～2016年）。

表 3 - 35　2015 年我国 31 个省份体育公共服务资源配置参数

地区	一般预算支出		体育事业支出		国民体质监测站点数		社会体育组织数		社会体育指导员数		国民体质监测人数		人均场地设施面积	
	n	Y_i	n	Y_i	n	Y_i	n	Y_i	n	Y_i	n	Y_i	n	Y_i
北京	5737.7	0.0382	223752.37	0.0703	306	0.03800	790	0.01846	48858	0.0252	94152	0.0144	303.45	0.0155
天津	3232.35	0.0215	78896.57	0.0248	60	0.00745	336	0.00785	31294	0.0161	21960	0.0034	173.35	0.0088
河北	5632.19	0.0375	73750.45	0.0232	197	0.02447	1018	0.023793942	50558	0.0261	132489	0.0203	235.18	0.0120
辽宁	4481.61	0.0298	124248.39	0.0390	281	0.034898162	1382	0.032301795	82647	0.0426	99115	0.0152	1404.15	0.0716
上海	6191.56	0.0412	108511.99	0.0341	221	0.0274	638	0.0149	44192	0.0228	253787	0.0388	100.13	0.0051
江苏	9687.58	0.0644	291218.18	0.0914	788	0.0979	5515	0.1289	248641	0.1283	496613	0.0760	1410.96	0.0720
浙江	6645.98	0.0442	200585.17	0.0630	2065	0.2565	2907	0.0679	60638	0.0313	372303	0.0570	825.06	0.0420
福建	4001.58	0.0266	155572.59	0.0488	101	0.0125	1921	0.0449	20121	0.0104	154871	0.0237	302.65	0.0154
山东	8250.01	0.0549	183727.72	0.0577	578	0.0718	3541	0.0828	198420	0.1024	219852	0.0336	831.16	0.0424
广东	12827.8	0.0853	272516.54	0.0856	377	0.0468	2169	0.05070	223044	0.1151	372464	0.0570	585.22	0.0298
海南	1239.43	0.0082	31379.06	0.0099	5	0.0006	318	0.0074	2655	0.0014	8740	0.0013	241.54	0.0123
山西	3422.97	0.0228	63039.07	0.0198	34	0.0042	1295	0.0303	55690	0.0287	46000	0.0070	566.03	0.0289
吉林	3217.1	0.0214	61862.03	0.0194	149	0.0185	790	0.0185	34670	0.0179	93920	0.0144	665.81	0.0340
黑龙江	4020.66	0.0267	92057.88	0.0289	170	0.0211	1290	0.0302	46723	0.0241	112667	0.0172	517.94	0.0264
安徽	5239.01	0.0348	59956.11	0.0188	89	0.0111	1878	0.0439	74114	0.0382	213487	0.0327	269.54	0.0137
江西	4412.55	0.0293	68163.86	0.0214	258	0.0320	1693	0.03957	39627	0.0204	2164127	0.3312	560.11	0.0286
河南	6799.35	0.0452	67955.63	0.0213	480	0.0596	2570	0.06007	194881	0.1005	374100	0.0573	527.73	0.0269

续表

地区	一般预算支出		体育事业支出		国民体质监测站点数		社会体育组织数		社会体育指导员数		国民体质监测人数		人均场地设施面积	
	n	Y_i	n	Y_i	n	Y_i	n	Y_i	n	Y_i	n	Y_i	n	Y_i
湖北	6132.84	0.0408	98557.65	0.0309	468	0.0581	1546	0.03610	127786	0.0660	85113	0.0130	451.73	0.0230
湖南	5728.72	0.0381	103046.36	0.0324	153	0.0190	1423	0.0333	20907	0.0108	94608	0.0145	1097.5	0.0560
内蒙古	4252.96	0.0283	98588.31	0.0310	78	0.0097	1225	0.0286	47932	0.0247	38884	0.0060	399.5	0.0204
广西	4065.51	0.0270	105169	0.0330	225	0.0280	858	0.0201	34137	0.0176	294932	0.0451	490.13	0.0250
重庆	3792	0.0252	64361.5	0.0202	78	0.0097	598	0.0140	20504	0.0106	66000	0.0101	811.81	0.0414
四川	7497.51	0.0498	160594.29	0.0504	95	0.01180	2263	0.0529	56780	0.0293	239372	0.0366	500.66	0.0255
贵州	3939.5	0.0262	73104.54	0.0230	48	0.0060	1066	0.0249	23893	0.0123	22900	0.0035	603.19	0.0308
云南	4712.83	0.0313	81669.42	0.0256	197	0.0245	1160	0.0271	27535	0.0142	46452	0.0071	431.28	0.0220
西藏	1381.46	0.0092	26131.13	0.0082	5	0.0006	19	0.0004	2243	0.0016	2448	0.0004	1269.39	0.0647
陕西	4376.06	0.0291	74195.33	0.0233	384	0.0477	762	0.0178	49890	0.0257	135324	0.0207	592.06	0.0302
甘肃	2958.31	0.0197	33250.82	0.0104	100	0.0124	702	0.0164	47085	0.0243	108051	0.0165	897.07	0.0458
青海	1515.16	0.0101	25824.26	0.0081	23	0.0029	386	0.0090	6620	0.0034	62937	0.0096	875.46	0.0446
宁夏	1138.49	0.0076	20459.33	0.0064	39	0.0048	266	0.0062	6279	0.0032	106526	0.0163	898.25	0.0458
新疆	3804.87	0.0253	63066.46	0.0198	0	0	459	0.0107	10078	0.0052	—	0	769.6	0.0393

资料来源：财政部官网（www.mof.gov.cn）和《中国体育事业统计年鉴》（2012～2016年）。

四、基于区域划分的我国体育公共服务的泰尔指数

(一) 泰尔指数——地方财政一般预算支出

分析结果见表 3-36。

表 3-36 　　　　　2011~2015 年地方财政一般预算支出泰尔指数

省份 (区域)	2011 年	2012 年	2013 年	2014 年	2015 年
北京	-0.005515	-0.005376	-0.005446	-0.005461	-0.00605
天津	-0.002855	-0.00294	-0.003174	-0.003364	-0.003159
河北	0.008163	0.008246	0.009044	0.0095	0.00867
辽宁	-0.003595	-0.003776	-0.004117	-0.002783	0.000969
上海	-0.006692	-0.006083	-0.005824	-0.005883	-0.006497
江苏	-0.00332	-0.002796	-0.002694	-0.002927	-0.002581
浙江	-0.000293	0.000802	0.000469	0.000217	-0.001578
福建	0.0019	0.001615	0.001005	0.001063	0.000617
山东	0.008972	0.008292	0.007839	0.00803	0.008398
广东	0.002705	0.004483	0.00381	0.003605	-0.002588
海南	-0.000709	-0.000733	-0.000705	-0.00072	-0.000622
东部平均值	-0.000113	0.000158	1.88182E-05	0.000116	-0.000402
山西	0.000585	0.000463	0.000662	0.001332	0.001861
吉林	-0.001304	-0.001083	-0.001071	-0.000964	-0.000554
黑龙江	-0.000646	-0.000487	0.00007	0.000695	0.00047
安徽	0.004315	0.003553	0.003921	0.004123	0.004897
江西	0.002951	0.002479	0.002043	0.001504	0.001829
河南	0.012908	0.012168	0.012028	0.011881	0.012752
湖北	0.004	0.003738	0.002951	0.002066	0.000841
湖南	0.005543	0.00531	0.004961	0.005191	0.005612
中部平均值	0.003544	0.003268	0.003196	0.003229	0.003464
内蒙古	-0.004458	-0.004398	-0.004106	-0.003917	-0.003458
广西	0.003509	0.003333	0.003962	0.003925	0.003912
重庆	-0.002281	-0.002495	-0.001469	-0.001455	-0.001304
四川	0.004565	0.004267	0.003665	0.003305	0.004738

续表

省份（区域）	2011 年	2012 年	2013 年	2014 年	2015 年
贵州	0.000728	0.000061	0.000042	− 0.000703	− 0.000196
云南	0.001343	0.000546	0.000164	0.000111	0.001478
西藏	− 0.001262	− 0.001297	− 0.001303	− 0.001388	− 0.001394
陕西	− 0.001502	− 0.001302	− 0.001172	− 0.001221	− 0.00061
甘肃	− 0.000081	− 0.000038	− 0.000102	− 0.000278	− 0.000304
青海	− 0.001658	− 0.001724	− 0.001625	− 0.001655	− 0.001591
宁夏	− 0.000969	− 0.001081	− 0.00098	− 0.000983	− 0.000933
新疆	− 0.002877	− 0.003068	− 0.003101	− 0.003078	− 0.002881
西部平均值	− 0.000412	− 0.000600	− 0.000502	− 0.000611	− 0.000212

资料来源：财政部官网（www. mof. gov. cn）和《中国体育事业统计年鉴》（2012～2016 年）。

（1）从全国层面上看，2011～2015 年，体育公共服务地方财政支出泰尔指数总差异从 0.003019 到 0.002850，呈下降趋势但幅度较小，这充分说明我国体育公共服务地方财政一般预算支出资源配置存在不均衡现象，但不均衡程度在逐渐减弱。

（2）从东部地区来看，2011～2015 年，东部地区泰尔指数从 − 0.000113 下降到 − 0.000402，在 2012～2013 年均为正值，所以东部地区的地方财政一般预算支出从不利地位到有利地位又转为不利地位，出现反复。河北、福建、山东三省的地方财政预算支出泰尔指数在 2011～2015 年均为正值，在地方财政一般预算支出中一直占据有利地位；其中，河北呈现逐年上升趋势，说明差异性拉大，有利地位在逐渐减弱，福建省泰尔指数在 2011～2015 年从 0.0019 下降到 0.000617，且下降幅度较大，说明福建的地方财政一般预算支出分配处于有利地位，且越来越公平，山东省泰尔指数在五年里的变化呈 "V" 形，整体呈现下降趋势，但变化幅度不大。北京、天津、上海、江苏、海南的地方财政一般预算支出泰尔指数在 2011～2015 年间均为负值，说明这五个地区的地方财政一般预算支出分配一直处于不利地位，北京、天津整体呈下降趋势，所以其不均衡的形势更加严重，上海、江苏、海南省泰尔指数为上升趋势，但上升幅度较小，且都是曲折上升，说明其有逐渐向有利地位转变的趋势。辽宁省地方财政一般预算支出泰尔指数在 2011～2014 年为负值，在 2015 年为正值，说明其出现从不利地位转变为有利地位的趋势；广东省恰好相反，其在 2011～2014 年为正值，2015 年为负值，说明其逐渐从有利地位转变为不利地位；浙江省泰尔指数从 -0.000293 到 -0.001578，整体呈下降趋势，虽然在 2012~2014 年为正值，但是其有利地位在逐渐减弱。

（3）从中部地区来看，2011~2015 年，中部泰尔指数从 0.003544 到 0.003464，大体呈下降趋势，但下降幅度较小，这说明中部地区财政一般预算支出整体分配处于有利地位，且越来越公平，但是进度缓慢。山西、安徽、江西、河南、湖北、湖南 6 个省份的泰尔指数均为正值，说明这 6 个省份的财政一般预算支出分配一直占据有利地位，其中，山西、安徽、湖南的泰尔指数呈上升趋势，但五年的整体变化小于 0.001，变化幅度较小。江西、河南、湖北 3 个省份的整体均呈现下降趋势，江西和河北省下降趋势较小，湖北的下降幅度较大，五年整体变化为 0.0032，说明这 3 个省份的有利地位有所增强。吉林省的泰尔指数五年里均为负值，说明其财政一般预算支出分配一直占据不利地位，但五年里泰尔指数逐年上升，说明其不利地位在逐年改善。黑龙江省泰尔指数由 -0.000646 上升到 0.00047，说明其从不利地位转变为有利地位。

（4）从西部地区来看，2011~2015 年，西部泰尔指数从 -0.000412 到 -0.000212，五年均为负值，说明西部地区的财政一般预算支出整体分配处于不利地位。广西、四川、云南 3 个省份的泰尔指数五年里均为正值，说明这 3 个省份的财政一般预算支出整体分配处于有利地位，但 3 个省份都呈现出上升趋势，其有利地位有所减弱。内蒙古、重庆、西藏、陕西、甘肃、青海、宁夏、新疆 8 个省份的泰尔指数五年里均为负值，说明这 8 个省份财政一般预算支出配置处于不利地位，其中只有西藏和新疆两个省份呈下降趋势，说明其余省份的不利地位都有所改善。贵州的泰尔指数在 2011~2013 年为正值，2014~2015 年为负值，说明其从有利地位转变为不利地位。

（5）从综合层面来看，我国 31 个省份中，关于地方财政一般预算支出，2011~2015 年间，东部 11 个地区的泰尔指数中有 3 个为正值，5 个为负值，1 个由正变负，1 个由负变正，1 个由负变正又变负。3 个正值省份的泰尔指数中河北逐年上升，福建和山东逐年下降，其中福建下降幅度较大；5 个负值省份中 3 个呈上升趋势两个呈下降趋势；此外，辽宁逐步由负变正，增幅较大，广东逐步由正变负，降幅也较大；2015 年泰尔指数最低的省份为上海（-0.006497），最高的为河北（0.00867）；这反映了东部地区福建的有利地位逐年提高，山东的有利地位曲折提升，辽宁从不利地位转变为有利地位，上海、江苏、海南的不利地位有所改善，其余地区的优势均逐年下降，其中北京的分配状况最为不合理。中部 8 个省份的泰尔指数中，6

个为正值，1 个为负值，1 个由负变正；6 个正值省份的泰尔指数有 3 个呈上升趋势，其中山西的上升幅度最大；3 个省份呈下降趋势，其中湖北下降幅度最大；西部地区 12 个省份的泰尔指数中，3 个为正值，8 个为负值，1 个由正变负；3 个正值省份均呈上升趋势，8 个负值省份中除西藏和新疆不利地位更加严重外，其余地区都有所改善。在地方财政预算支出方面，31 个省份中，占据有利地位的是中部地区，其中湖北最有优势，占据不利地位的是西部地区，其中内蒙古和贵州处于最不利地位，中部的地方财政一般预算收入支出优势最强，东部的优势在逐年上升，西部的劣势有所改善，但进展缓慢。

（二）泰尔指数——体育公共服务财政支出

分析结果见表 3 - 37。

表 3 - 37　　　　　　　2011 ~ 2015 年体育公共服务财政支出的泰尔指数

省份（区域）	2011 年	2012 年	2013 年	2014 年	2015 年
北京	- 0.008681	- 0.009429	- 0.009288	- 0.009128	- 0.010246
天津	- 0.00552	- 0.005725	- 0.005973	- 0.004715	- 0.003853
河北	0.020098	0.01521	0.014645	0.013338	0.01999
辽宁	- 0.001397	- 0.005934	- 0.001012	0.000615	- 0.002764
上海	- 0.010784	- 0.008804	- 0.00626	- 0.00754	- 0.005046
江苏	- 0.006556	- 0.015673	- 0.012553	- 0.01075	- 0.011421
浙江	- 0.005846	- 0.005753	- 0.007889	- 0.007346	- 0.007787
福建	- 0.003769	- 0.002253	- 0.014365	- 0.0041	- 0.006765
山东	0.000945	0.00385	0.014346	0.011424	0.006843
广东	- 0.013614	- 0.001184	0.009961	0.002377	- 0.00268
海南	- 0.000898	- 0.001128	- 0.000657	- 0.001371	- 0.001136
东部平均值	- 0.003275	- 0.003348	- 0.001731	- 0.001563	- 0.002260
山西	0.002802	0.005032	0.004451	0.001845	0.003488
吉林	0.002652	0.001404	0.00137	0.001376	0.000292
黑龙江	0.000386	0.002422	0.001018	- 0.001002	- 0.000466
安徽	0.016121	0.015819	0.011684	0.018296	0.016885
江西	0.003027	0.017733	0.007251	0.007073	0.006399
河南	0.032875	0.030919	0.033376	0.027056	0.035318
湖北	0.003871	- 0.002548	- 0.000627	0.004237	0.005966

省份（区域）	2011 年	2012 年	2013 年	2014 年	2015 年
湖南	0.013503	0.013522	0.011791	0.009671	0.00913
中部平均值	0.009405	0.010538	0.008789	0.008569	0.009627
内蒙古	0.000231	− 0.000163	− 0.002789	− 0.005107	− 0.004173
广西	0.007225	0.006224	0.006844	0.002822	0.000879
重庆	− 0.000553	− 0.00082	0.001708	0.003126	0.000816
四川	0.009386	0.011256	0.006409	0.006057	0.004455
贵州	0.005837	0.002805	0.00366	0.00186	0.001287
云南	0.001844	0.001752	0.008598	0.00386	0.004498
西藏	− 0.000977	− 0.00105	− 0.000379	− 0.000926	− 0.001277
陕西	0.001379	0.004232	0.001743	0.002257	0.002068
甘肃	0.003968	0.001294	0.002546	− 0.001707	0.004918
青海	0.003492	0.003368	− 0.000536	− 0.001453	− 0.001186
宁夏	− 0.00056	− 0.00091	− 0.000548	− 0.000914	− 0.000585
新疆	0.000977	− 0.001077	− 0.003292	− 0.004575	− 0.001046
西部平均值	0.002687	0.002243	0.001997	0.000442	0.000888

（1）从全国层面上看，2011～2015 年，总体泰尔指数从 0.008817 到 0.008254，呈下降趋势，说明我国体育公共服务财政支出整体配置的不均衡程度在逐步改善，但进程缓慢。

（2）从东部地区来看，泰尔指数数值从 − 0.003275 至 − 0.002260，上升幅度较小，说明东部地区体育事业财政支出的整体配置处于不利地位，虽然不利地位在逐渐改善，但进程很缓慢。河北、山东两个省份泰尔指数在五年里均为正值，这两个省份在体育事业财政支出分配中占据有利地位，其中河北省泰尔指数呈小幅下降趋势，山东泰尔指数呈大幅上升趋势，说明河北省有利地位有所改善，山东省有利地位大幅减弱。北京、天津、上海、江苏、浙江、福建、海南等 7 个省份泰尔指数均为负值，说明这 7 个省份在体育公共服务财政支出分配中一直占据不利地位，其中天津、上海泰尔指数呈上升趋势，升幅分别为 0.0017 和 0.005，说明不利地位有好转的趋势；北京、江苏、浙江、福建、海南等省份泰尔指数呈现下降趋势，说明这 5 个省份的不利地位更加严峻，其中，降幅最大的为江苏省，为 0.01。辽宁泰尔指数只在 2014 年出现正值，2015 年又反弹回负值，说明其不利地位重新显现。广东省在 2011～2014 年的有利地位越来越明显，但在 2015 年又转变为负值，从有利地位转变为不利地位。

（3）从中部地区来看，泰尔指数从 0.009405 到 0.009627，呈上升趋势，但上升幅度不大，说明中部地区体育公共服务财政支出分配占有利地位。山西、吉林、安徽、江西、河南、湖南 6 个省份的泰尔指数均为正值，说明这 6 个省份在体育事业财政支出分配中占据有利位置，其中山西、安徽、江西、河南呈上升趋势，升幅最大的是江西，为 0.0033，说明有利地位逐渐减弱，吉林、湖南泰尔指数呈下降趋势，降幅分别为 0.00136 和 0.0044，说明其有利地位进一步加强，越来越公平。黑龙江省 2011～2013 年泰尔指数为正值，2014～2015 年为负值，说明其从有利地位转变为不利地位；湖北省泰尔指数从 0.003871 到 0.005966，且在 2012～2013 年为负值，说明其有利地位在不断减弱。

（4）从西部地区来看，泰尔指数从 0.002687 到 0.000888，呈下降趋势，说明西部地区体育事业财政支出整体分配占有利地位，且越来越公平。2011～2015 年，广西、四川、贵州、云南、陕西 5 个省份泰尔指数均为正值，说明这五个省份体育事业财政支出整体分配一直占据有利地位；其中广西、四川、贵州呈下降趋势，降幅较大，广西降幅最大为 0.0064，说明这 2 个省份体育事业财政支出越来越公平；云南、陕西呈上升趋势，升幅分别为 0.0026 和 0.0007，说明其有利地位有着减弱的趋势。西藏、宁夏两个省份泰尔指数均为负值，说明这两个省份体育公共服务支出中一直占据不利地位，且两个省份都呈现出下降趋势，说明其不利地位更加严峻。内蒙古、青海、新疆泰尔指数都是由正转负，说明这 3 个省份由有利地位转变为不利地位；重庆市 2011 年、2012 年为负值，在 2013 年、2014 年、2015 年为正值，说明其由不利地位转变为有利地位；甘肃省泰尔指数从 0.003968 到 0.004918，且 2014 年为负值，说明其有利地位有减弱的趋势。

（5）从综合层面来看，我国 31 个省份中，关于体育公共服务财政支出，在 2011～2015 年间，东部 11 个省份的泰尔指数中，2 个为正值，7 个为负值，2 个由负升为正又降为负；2 个泰尔指数为正值的省份中，河北呈小幅下降趋势，山东呈大幅上升趋势；7 个泰尔指数为负值的省份中，2 个呈上升趋势，5 个呈下降趋势，降幅最大的是江苏，为 0.01；这说明东部整体优势较小，且大部分处于不利地位的省份不均衡性更加严重。中部 8 个省份的泰尔指数中，6 个为正值，1 个由正转负，1 个先降为负值又回升为正值；6 个泰尔指数为正值的省份中，4 个呈上升趋势，2 个呈下降趋势，这说明中部整体优势较大，除吉林和湖南外，其他省份的有利地位都在逐渐减弱。西部 12 个省份泰尔指数中，5 个为正值，2 个为负值，3 个由正转负，1 个由负转正；5 个泰尔指数为正值的省份中，3 个呈下降趋势，2 个呈上升趋势，2 个泰尔指数为负值的省份都呈下降趋势，这说明除广西、四川、贵州、重庆以外，其余省份的有利优势在减弱。综上，我国 31 个省份中，中部省份吉林最有利，东部江苏占据最不利地位，且中部目前的分配优势最大，东部和西部的优势在逐年下降。

（三）泰尔指数——社会体育组织

分析结果见表 3 - 38。

表 3 - 38　　　　　　　　2011～2015 年社会体育组织泰尔指数

省份（区域）	2011 年	2012 年	2013 年	2014 年	2015 年
北京	0.001818	0.002051	0.002364	0.003148	- 0.001056
天津	- 0.00038	0.002102	0.001996	0.004021	0.001777
河北	0.006988	0.008387	0.010774	0.013112	0.012158
辽宁	- 0.002751	- 0.002583	0.001465	- 0.000392	0.004098
上海	0.003387	0.003862	0.000388	0.001252	0.001275
江苏	0.013033	- 0.001325	- 0.011292	- 0.020832	- 0.0201
浙江	- 0.005659	- 0.005701	- 0.00726	- 0.008003	- 0.009121
福建	- 0.002413	- 0.002947	- 0.003893	- 0.004602	- 0.005742
山东	0.011218	0.011375	- 0.00042	0.003402	- 0.00442
广东	0.018672	0.02033	0.022448	0.017094	0.015306
海南	0.001167	- 0.000011	0.000182	0.000441	- 0.000323
东部平均值	0.004098	0.003231	0.001523	0.000786	- 0.000559
山西	- 0.009838	- 0.009277	- 0.011183	0.001542	- 0.001444
吉林	- 0.004962	- 0.003423	- 0.00168	- 0.001151	0.000732
黑龙江	0.00114	0.002573	- 0.002407	0.003087	- 0.000978
安徽	0.004391	0.002923	0.002316	0.001137	0.000405
江西	- 0.001359	- 0.000401	0.000065	- 0.000499	- 0.002493
河南	0.020223	0.003624	0.006272	- 0.008658	0.004229
湖北	0.001568	0.004048	0.002908	0.003846	0.00309
湖南	0.001254	0.003196	0.005362	0.006598	0.008535
中部平均值	0.001552	0.000408	0.000207	0.000738	0.001510

续表

省份（区域）	2011 年	2012 年	2013 年	2014 年	2015 年
内蒙古	-0.006305	-0.006342	-0.004208	-0.003719	-0.003554
广西	-0.013205	-0.012594	0.00633	0.012133	0.008455
重庆	0.000452	0.002084	0.003784	0.004941	0.004339
四川	-0.003054	-0.002103	0.000903	0.001818	0.003209
贵州	-0.001299	0.015615	-0.000023	0.001184	0.000368
云南	0.000469	0.000853	-0.002387	0.000741	0.003659
西藏	-0.000089	0.001092	0.001838	0.000812	0.001716
陕西	0.001721	0.000671	0.000274	-0.00032	0.005293
甘肃	-0.000445	-0.001146	0.001495	0.001328	0.001193
青海	0.001511	0.000499	-0.000406	-0.000291	-0.001385
宁夏	-0.000862	-0.001075	0.000184	-0.001664	-0.000516
新疆	0.002164	0.000944	0.00272	0.003111	0.003536
西部平均值	-0.001578	-0.000125	0.000875	0.001673	0.002193

资料来源：财政部官网（www.mof.gov.cn）和《中国体育事业统计年鉴》（2012～2016 年）。

（1）从全国层面上看，2011～2015 年，社会体育组织总泰尔指数从 0.004072 到 0.003144，整体呈下降趋势，但下降幅度较小，五年的降幅不到 0.001，这说明我国社会体育组织整体分配存在不均衡现象，但不均衡程度在逐年减弱，降幅较小表示进程缓慢。

（2）从东部地区来看，2011～2015 年，泰尔指数从 0.004098 到 -0.000559，说明东部地区社会体育组织整体配置从有利地位转变为不利地位。河北、上海、广东的社会体育组织泰尔指数在 2011～2015 年间均为正值，这 3 个省份社会体育组织配置一直占据有利地位；其中，河北泰尔指数从 0.006988 到 0.012158，呈上升趋势，说明河北社会体育组织配置有利地位逐渐减弱，上海、广东均呈下降趋势，说明这两个省份分配的有利地位进一步提升，且越来越公平。浙江、福建的社会体育组织泰尔指数在 2011～2015 年间均为负值，说明这两个省份在社会体育组织配置中一直占据不利地位，且这两个省份在 2011～2015 年间呈下降趋势，降幅分别为 0.00347 和 0.00333，降幅较大，说明这两个省份社会体育组织配置一直处于不利地位，且越来越弱。北京、江苏泰尔指数由正变负，说明这两个省份由有利地位转变为不利地位；天津泰尔指数由负变正，说明其由不利地位转变为有利地位。

（3）从中部地区来看，2011～2015 年，我国中部地区泰尔指数从0.001552 到 0.001510，说明中部地区社会体育组织整体配置处于有利地位，且越来越公平。安徽、湖北、湖南的社会体育组织支出泰尔指数在 2011～2015 年间均为正值，说明这 3 个省份在社会体育组织泰尔指数配置中一直占据有利地位；其中，安徽泰尔指数呈下降趋势，降幅为 0.0399，降幅较大，说明该省份有利地位进一步提升。吉林、黑龙江省泰尔指数由负变正，说明这两个省份由不利地位变为有利地位。山西泰尔指数从 -0.009838 到 -0.001444，呈上升趋势，说明虽然处于不利地位，但是不利地位有所改善；江西省泰尔指数从 -0.001359 到 -0.002493，呈上升趋势，说明该省份处于比例地位，且不利地位更加严重；河南省泰尔指数从 0.020223 到 0.004229，呈下降趋势，但 2014 年为负值，说明河南的有利地位有所提高，但改善趋势不太稳定。

（4）从西部地区来看，2011～2015 年，西部泰尔指数从 -0.001578 到0.002193，由负值转变为正值，说明西部地区社会体育组织配置整体从不利地位趋向有利地位，且变化幅度较大，因此对西部地区的实质影响也较大。重庆、新疆泰尔指数在 2011～2015 年间均为正值，说明这两个省份在社会体育组织配置中一直占据有利地位，但这两省份泰尔指数呈上升趋势，说明其有利地位有所减弱。内蒙古泰尔指数在 2011～2015 年间均为负值，说明该省份在社会体育组织配置中一直占据不利地位。广西、四川、西藏、甘肃泰尔指数由负转正，说明这 4 个省份由不利地位转为有利地位，青海泰尔指数由正转负，说明该省份由有利地位转变为不利地位。贵州泰尔指数从 -0.001299 到 0.000368，整体上从不利地位转变为有利地位，但是过程中波动较大；云南泰尔指数从 0.000469 到 0.003659，整体呈上升趋势，且 2013 年为负值，所以该省份的有利地位有所减弱；宁夏泰尔指数从-0.000862 到 -0.000516，说明宁夏处于不利地位，但其不利地位在逐渐改善。

（5）从综合层面来看，我国 31 个省份中，关于社会体育组织在 2011～2015 年间，东部 11 个省份的泰尔指数中，3 个为正值，2 个为负值，2 个由正变负，1 个由负变正。3 个正值省份的泰尔指数中 2 个呈上升趋势，1 个呈下降趋势，2 个负值省份的泰尔指数呈下降趋势。这说明东部整体无明显优势，占据有利地位的无明显提高，但占据不利地位的却越来越差的趋势。中部 8 个省份的泰尔指数中 3 个为正值，2 个由负转正，2 个呈改善趋势，这说明中部整体向好。西部 12 个省份的泰尔指数中，2 个为正值，1 个为负值，4 个由负转正，1 个由正转负；2 个正值省份均呈上升趋势，这说明除内蒙古、青海、云南以外，其余省份的有利地位都在提高，不利地位有所缓解。数据显示，我国 31 个省份中，占据最有利地位的省份在西部，为贵州；占据最不利地位的在东部，为江苏；中部目前的配置优势最大，东部和西部的优势在逐年改善。

（四）泰尔指数——社会体育指导员

分析结果见表 3 - 39。

表 3 - 39　　　　　　2011 ~ 2015 年社会体育指导员泰尔指数

省份（区域）	2011 年	2012 年	2013 年	2014 年	2015 年
北京	- 0.003633	- 0.003830	- 0.010063	- 0.003413	- 0.003196
天津	- 0.000702	- 0.002606	—	- 0.001902	- 0.001755
河北	0.008802	0.018033	0.112395	0.015032	0.017189
辽宁	- 0.005752	- 0.018478	- 0.000571	- 0.001771	- 0.003999
上海	- 0.003894	- 0.002209	- 0.015714	0.002658	- 0.001973
江苏	- 0.016244	0.018386	0.181892	0.00522	- 0.019976
浙江	- 0.015487	- 0.025293	—	0.00264	0.004491
福建	- 0.000365	0.004091	—	0.018359	0.01207
山东	- 0.004965	0.002502	- 0.03977	- 0.017228	- 0.011049
广东	0.000686	- 0.017608	0.00432	- 0.006094	- 0.012864
海南	0.003329	0.004138	0.002255	0.007805	0.004558
东部平均值	- 0.003475	- 0.002079	0.029343	0.001937	- 0.001500
山西	- 0.003214	- 0.003998	- 0.01537	0.002431	- 0.000838
吉林	0.004232	- 0.008841	- 0.00638	- 0.004057	0.00101
黑龙江	0.013776	0.007763	—	0.005977	0.001726
安徽	0.007976	0.028693	—	0.007546	0.003093
江西	0.01082	0.012345	- 0.001644	- 0.000029	0.007061
河南	0.026103	0.006477	—	- 0.026546	- 0.011238
湖北	0.000669	0.028454	0.033435	- 0.014074	- 0.008056
湖南	0.006663	0.032224	0.016654	0.029125	0.032735
中部平均值	0.008378	0.012890	0.005339	4.6625E - 05	0.003187
内蒙古	0.000922	- 0.001640	—	- 0.000927	- 0.002387
广西	- 0.002818	0.032305	—	0.020746	0.010429

续表

省份（区域）	2011 年	2012 年	2013 年	2014 年	2015 年
重庆	-0.00008	0.006929	-0.001511	0.010836	0.007003
四川	-0.002186	0.011178	—	0.03614	0.018569
贵州	0.002533	0.004882	—	0.020753	0.008239
云南	0.008846	0.018064	—	0.011222	0.01337
西藏	0.000756	0.000603	-0.000164	0.000311	0.000733
陕西	0.002338	0.004389	-0.010471	-0.0075	0.000869
甘肃	0.002674	-0.000475	-0.009257	-0.004283	-0.002038
青海	0.001148	0.000894	-0.002876	0.000746	0.000425
宁夏	0.001053	0.000505	-0.004146	-0.000111	0.000864
新疆	0.005791	0.006028	0.000999	0.023204	0.008952
西部平均值	0.001748	0.004361	-0.003918	0.009262	0.005419

注：表中"—"主要是指由于体育事业统计年鉴部分省份数据缺失，计算时以 0 代入公式，不影响泰尔指数的整体计算。

资料来源：财政部官网（www.mof.gov.cn）和《中国体育事业统计年鉴》（2012～2016 年）。

（1）从全国层面上看，2011～2015 年，社会体育指导员总泰尔指数从 0.006651 到 0.007105，呈上升趋势，这说明我国社会体育指导员整体配置存在不均衡现象，且不均衡程度有所提高。

（2）从东部地区来看，2011～2015 年，东部地区泰尔指数从 -0.003475 到 -0.001500，呈上升趋势，说明东部地区社会体育指导员整体配置处于不利地位，但是比例地位有所缓解。河北、海南的社会体育指导员泰尔指数在 2011～2015 年均为正值，说明这两个省份在社会体育指导员配置中一直占据有利地位。其中，河北、海南两个省份都呈上升趋势，河北的升幅较大为 0.0083，说明这两个省份虽然位于有利地位，但其有利地位在不断减弱。北京、天津、辽宁的社会体育指导员泰尔指数在 2011～2015 年均为负值，说明这 3 个省份在社会体育指导员配置中一直占据不利地位，其中，北京市、辽宁省呈上升趋势，说明这两个省份虽然处于不利地位，但是不利地位有所改善；天津呈下降趋势，说明其不利地位更加严重。浙江、福建泰尔指数由负变正，说明这两个省份由不利地位转变为有利地位。上海泰尔指数从 -0.003894 到 -0.001973，呈上升趋势，说明虽然处于不利地位，但是不利地位有所减弱；江苏泰尔指数从 -0.016244 到 -0.019976，虽然呈下降趋势，但 2012～2014 年该省份为正值，其不利地位进一步提升，但是有回升为有利地位的趋向；山东泰尔指数从 – 0.004965 到 – 0.011049，说明其不利地位进一步增加；广东泰尔指数从 0.000686 到 – 0.012864，说明其由有利地位转变为不利地位。

（3）从中部地区来看，2011～2015 年，中部泰尔指数从 0.008378 到 0.003187，呈下降趋势，且降幅较大为 0.00519，说明中部地区社会体育指导员整体分配处于有利地位，且越来越公平。黑龙江、安徽、湖南的社会体育指导员泰尔指数在 2011～2015 年间均为正值，这 3 个省份在社会体育指导员分配中一直占据有利地位。其中，黑龙江、安徽的泰尔指数均呈下降趋势，且幅度较大，说明这两个省份的有利地位进一步提升，且越来越公平；湖南呈上升趋势，且幅度较大为 0.0261，说明其有利地位有所减弱。河南、湖北的社会体育指导员泰尔指数在 2011～2015 年间由正值转为负值，说明这两个省份由有利地位转变为不利地位。山西泰尔指数从 – 0.003214 到 – 0.000838，说明其不利地位有所改善；吉林泰尔指数从 0.004232 到 0.00101，整体上有利地位有所提升，但是 2012～2014 年三年间处于不利地位，江西的情况也类似。

（4）从西部地区来看，2011～2015 年，西部地区泰尔指数从 0.001748 到 0.005419，呈上升趋势，说明西部地区社会体育指导员整体配置处于有利地位，但有利地位在逐渐减弱。贵州、云南、新疆的社会体育指导员泰尔指数在 2011～2015 年均为正值，这 3 个省份在社会体育指导员分配中一直占据有利地位。其中，贵州、云南的泰尔指数呈上升趋势，说明其有利地位有所减弱，新疆呈下降趋势，其有利地位进一步提升。内蒙古、甘肃省由正值转为负值，说明这两个省份由有利地位转为不利地位。广西、重庆、四川泰尔指数由负值转为正值，说明这三个省份由不利地位转变为有利地位。西藏、陕西、青海、宁夏四个省份都呈现曲折下降情况，说明其有趋向于公平的趋势。

（5）从综合层面来看，我国 31 个省份中，关于社会体育指导员，2011～2015 年间，东部 11 个地区的泰尔指数中有 2 个为正值，3 个为负值，2 个由负变正，2 个为正值省份的泰尔指数均呈上升趋势，3 个泰尔指数为负值的省份中 2 个呈上升趋势 1 个呈下降趋势；此外，浙江、福建逐步由负变正，增幅较大。说明北京、辽宁、浙江、福建、上海、江苏的不利地位有所改善，其余地区的优势均逐年下降。中部 9 个省份的泰尔指数中，3 个为正值，2 个由正变负；3 个泰尔指数为正值省份的泰尔指数有 2 个呈下降趋势，1 个省份呈上升趋势；西部地区 12 个省份的泰尔指数中，3 个为正值，3 个由负转正，3 个泰尔指数为正值的省份中 2 个呈上升趋势，1 个呈下降趋势，说明西部地区有整体向好的趋势。数据显示，我国 31 个省份在 2015 年中，占据有利地位的是西部地区的青海，占据不利地位的是东部地区的江苏省，中部的地方财政预算收入支出优势最强，东部部分的优势在逐年上升，西部的劣势有所改善，但进展缓慢。

（五）泰尔指数——国民体质监测站点

分析结果见表 3 - 40。

表 3 - 40　　　　　　2011 ~ 2015 年国民体质监测站点泰尔指数

省份（区域）	2011 年	2012 年	2013 年	2014 年	2015 年
北京	0.001791	0.004146	- 0.004461	- 0.052669	- 0.010406
天津	0.002186	- 0.00311	- 0.001587	- 0.047052	- 0.003427
河北	0.050607	0.016162	0.007883	- 0.150045	0.028561
辽宁	0.01402	- 0.016013	- 0.004303	- 0.091383	- 0.00726
上海	0.00994	- 0.002582	0.002921	- 0.059594	- 0.004828
江苏	0.024006	- 0.01281	- 0.018532	- 0.128291	0.013531
浙江	0.004944	- 0.026483	- 0.032903	- 0.091671	- 0.004755
福建	0.03737	0.015615	0.011389	- 0.097825	0.012039
山东	0.046144	- 0.006186	0.005256	- 0.165356	- 0.001631
广东	0.062209	0.013574	0.01425	- 0.196042	- 0.014079
海南	0.004369	0.004814	0.001689	- 0.027506	—
东部平均数	0.023417	- 0.001170	- 0.001673	- 0.100676	0.0007745
山西	- 0.001994	0.021357	0.015074	- 0.065526	0.005896
吉林	0.003873	0.005732	0.010018	- 0.073041	- 0.006553
黑龙江	0.018095	0.021766	0.012081	- 0.097445	- 0.008818
安徽	0.076932	0.039281	0.037124	- 0.15432	0.015835
江西	0.015931	- 0.007615	0.001346	- 0.09906	0.006801
河南	0.052175	0.011388	0.007501	- 0.177769	- 0.016354
湖北	0.030254	- 0.001224	0.002069	- 0.112184	0.007567
湖南	0.067584	0.035989	0.023247	- 0.148783	0.02832
中部平均数	0.032856	0.015834	0.0135575	- 0.116016	0.004087
内蒙古	0.01105	- 0.001168	0.002775	- 0.067895	0.006094
广西	0.027368	0.000788	0.010047	- 0.112624	0.000836
重庆	0.021965	0.005522	0.009743	- 0.082362	0.008069

续表

省份（区域）	2011 年	2012 年	2013 年	2014 年	2015 年
四川	0.064843	0.019159	0.04127	- 0.186653	0.065957
贵州	0.034063	0.006609	0.023719	- 0.097189	—
云南	0.004796	- 0.00286	0.001213	- 0.108345	0.003481
西藏	0.003702	0.000622	0.000192	- 0.010903	—
陕西	0.041164	0.001436	- 0.002223	- 0.081784	- 0.015473
甘肃	- 0.030356	0.00036	0.00002	- 0.068339	
青海	0.001964	0.003583	0.000423	- 0.020809	0.001524
宁夏	0.003745	- 0.000282	- 0.00014	- 0.020991	- 0.000649
新疆	0.022849	0.012928	- 0.004116	- 0.057163	
西部平均数	0.017263	0.003891	0.006910	- 0.076255	0.00873
总体平均数	0.073536	0.018053	0.018795	- 0.292947	0.013591

注："—"主要是指由于体育事业统计年鉴部分省份数据缺失，计算时以 0 带入公式，不影响泰尔指数的整体计算。

资料来源：财政部官网（www. mof. gov. cn）和《中国体育事业统计年鉴》（2012～2016 年）。

（1）从全国层面上看，2011～2015 年，国民体质监测站点的总泰尔指数从 0.073536 降至 0.013591，说明我国国民体质监测站点整体配置渐趋向于公平。

（2）从东部地区来看，2011～2015 年，东部泰尔指数从 0.023417 降至 0.000775，整体呈大幅下降趋势，但在 2012～2014 年间均处于不利地位，说明东部地区国民体质监测站点整体配置处于有利地位，总体上虽有起伏却越来越趋向于公平。31 个省份中没有一个省份在五年内均为正值，说明没有一个省份在国民体质监测站点分配中一直占据有利地位。仅有河北、福建省泰尔指数四年为正值，但总体呈下降趋势，而由正值转变为负值的有 8 个省份，分别是北京、天津、辽宁、上海、浙江、山东、广东、海南，说明这八个省份由有利地位转变为不利地位。

（3）从中部地区来看，2011～2015 年，西部泰尔指数从 0.032856 降至 0.004087，整体呈现大幅下降趋势，但在 2012～2014 年均处于不利地位，说明中部地区国民体质监测站点整体配置处于有利地位，虽有起伏，但从总体来看越来越趋向于公平。山西由负值变为正值，说明该省份从有利地位转变为不利地位；吉林、黑龙江、河南泰尔指数由正值转变为负值，说明这三个省份从有利地位转变为不利地位；湖南、安徽泰尔指数仅在 2014 年为负值，总体的下降趋势表明这两个省份的有利地位有所提高；江西、湖北泰尔指数五年内正负值交替出现，总体呈现下降趋势，说明这两个省份虽然波动较大，但是有利地位总体来说有所改善。

（4）从西部地区来看，2011～2015年，西部国民体质监测站点泰尔指数从0.017263到0.00873，整体呈下降趋势，说明西部地区国民体质监测站点整体配置处于有利地位，且越来越公平。其中，没有一个省份五年内均为正值或负值，说明西部地区没有一个省份国民体质监测站点整体分配一直处于有利或不利地位。其中，贵州、西藏、陕西、宁夏、新疆5个省份泰尔指数由正值变为负值，说明这5个省份由有利地位转变为不利地位。广西、重庆、四川、青海泰尔指数仅在2014年为负值，其中广西、重庆、青海呈下降趋势，说明这4个省份的有利地位有所提升。甘肃泰尔指数从－0.030356到－0.068334，虽然在2012～2013年为正值，但整体呈下降趋势，说明该省份的不利地位更加严重。

（5）从综合层面来看，我国31个省份中，国民体质监测站点在2011～2015年间，东部11个省份的泰尔指数没有省份五年均为正值，且有8个省份由负转正；这说明东部整体优势较小，且大部分处于不利地位的省份不均衡更加严重。中部8个省份的泰尔指数中有1个由负转正，3个由正转负，此外，还有3个省份呈波动上升；这说明中部整体向好，不利地位逐渐改善，有利地位进一步提升。西部12个省份泰尔指数中，5个由正转负，此外有四个地区也呈现明显改善趋势，这说明西部部分地区有所改善，部分地区有所恶化。数据显示，我国31个省份在2015年，占据最有利地位的省份在西部，为广西；占据最不利地位的在西部，为四川；中部目前的分配趋势最趋向公平；东部和西部的优势在逐年下降。

（六）泰尔指数——国民体质监测人数

分析结果见表3－41。

表3－41　　　　　　2011～2015年国民体质监测人数泰尔指数

省份（区域）	2011 年	2012 年	2013 年	2014 年	2015 年
北京	－ 0.00598	－ 0.006122	－ 0.00487	－ 0.001323	0.00065
天津	0.000458	－ 0.003959	0.002317	0.002532	0.005936
河北	0.027197	0.040975	0.011582	0.04094	0.023112
辽宁	－ 0.000537	－ 0.017086	－ 0.010792	0.004441	0.010348
上海	－ 0.007237	－ 0.007105	0.000506	－ 0.004403	－ 0.006049

续表

省份（区域）	2011 年	2012 年	2013 年	2014 年	2015 年
江苏	− 0.026573	− 0.028635	− 0.016866	− 0.003998	− 0.006751
浙江	− 0.010969	− 0.007137	− 0.013892	− 0.001268	− 0.006031
福建	0.021856	0.019589	0.011198	0.002067	0.002029
山东	− 0.014199	0.001387	0.006808	0.003596	0.023658
广东	0.002024	− 0.012394	− 0.007395	0.012787	0.011277
海南	0.00246	− 0.000278	0.006723	0.002744	0.004627
东部平均值	− 0.001045	− 0.001888	− 0.001335	0.005283	0.00571
山西	0.041525	0.033089	0.018578	0.006924	0.01549
吉林	− 0.004468	0.010345	0.006014	0.002764	0.00292
黑龙江	0.008564	0.011678	− 0.002567	0.004831	0.005771
安徽	0.03369	0.031402	0.032486	0.024472	0.006152
江西	− 0.006284	0.003944	0.007443	− 0.031653	− 0.03323
河南	0.008471	0.001842	0.006593	0.011052	0.005671
湖北	0.005462	0.018618	0.009211	0.01435	0.022006
湖南	0.12223	0.128676	0.019745	0.005238	0.026406
中部平均值	0.026149	0.029949	0.012188	0.004747	0.006398
内蒙古	0.002959	0.004636	0.009668	0.010928	0.008943
广西	0.030675	0.031337	0.003783	0.007851	− 0.003871
重庆	− 0.004188	0.001839	0.007362	− 0.000327	0.007444
四川	− 0.001843	0.009648	0.003642	0.002413	0.01276
贵州	0.002898	0.027696	0.024231	0.024203	0.02230
云南	− 0.001546	− 0.010422	− 0.017449	0.011828	0.02377
西藏	0	0	− 0.000131	0.000296	0.001891
陕西	0.015015	− 0.001836	− 0.001244	0.009629	0.003481
甘肃	− 0.006264	− 0.000789	− 0.001183	0.000479	0.001129
青海	0.002172	0.004084	0	0.00034	− 0.001507
宁夏	0.002077	0.002687	0.002328	− 0.003085	− 0.002556
新疆	0.019539	0.014361	− 0.003306	0.002852	0
西部平均值	0.005124	0.006937	0.002308	0.005617	0.006148

资料来源：财政部官网（www. mof. gov. cn）和《中国体育事业统计年鉴》（2012～2016 年）。

（1）从全国层面上看，2011～2015年，总泰尔指数从0.030227到0.018256，有所下降，反映了国民体质监测人数配置不均衡，但不均衡程度有所减弱。

（2）从东部地区来看，2011～2015年，东部泰尔指数从-0.001045到0.00571，从负值转变为正值，说明东部地区国民体质监测人数整体分配从不利地位逐渐转变为有利地位。河北、福建泰尔指数在2011～2015年间均为正值，说明这两个省份在国民体质监测人数分配中一直处于有利地位，且这两个省份整体呈下降趋势，说明其有利地位进一步提升，越来越公平。江苏、浙江泰尔指数在2011～2015年均为负值，说明这两个省份在国民体质监测人数分配中一直处于有利地位，但这两个省份均呈上升趋势，说明其不利地位在逐渐改善。北京、辽宁、山东泰尔指数从负值变为正值，说明其从不利地位转变为有利地位。天津、上海、广东的泰尔指数均有上升趋势，说明这3个省份的有利地位逐渐减弱；上海泰尔指数值从-0.007237到-0.006049，呈上升趋势，说明其不利地位有所改善。

（3）从中部地区来看，2011～2015年，中部泰尔指数从0.026149到0.006398，逐年下降，说明中部地区国民体质监测人数整体分配处于有利地位，且越来越公平。山西、安徽、河南、湖北、湖南泰尔指数在2011～2015年间均为正值，说明这5个省份在国民体质监测人数分配中一直处于有利地位，其中，山西、安徽、河南、湖南均呈现下降趋势，说明这四个省份有利地位进一步提升；湖北泰尔指数呈现上升趋势，说明该省份的有利地位在逐渐减弱。吉林泰尔指数由负值转变为正值，说明其由不利地位转变为有利地位。黑龙江从0.008564到0.005771，虽然中间年份有出现负值，但是整体呈下降趋势，说明其有利地位有所提高；江西泰尔指数从-0.006284下降到-0.03323，说明其不利地位更加严重。

（4）从西部地区来看，2011～2015年，西部泰尔指数从0.005124到0.006148，整体呈上升趋势，说明西部地区国民体质监测人数整体配置处于有利地位，但地位有所减弱。内蒙古、贵州的泰尔指数在2011～2015年间均为正值，说明这两个省份在国民体质监测人数分配中一直处于有利地位，但这两个省份呈现上升趋势，说明其有利地位有所减弱。广西、青海、宁夏泰尔指数从正值变为负值，说明这三个省份由有利地位转变为不利地位；四川、云南、西藏、甘肃泰尔指数从负值变为正值，说明这4个省份由不利地位转变为有利地位。重庆泰尔指数从-0.004188上升到0.007444，说明其从不利地位转变为有利地位，陕西、新疆泰尔指数呈下降趋势，说明有利地位有所提高。

（5）从综合层面来看，我国31个省份中，关于国民体质监测人数，在2011～2015年间，东部11个省份的泰尔指数有2个为正值，2个为负值，3个由负转正；2个泰尔指数为正值省份的泰尔指数均呈小幅下降趋势，2个泰尔指数为负值省份中均呈上升趋势；这说明东部整体优势较小，但处于有利地位的逐渐加强、处于不利地位的省份逐渐改善。中部8个省份的泰尔指数中，5个为正值，1个由负转正；5个泰尔指数为正值的省份中，4个呈上升趋势，1个呈下降趋势，这说明中部整体优势较大，且改善的形势明显。西部12个省份的泰尔指数中，2个为正值，3个由正转负，4个由负转正；2个正值省份中，2个均呈上升趋势，除广西、青海、宁夏之外都有改善趋势。数据显示，我国31个省份在2015年，占据最有利地位的省份在东部，为北京；占据最不利地位的在中部，为江西；中部目前的分配优势最大，东部和西部的优势在逐年改善。

（七）泰尔指数——体育场地设施面积

分析结果见表3-42。

表3-42　　　　　　　2011～2015年我国体育场地设施面积泰尔指数

省份（区域）	2011年	2012年	2013年	2014年	2015年
北京	-0.001076	-0.00097	-0.000639	-0.003876	0.000158
天津	-0.007133	-0.007232	-0.007242	-0.001937	0.001196
河北	0.041264	0.041323	0.010352	0.020824	0.035461
辽宁	-0.005557	-0.005593	0.000331	0.002679	-0.011198
上海	0.017269	0.01748	0.000105	0.004145	0.009474
江苏	0.044431	0.044228	0.045072	0.027221	-0.00537
浙江	-0.003256	-0.003299	-0.00200	0.013334	-0.000712
福建	-0.004036	-0.00402	0.016272	0.016805	0.007245
山东	0.053322	0.053272	0.001781	0.004239	0.016452
广东	0.069768	0.070068	0.03879	0.063874	0.033515
海南	-0.000337	-0.000322	-0.001659	-0.000802	-0.001781
东部平均数	0.018605	0.018630	0.009196	0.013319	0.007676
山西	-0.01226	-0.01226	0.001181	-0.002863	-0.000894
吉林	-0.005396	-0.005414	0.00133	-0.000346	-0.004581
黑龙江	0.024976	0.024769	-0.002391	0.002865	0.00062
安徽	0.026629	0.026528	0.009295	0.028839	0.023003

续表

省份（区域）	2011 年	2012 年	2013 年	2014 年	2015 年
江西	0.004768	0.00473	0.007378	0.008778	0.002221
河南	0.020978	0.020791	0.012211	0.038534	0.028341
湖北	-0.019134	-0.019133	0.012011	0.013211	0.011434
湖南	0.029302	0.02935	0.010988	0.006605	-0.00265
中部平均数	0.008733	0.008670	0.00650	0.011953	0.007187
内蒙古	-0.001368	-0.001383	0.000156	-0.019796	-0.000847
广西	0.024306	0.0244	-0.004416	-0.005299	0.005108
重庆	0.004855	0.004903	-0.002555	-0.001405	-0.00604
四川	0.054763	0.054575	0.038141	0.039861	0.022137
贵州	0.023098	0.023056	0.003993	-0.000606	-0.001989
云南	0.024001	0.02402	0.0136	0.015661	0.006802
西藏	-0.004514	-0.004552	-0.004226	-0.003183	-0.003398
陕西	0.001491	0.001451	0.013139	-0.002129	-0.00105
甘肃	0.007756	0.007754	-0.003044	-0.005863	-0.007253
青海	-0.005813	-0.005826	-0.004933	-0.004904	-0.004364
宁夏	0.00004	0.000055	-0.00523	-0.004695	-0.004742
新疆	0.0187	0.018836	0.008012	0.006152	-0.006162
西部平均数	0.012276	0.012274	0.004387	0.001149	-0.00015
总差异	0.039614	0.039575	0.020084	0.026421	0.014713

资料来源：财政部官网（www.mof.gov.cn）和《中国体育事业统计年鉴》（2012～2016 年）。

（1）从全国层面上看，2011～2015 年，体育公共服务总泰尔指数从
0.039614 逐年下降到 0.014713，说明我国体育场地设施面积整体配置处于
有利地位，且渐渐趋于公平。

（2）从东部地区来看，2011～2015 年，东部泰尔指数从 0.018605 下降
到 0.007676，说明东部地区体育场地设施面积整体分配处于有利地位，且
越来越公平。河北、上海、山东、广东的泰尔指数在 2011～2015 年均为
正值，说明这 4 个省份在体育场地设施面积配置上一直占据有利地位，且
这 4 个省份的泰尔指数均呈下降趋势，配置均衡性得以提升。海南泰尔指
数在 2011～2015 年均为负值，且呈下降趋势，体育场地设施面积配置一
直占据不利地位，且不利地位更加严重。北京、天津、福建泰尔指数从负

值变为正值，说明这 3 个省份由不利地位转变为有利地位。江苏泰尔指数从正值转变为负值，说明其由有利地位转变为不利地位。辽宁泰尔指数从 -0.005557 到 -0.011198，呈下降趋势，说明其不利地位进一步加剧。浙江泰尔指数从 -0.003256 到 -0.000712，呈上升趋势，说明其不利地位有所改善。

（3）从中部地区来看，2011~2015 年，中部的泰尔指数从 0.008733 到 0.007187，呈下降趋势，说明中部地区体育场地设施面积整体分配处于有利地位，且越来越公平。安徽、江西、河南的泰尔指数在 2011~2015 年均为正值，说明这 3 个省份在体育场地设施的分配上一直占据有利地位，其中，安徽、江西呈下降趋势，说明其有利地位进一步加强，河南泰尔指数呈上升趋势，说明其有利地位有所减弱。湖北泰尔指数从负值转变为正值，说明湖北由不利地位转变为有利地位。湖南泰尔指数从正值转变为负值，说明湖南省由有利地位转变为不利地位。山西、吉林两省泰尔指数呈上升趋势，黑龙江泰尔指数呈下降趋势，说明这 3 个省份的不利地位有所改善。

（4）从西部地区来看，2011~2015 年，西部的泰尔指数从 0.012276 到 -0.00015，从正值转变为负值，说明西部地区体育场地设施整体分配由有利地位转变为不利地位。贵州、云南两省的泰尔指数在 2011~2015 年均为正值，说明这两个省份在体育场地设施的分配上一直占据有利地位，且均呈下降趋势，说明其呈现越来越公平的趋势。西藏的泰尔指数在 2011~2015 年均为负值，说明该省份在体育场地设施的分配上一直占据不利地位，但不利地位有所改善。重庆、贵州、陕西、甘肃省的泰尔指数均从正值变为负值，说明这 4 个省份由有利地位转变为不利地位。内蒙古的泰尔指数从 -0.001368 到 -0.000847，呈上升趋势，说明其不利地位有所改善。广西的泰尔指数从 0.024306 到 0.005108，呈下降趋势，说明其有利地位有所加强。

（5）从综合层面来看，2011~2015 年，我国 31 个省份间体育场地设施面积泰尔指数中，东部 11 个省份中有 4 个为正值，1 个为负值，3 个由负转正，1 个由正转负；4 个正值省份的泰尔指数均呈下降趋势；这说明东部整体优势较小，但有利地位逐渐加强、处于不利地位的省份逐渐改善。中部 8 个省份的泰尔指数中，3 个省份为正值，1 个由负转正，1 个由正转负；3 个泰尔指数为正值的省份中，2 个呈下降趋势，这说明中部整体优势较小，但有改善趋势。西部 12 个省份泰尔指数中，2 个省份为正值，1 个为负值，4 个由正转负；2 个泰尔指数为正值的省份中，2 个均呈下降升趋势，说明西部地区优势较小，且趋向于不利地位。数据显示，2015 年，我国 31 个省份，东部地区北京市为最有利地位，辽宁最为不利；东部和中部目前优势较大，西部优势在逐年改善。

五、基于 2011～2015 年不同年份的体育公共服务泰尔指数分析

分析结果见表 3 – 43 ～ 表 3 – 47。

表 3 – 43　　　　　　　2011 年我国体育公共服务泰尔指数

省份（区域）	地方财政预算支出	体育事业支出	社会体育组织	社会体育指导员	国民体质监测站点数	国民体质监测人数	体育场地设施面积	总体
北京	– 0.005515	– 0.008681	0.001818	– 0.003633	0.001791	– 0.00598	– 0.001076	– 0.0030
天津	– 0.002855	– 0.00552	– 0.00038	– 0.000702	0.002186	0.000458	– 0.007133	– 0.0020
河北	0.008163	0.020098	0.006988	0.008802	0.050607	0.027197	0.041264	0.0233
辽宁	– 0.003595	– 0.001397	– 0.002751	– 0.005752	0.01402	– 0.000537	– 0.005557	– 0.0008
上海	– 0.006692	– 0.010784	0.003387	– 0.003894	0.00994	– 0.007237	0.017269	0.0003
江苏	– 0.00332	– 0.006556	0.013033	– 0.016244	0.024006	– 0.026573	0.044431	0.0041
浙江	– 0.000293	– 0.005846	– 0.005659	– 0.015487	0.004944	– 0.010969	– 0.003256	– 0.0052
福建	0.0019	– 0.003769	– 0.002413	– 0.000365	0.03737	0.021856	– 0.004036	0.0072
山东	0.008972	0.000945	0.011218	– 0.004965	0.046144	– 0.014199	0.053322	0.01449
广东	0.002705	– 0.013614	0.018672	0.000686	0.062209	0.002024	0.069768	0.0204
海南	– 0.000709	– 0.000898	0.001167	0.003329	0.004369	0.00246	– 0.000337	0.0013
东部平均数	– 0.000113	– 0.003275	0.004098	– 0.003475	0.023417	– 0.001045	0.018605	0.0055
山西	0.000585	0.002802	– 0.009838	– 0.003214	– 0.001994	0.041525	– 0.01226	0.0025
吉林	– 0.001304	0.002652	– 0.004962	0.004232	0.003873	– 0.004468	– 0.005396	– 0.0008
黑龙江	– 0.000646	0.000386	0.00114	0.013776	0.018095	0.008564	0.024976	0.0095
安徽	0.004315	0.016121	0.004391	0.007976	0.076932	0.03369	0.026629	0.0243
江西	0.002951	0.003027	– 0.001359	0.01082	0.015931	– 0.006284	0.004768	0.0043
河南	0.012908	0.032875	0.020223	0.026103	0.052175	0.008471	0.020978	0.0248
湖北	0.004	0.003871	0.001568	0.000669	0.030254	0.005462	– 0.019134	0.0038
湖南	0.005543	0.013503	0.001254	0.006663	0.067584	0.12223	0.029302	0.0352
中部平均数	0.003544	0.009405	0.001552	0.008378	0.032856	0.026149	0.008733	0.0129

省份（区域）	地方财政预算支出	体育事业支出	社会体育组织	社会体育指导员	国民体质监测站点数	国民体质监测人数	体育场地设施面积	总体
内蒙古	-0.004458	0.000231	-0.006305	0.000922	0.01105	0.002959	-0.001368	0.0004
广西	0.003509	0.007225	-0.013205	-0.002818	0.027368	0.030675	0.024306	0.0110
重庆	-0.002281	-0.000553	0.000452	-0.00008	0.021965	-0.004188	0.004855	0.0029
四川	0.004565	0.009386	-0.003054	-0.002186	0.064843	-0.001843	0.054763	0.0181
贵州	0.000728	0.005837	-0.001299	0.002533	0.034063	0.002898	0.023098	0.0097
云南	0.001343	0.001844	0.000469	0.008846	0.004796	-0.001546	0.024001	0.0057
西藏	-0.001262	-0.000977	-0.000089	0.000756	0.003702	0	-0.004514	-0.0003
陕西	-0.001502	0.001379	0.001721	0.002338	0.041164	0.015015	0.001491	0.0088
甘肃	-0.000081	0.003968	-0.000445	0.002674	-0.030356	-0.006264	0.007756	-0.0032
青海	-0.001658	0.003492	0.001511	0.001148	0.001964	0.002172	-0.005813	0.0004
宁夏	-0.000969	-0.00056	-0.000862	0.001053	0.003745	0.002077	0.00004	0.0006
新疆	-0.002877	0.000977	0.002164	0.005791	0.022849	0.019539	0.0187	0.0010
西部平均数	-0.000412	0.002687	-0.001578	0.001748	0.017263	0.005124	0.012276	0

资料来源：财政部官网（www. mof. gov. cn）和《中国体育事业统计年鉴》（2012～2016 年）。

表 3-44 　　　　　　　　　2012 年我国体育公共服务泰尔指数

省份（区域）	地方财政预算支出	体育事业支出	社会体育组织	社会体育指导员	国民体质监测站点数	国民体质监测人数	体育场地设施面积	总体
北京	-0.005376	-0.009429	0.002051	-0.003830	0.004146	-0.006122	-0.00097	-0.003
天津	-0.00294	-0.005725	0.002102	-0.002606	-0.00311	-0.003959	-0.007232	-0.003
河北	0.008246	0.01521	0.008387	0.018033	0.016162	0.040975	0.041323	0.021
辽宁	-0.003776	-0.005934	-0.002583	-0.018478	-0.016013	-0.017086	-0.005593	-0.010
上海	-0.006083	-0.008804	0.003862	-0.002209	-0.002582	-0.007105	0.01748	-0.001
江苏	-0.002796	-0.015673	-0.001325	0.018386	-0.01281	-0.028635	0.044228	0.000
浙江	0.000802	-0.005753	-0.005701	-0.025293	-0.026483	-0.007137	-0.003299	-0.010
福建	0.001615	-0.002253	-0.002947	0.004091	0.015615	0.019589	-0.00402	0.005
山东	0.008292	0.00385	0.011375	0.002502	-0.006186	0.001387	0.053272	0.011

续表

省份（区域）	地方财政预算支出	体育事业支出	社会体育组织	社会体育指导员	国民体质监测站点数	国民体质监测人数	体育场地设施面积	总体
广东	0.004483	-0.001184	0.02033	-0.017608	0.013574	-0.012394	0.070068	0.011
海南	-0.000733	-0.001128	-0.000011	0.004138	0.004814	-0.000278	-0.000322	0.001
东部平均数	0.000158	-0.003348	0.003231	-0.002079	-0.001170	-0.001888	0.018630	0.002
山西	0.000463	0.005032	-0.009277	-0.003998	0.021357	0.033089	-0.01226	0.005
吉林	-0.001083	0.001404	-0.003423	-0.008841	0.005732	0.010345	-0.005414	0.000
黑龙江	-0.000487	0.002422	0.002573	0.007763	0.021766	0.011678	0.024769	0.010
安徽	0.003553	0.015819	0.002923	0.028693	0.039281	0.031402	0.026528	0.021
江西	0.002479	0.017733	-0.000401	0.012345	-0.007615	0.003944	0.00473	0.005
河南	0.012168	0.030919	0.003624	0.006477	0.011388	0.001842	0.020791	0.012
湖北	0.003738	-0.002548	0.004048	0.028454	-0.001224	0.018618	-0.019133	0.005
湖南	0.00531	0.013522	0.003196	0.032224	0.035989	0.128676	0.02935	0.035
中部平均数	0.003268	0.010538	0.000408	0.012890	0.015834	0.029949	0.008670	0.012
内蒙古	-0.004398	-0.000163	-0.006342	-0.001640	-0.001168	0.004636	-0.001383	-0.001
广西	0.003333	0.006224	-0.012594	0.032305	0.000788	0.031337	0.0244	0.012
重庆	-0.002495	-0.00082	0.002084	0.006929	0.005522	0.001839	0.004903	0.003
四川	0.004267	0.011256	-0.002103	0.011178	0.019159	0.009648	0.054575	0.015
贵州	0.000061	0.002805	0.015615	0.004882	0.006609	0.027696	0.023056	0.012
云南	0.000546	0.001752	0.000853	0.018064	-0.00286	-0.010422	0.02402	0.005
西藏	-0.001297	-0.00105	0.001092	0.000603	0.000622	0	-0.004552	-0.001
陕西	-0.001302	0.004232	0.000671	0.004389	0.001436	-0.001836	0.001451	0.001
甘肃	-0.000038	0.001294	-0.001146	-0.000475	0.00036	-0.000789	0.007754	0.001
青海	-0.001724	0.003368	0.000499	0.000894	0.003583	0.004084	-0.005826	0.001
宁夏	-0.001081	-0.00091	-0.001075	0.000505	-0.000282	0.002687	0.000055	0.000
新疆	-0.003068	-0.001077	0.000944	0.006028	0.012928	0.014361	0.018836	0.007
西部平均数	-0.000600	0.002243	-0.000125	0.004361	0.003891	0.006937	0.012274	0.004

资料来源：财政部官网（www.mof.gov.cn）和《中国体育事业统计年鉴》（2012～2016年）。

表 3 – 45   2013 年我国体育公共服务泰尔指数

省份（区域）	地方财政预算支出	体育事业支出	社会体育组织	社会体育指导员	国民体质监测站点数	国民体质监测人数	体育场地设施面积	总体
北京	– 0. 005446	– 0. 009288	0. 002364	– 0. 010063	– 0. 004461	– 0. 00487	– 0. 000639	– 0. 005
天津	– 0. 003174	– 0. 005973	0. 001996	—	– 0. 001587	0. 002317	– 0. 007242	– 0. 002
河北	0. 009044	0. 014645	0. 010774	0. 112395	0. 007883	0. 011582	0. 010352	0. 025
辽宁	– 0. 004117	– 0. 001012	0. 001465	– 0. 000571	– 0. 004303	– 0. 010792	0. 000331	– 0. 003
上海	– 0. 005824	– 0. 00626	0. 000388	– 0. 015714	0. 002921	0. 000506	0. 000105	– 0. 003
江苏	– 0. 002694	– 0. 012553	– 0. 011292	0. 181892	– 0. 018532	– 0. 016866	0. 045072	0. 024
浙江	0. 000469	– 0. 007889	– 0. 00726	—	– 0. 032903	– 0. 013892	– 0. 002002	– 0. 009
福建	0. 001005	– 0. 014365	– 0. 003893		0. 011389	0. 011198	0. 016272	0. 003
山东	0. 007839	0. 014346	– 0. 00042	– 0. 03977	0. 005256	0. 006808	0. 001781	– 0. 001
广东	0. 00381	0. 009961	0. 022448	0. 00432	0. 01425	– 0. 007395	0. 03879	0. 012
海南	– 0. 000705	– 0. 000657	0. 000182	0. 002255	0. 001689	0. 006723	– 0. 001659	0. 001
东部平均数	1. 88182 E – 05	– 0. 001731	0. 001523	0. 029343	– 0. 001673	– 0. 001335	0. 009196	0. 005
山西	0. 000662	0. 004451	– 0. 011183	– 0. 01537	0. 015074	0. 018578	0. 001181	0. 002
吉林	– 0. 001071	0. 00137	– 0. 00168	– 0. 00638	0. 010018	0. 006014	0. 00133	0. 001
黑龙江	0. 00007	0. 001018	– 0. 002407	—	0. 012081	– 0. 002567	– 0. 002391	0. 001
安徽	0. 003921	0. 011684	0. 002316		0. 037124	0. 032486	0. 009295	0. 014
江西	0. 002043	0. 007251	0. 000065	– 0. 001644	0. 001346	0. 007443	0. 007378	0. 003
河南	0. 012028	0. 033376	0. 006272		0. 007501	0. 006593	0. 012211	0. 011
湖北	0. 002951	– 0. 000627	0. 002908	0. 033435	0. 002069	0. 009211	0. 012011	0. 009
湖南	0. 004961	0. 011791	0. 005362	0. 016654	0. 023247	0. 019745	0. 010988	0. 013
中部平均数	0. 003197	0. 008789	0. 000207	0. 005339	0. 013558	0. 012188	0. 006500	0. 007
内蒙古	– 0. 004106	– 0. 002789	– 0. 004208		0. 002775	0. 009668	0. 000156	0. 000
广西	0. 003962	0. 006844	0. 00633		0. 010047	0. 003783	– 0. 004416	0. 004
重庆	– 0. 001469	0. 001708	0. 003784	– 0. 001511	0. 009743	0. 007362	– 0. 002555	0. 002
四川	0. 003665	0. 006409	0. 000903	—	0. 04127	0. 003642	0. 038141	0. 013
贵州	0. 000042	0. 00366	– 0. 000023	—	0. 023719	0. 024231	0. 003993	0. 008

续表

省份 (区域)	地方财政 预算支出	体育事业 支出	社会体育 组织	社会体育 指导员	国民体质 监测站 点数	国民体质 监测人数	体育场地 设施面积	总体
云南	0.000164	0.008598	− 0.002387	—	0.001213	− 0.017449	0.0136	0.001
西藏	− 0.001303	− 0.000379	0.001838	− 0.000164	0.000192	− 0.000131	− 0.004226	− 0.001
陕西	− 0.001172	0.001743	0.000274	− 0.010471	− 0.002223	− 0.001244	0.013139	0.000
甘肃	− 0.000102	0.002546	0.001495	− 0.009257	0.00002	− 0.001183	− 0.003044	− 0.001
青海	− 0.001625	− 0.000536	− 0.000406	− 0.002876	0.000423	0	− 0.004933	− 0.001
宁夏	− 0.00098	− 0.000548	0.000184	− 0.004146	− 0.00014	0.002328	− 0.00523	− 0.001
新疆	− 0.003101	− 0.003292	0.00272	0.000999	− 0.004116	− 0.003306	0.008012	0.000
西部 平均数	− 0.000502	0.001997	0.000875	− 0.003918	0.00691	0.002308	0.004387	0.002

注："—"主要是指由于体育事业统计年鉴部分省份数据缺失，计算时以 0 代入公式，不影响泰尔指数的整体计算。

资料来源：财政部官网（www. mof. gov. cn）和《中国体育事业统计年鉴》（2012 ~ 2016 年）。

表 3 - 46　　　　　　　　2014 年我国体育公共服务泰尔指数

省份 (区域)	地方财政 预算支出	体育事业 支出	社会体育 组织	社会体育 指导员	国民体质 监测站 点数	国民体质 监测人数	体育场地 设施面积	总体
北京	− 0.005461	− 0.009128	0.003148	− 0.003413	− 0.052669	− 0.001323	− 0.003876	− 0.010
天津	− 0.003364	− 0.004715	0.004021	− 0.001902	− 0.047052	0.002532	− 0.001937	− 0.007
河北	0.0095	0.013338	0.013112	0.015032	− 0.150045	0.04094	0.020824	− 0.005
辽宁	− 0.002783	0.000615	− 0.000392	− 0.001771	− 0.091383	0.004441	0.002679	− 0.013
上海	− 0.005883	− 0.00754	0.001252	0.002658	− 0.059594	− 0.004403	0.004145	− 0.010
江苏	− 0.002927	− 0.01075	− 0.020832	0.00522	− 0.128291	− 0.003998	0.027221	− 0.019
浙江	0.000217	− 0.007346	− 0.008003	0.00264	− 0.091671	− 0.001268	0.013334	− 0.013
福建	0.001063	− 0.0041	− 0.004602	0.018359	− 0.097825	0.002067	0.016805	− 0.010
山东	0.00803	0.011424	0.003402	− 0.017228	− 0.165356	0.003596	0.004239	− 0.022
广东	0.003605	0.002377	0.017094	− 0.006094	− 0.196042	0.012787	0.063874	− 0.015
海南	− 0.00072	− 0.001371	0.000441	0.007805	− 0.027506	0.002744	− 0.000802	− 0.003
东部 平均数	0.000116	− 0.001563	0.000786	0.001937	− 0.100676	0.005283	0.013319	− 0.012

续表

省份 （区域）	地方财政 预算支出	体育事业 支出	社会体育 组织	社会体育 指导员	国民体质 监测站 点数	国民体质 监测人数	体育场地 设施面积	总体
山西	0.001332	0.001845	0.001542	0.002431	−0.065526	0.006924	−0.002863	−0.008
吉林	−0.000964	0.001376	−0.001151	−0.004057	−0.073041	0.002764	−0.000346	−0.011
黑龙江	0.000695	−0.001002	0.003087	0.005977	−0.097445	0.004831	0.002865	−0.012
安徽	0.004123	0.018296	0.001137	0.007546	−0.15432	0.024472	0.028839	−0.010
江西	0.001504	0.007073	−0.000499	−0.000029	−0.09906	−0.031653	0.008778	−0.016
河南	0.011881	0.027056	−0.008658	−0.026546	−0.177769	0.011052	0.038534	−0.018
湖北	0.002066	0.004237	0.003846	−0.014074	−0.112184	0.01435	0.013211	−0.013
湖南	0.005191	0.009671	0.006598	0.029125	−0.148783	0.005238	0.006605	−0.012
中部 平均数	0.003229	0.008569	0.000738	4.6625 E−05	−0.116016	0.004747	0.011953	−0.012
内蒙古	−0.003917	−0.005107	−0.003719	−0.000927	−0.067895	0.010928	−0.019796	−0.013
广西	0.003925	0.002822	0.012133	0.020746	−0.112624	0.007851	−0.005299	−0.010
重庆	−0.001455	0.003126	0.004941	0.010836	−0.082362	−0.000327	−0.001405	−0.010
四川	0.003305	0.006057	0.001818	0.03614	−0.186653	0.002413	0.039861	−0.014
贵州	−0.000703	0.00186	0.001184	0.020753	−0.097189	0.024203	−0.000606	−0.007
云南	0.000111	0.00386	0.000741	0.011222	−0.108345	0.011828	0.015661	−0.009
西藏	−0.001388	−0.000926	0.000812	0.000311	−0.010903	0.000296	−0.003183	−0.002
陕西	−0.001221	0.002257	−0.00032	−0.0075	−0.081784	0.009629	−0.002129	−0.012
甘肃	−0.000278	−0.001707	0.001328	−0.004283	−0.068339	0.000479	−0.005863	−0.011
青海	−0.001655	−0.001453	−0.000291	0.000746	−0.020809	0.00034	−0.004904	−0.004
宁夏	−0.000983	−0.000914	−0.001664	−0.000111	−0.020991	−0.003085	−0.004695	−0.005
新疆	−0.003078	−0.004575	0.003111	0.023204	−0.057163	0.002852	0.006152	−0.004
西部 平均数	−0.000611	0.000442	0.001673	0.009262	−0.076255	0.005617	0.001149	−0.008

资料来源：财政部官网（www.mof.gov.cn）和《中国体育事业统计年鉴》（2012～2016年）。

表 3 – 47　　　　　　　　　2015 年我国体育公共服务泰尔指数

省份 （区域）	地方财政 预算支出	体育事业 支出	社会体育 组织	社会体育 指导员	国民体质 监测站 点数	国民体质 监测人数	体育场地 设施面积	总体
北京	−0.0061	−0.010246	−0.001056	−0.0032	−0.010406	0.00065	0.000158	−0.004
天津	−0.0032	−0.003853	0.001777	−0.001755	−0.003427	0.005936	0.001196	0.000

续表

省份（区域）	地方财政预算支出	体育事业支出	社会体育组织	社会体育指导员	国民体质监测站点数	国民体质监测人数	体育场地设施面积	总体
河北	0.00867	0.01999	0.012158	0.017189	0.028561	0.023112	0.035461	0.021
辽宁	0.000969	− 0.002764	0.004098	− 0.003999	− 0.00726	0.010348	− 0.011198	− 0.001
上海	− 0.006497	− 0.005046	0.001275	− 0.001973	− 0.004828	− 0.006049	0.009474	− 0.002
江苏	− 0.002581	− 0.011421	− 0.0201	− 0.019976	0.013531	− 0.006751	− 0.00537	− 0.008
浙江	− 0.001578	− 0.007787	− 0.009121	0.004491	− 0.004755	− 0.006031	− 0.000712	− 0.004
福建	0.000617	− 0.006765	− 0.005742	0.01207	0.012039	0.002029	0.007245	0.003
山东	0.008398	0.006843	− 0.00442	− 0.011049	− 0.001631	0.023658	0.016452	0.005
广东	− 0.002588	− 0.00268	0.015306	− 0.012864	− 0.014079	0.011277	0.033515	0.004
海南	− 0.000622	− 0.001136	− 0.000323	0.004558	—	0.004627	− 0.001781	0.001
东部平均数	− 0.000402	− 0.002261	− 0.000559	− 0.001501	0.000775	0.005710	0.007676	0.001
山西	0.001861	0.003488	− 0.001444	− 0.000838	0.005896	0.015486	− 0.000894	0.003
吉林	− 0.000554	0.000292	0.000732	0.00101	− 0.006553	0.002917	− 0.004581	− 0.001
黑龙江	0.00047	− 0.000466	− 0.000978	0.001726	− 0.008818	0.005771	0.00062	0.000
安徽	0.004897	0.016885	0.000405	0.003093	0.015835	0.006152	0.023003	0.010
江西	0.001829	0.006399	− 0.002493	0.007061	0.006801	− 0.033226	0.002221	− 0.002
河南	0.012752	0.035318	0.004229	− 0.011238	− 0.016354	0.005671	0.028341	0.008
湖北	0.000841	0.005966	0.00309	− 0.008056	0.007567	0.022006	0.011434	0.006
湖南	0.005612	0.00913	0.008535	0.032735	0.02832	0.026406	− 0.00265	0.015
中部平均数	0.003464	0.009627	0.001510	0.003187	0.004087	0.006398	0.007187	0.005
内蒙古	− 0.003458	− 0.004173	− 0.003554	− 0.002387	0.006094	0.008943	− 0.000847	0.000
广西	0.003912	0.000879	0.008455	0.010429	0.000836	− 0.003871	0.005108	0.004
重庆	− 0.001304	0.000816	0.004339	0.007003	0.008069	0.007444	− 0.00604	0.003
四川	0.004738	0.004455	0.003209	0.018569	0.065957	0.012756	0.022137	0.019
贵州	− 0.000196	0.001287	0.000368	0.008239	—	0.022303	− 0.001989	0.004
云南	0.001478	0.004498	0.003659	0.01337	0.003481	0.023769	0.006802	0.008
西藏	− 0.001394	− 0.001277	0.001716	0.000733	—	0.001891	− 0.003398	0.000
陕西	− 0.00061	0.002068	0.005293	0.000869	− 0.015473	0.003481	− 0.00105	− 0.001
甘肃	− 0.000304	0.004918	0.001193	− 0.002038	—	0.001129	− 0.007253	0.000

续表

省份 (区域)	地方财政 预算支出	体育事业 支出	社会体育 组织	社会体育 指导员	国民体质 监测站 点数	国民体质 监测人数	体育场地 设施面积	总体
青海	-0.001591	-0.001186	-0.001385	0.000425	0.001524	-0.001507	-0.004364	-0.001
宁夏	-0.000933	-0.000585	-0.000516	0.000864	-0.000649	-0.002556	-0.004742	-0.001
新疆	-0.002881	-0.001046	0.003536	0.008952	—	0	-0.006162	0.000
西部 平均数	-0.000212	0.000888	0.002193	0.005419	0.00873	0.006148	-0.00015	0.003

注:"—"主要是指由于体育事业统计年鉴部分省份数据缺失,计算时以 0 代入公式,不影响泰尔指数的整体计算。

(一) 2011 年度我国体育公共服务泰尔指数

2011 年,东部地区泰尔指数平均值仅有社会体育组织、国民体质监测站点、体育场地设施面积三个指标为正值,说明这三个指标在 2011 年处于有利地位。河北省七个指标泰尔指数在 2011 年均为正值,说明河北省整体上处于有利地位;所有省份的国民体质监测站点泰尔指数在 2011 年均为正值,说明东部地区的国民体质监测站点数配置处于有利地位。从总体 7 个指标来看,仅有北京、天津、辽宁、浙江泰尔指数为负,说明这些省份不利地位的指标较多,不均衡程度较深。中部地区泰尔指数平均值均为正值,说明中部地区在 2011 年 7 个指标均处于有利地位。安徽、河南省 7 个指标泰尔指数在 2011 年均为正值,说明这两个省份整体处于有利地位;所有省份的国民体质监测站点数泰尔指数在 2011 年均为正值,说明中部地区的体育事业支出分配处于有利地位;从总体 7 个指标来看,仅有吉林为负,说明该省份不利地位的指标较多,不均衡程度较深。西部地区泰尔指数平均值有两个指标为负值,分别是地方财政预算支出和社会体育组织,说明西部地区这两个指标在 2011 年处于不利地位。没有一个省份 7 个指标泰尔指数在 2011 年均为正值,说明没有一个省份整体处于有利地位;所有省份(除甘肃外)的国民体质监测人数泰尔指数在 2011 年均为正值,说明西部地区的国民体质监测人数分配处于较有利地位;从总体 7 个指标来看,仅有西藏、甘肃省泰尔指数为负,说明这些省份不利地位的指标较多,不均衡程度较深。

(二) 2012 年度我国体育公共服务泰尔指数

2012 年,东部地区泰尔指数平均值仅有三个指标为正值,分别是地方财政预算支出、社会体育组织、体育场地设施面积,说明东部地区这三个指标在 2012 年处于有利地位。河北省 7 个指标的泰尔指数在 2012 年均为正值，说明河北省整体处于有利地位；从总体 7 个指标来看，北京、天津、辽宁、上海、浙江泰尔指数为负，说明这些省份不利地位的指标较多，不均衡程度较深。中部地区泰尔指数平均值均为正值，说明中部地区在 2012 年 7 个指标均处于有利地位。安徽、河南、湖南的 7 个指标泰尔指数在 2012 年均为正值，说明这 3 个省份整体处于有利地位；所有省份的国民体质监测人数泰尔指数在 2012 年均为正值，说明中部地区的国民体质监测人数分配处于有利地位；从总体 7 个指标来看，所有省份泰尔指数都为正，说明这些省份不利地位的指标较少，不均衡程度较弱。西部地区泰尔指数平均值有两个指标为负值，分别是地方财政预算支出和社会体育组织，说明西部地区这两个指标在 2011 年处于不利地位。贵州的 7 个指标泰尔指数在 2012 年均为正值，说明该省份整体处于有利地位；从总体 7 个指标来看，仅有内蒙古、西藏为负，说明这些省份不利地位的指标较多，不均衡程度较深。

（三）2013 年度我国体育公共服务泰尔指数

2013 年，东部地区泰尔指数平均值仅有 3 个指标为负值，分别是体育事业支出、国民体质监测站点数、国民体质监测人数，说明东部地区这 3 个指标在 2013 年处于不利地位。河北 7 个指标泰尔指数在 2013 年均为正值，说明河北整体处于有利地位；从总体 7 个指标来看，有北京、天津、辽宁、上海、浙江、山东的泰尔指数为负，说明这些省份不利地位的指标较多，不均衡程度较深。中部地区泰尔指数平均值均为正值，说明中部地区在 2013 年 7 个指标均处于有利地位。安徽、河南、湖南 7 个指标泰尔指数在 2013 年均为正值，说明这 3 个省份整体处于有利地位；所有省份的国民体质监测站点数泰尔指数在 2013 年均为正值，说明中部地区的体育事业支出分配处于有利地位；从 7 个指标来看，所有省份泰尔指数均为正值，说明所有省份不利地位的指标较少，不均衡程度较弱。西部地区泰尔指数平均值有两个指标为负值，分别是地方财政预算支出和社会体育指导员，说明西部地区这两个指标在 2013 年处于不利地位。四川的 7 个指标泰尔指数在 2013 年均为正值，说明该省份整体处于有利地位；从总体 7 个指标来看，仅有西藏、甘肃、青海、宁夏为负，说明这些省份不利地位的指标较多，不均衡程度较深。

（四）2014 年度我国体育公共服务泰尔指数

2014 年，东部地区泰尔指数平均值有两个指标为负值，分别是体育事业支出、国民体质监测站点，说明东部地区这两个指标在 2014 年处于不利地位。没有一个省份泰尔指数在 2011 年均为正值，说明没有一个省份整体处于有利地位；没有一个指标在所有省份泰尔指数中均为正值，说明东部地区没有一个指标的分配处于有利地位；从总体 7 个指标来看，东部地区省份泰尔指数均为负值，说明东部地区所有省份不利地位的指标较多，不均衡程度较深。中部地区泰尔指数平均值仅有国民体质监测站点数为负值，说明中部地区在2014 年有 6 个指标处于有利地位。没有省份 7 个指标泰尔指数在 2014 年均为正值，说明没有一个省份整体上处于有利地位；没有一个指标在所有省份泰尔指数中均为正值，说明中部地区的没有一个指标分配处于有利地位；从总体 7 个指标来看，所有省份泰尔指数都为负，说明所有省份不利地位的指标较多，不均衡程度较深。西部地区泰尔指数平均值有两个指标为负值，分别是地方财政预算支出和国民体质监测站点数，说明西部地区这两个指标在 2014 年处于不利地位。无省份 7 个指标泰尔指数在 2014 年均为正值，说明没有一个省份处于有利地位；没有一个指标在所有省份泰尔指数中均为正值，说明中部地区的没有一个指标分配处于有利地位；从总体 7 个指标来看，所有省份泰尔指数都为负，说明所有省份不利地位的指标较多，不均衡程度较深。

（五）2015 年度我国体育公共服务泰尔指数

2015 年，东部地区泰尔指数平均值仅有三个指标为正值，分别是国民体质监测站点、国民体质监测人数、体育场地设施面积，说明东部地区这三个指标在 2015 年处于有利地位。河北省 7 个指标泰尔指数在 2015 年均为正值，说明河北省处于有利地位；没有一个指标在所有省份泰尔指数中均为正值，说明东部地区的没有一个指标分配处于有利地位；从总体 7 个指标来看，东部地区北京、辽宁、上海、江苏、浙江泰尔指数为负值，说明东部地区这些省份处于不利地位的指标较多，不公平程度较深。中部地区泰尔指数均值均为正值，说明中部地区 2015 年 7 个指标均处于有利地位。安徽省 7 个指标泰尔指数在 2015 年均为正值，说明该省份整体处于有利地位；没有一个指标在所有省份泰尔指数中均为正值，说明中部地区的没有一个指标分配处于有利地位；从总体 7 个指标来看，吉林、江西泰尔指数为负，说明这两个省份占不利地位的指标较多，不均衡程度较深。西部地区泰尔指数平均值有两个指标为负值，分别是地方财政预算支出和体育场地设施面积，说明西部地区这两个指标在 2015 年处于不利地位。四川、云南两省的 7 个指标泰尔指数在 2015 年均为正值，说明这两个省份整体处于有利地位；没有一个指标在所有省份泰尔指数中均为正值，说明西部地区的没有一个指标分配处于有利地位；从总体 7 个指标来看，泰尔指数为负的省份有陕西、青海、宁夏，说明这些省份不利地位的指标较多，不均衡程度较深。

（六）2011～2015 年体育服务综合层面泰尔指数

从综合层面来看，在 2011～2015 年间，东部平均值为正值的指标是体育场地设施面积，均为负值的是体育事业支出；河北省除 2014 年以外所有指标均为正值；7个指标总体呈现负值且五年均出现的省份有北京、辽宁、浙江。中部地区7个指标在2011~2015年均为正值（除2014年国民体质监测站点数为负值以外），安徽省在除2014年以外所有指标均为在正值；7个指标总体呈现负值的有吉林（仅出现在2011年、2014年、2015年）。西部平均值数值均为正值的指标有体育事业支出和国民体质监测人数，均为负值的是地方财政预算支出；没有省份在五年里所有指标为正值，仅有四川在2013年和2015年指标均为正值；7个指标总体呈现负值有西藏（除2015年之外）。其中2014年全国所有省份7个指标整体都呈现负值，说明2014年地区不均衡性较为严重。

六、基于泰尔指数分解的组间及组内差异统计分析

泰尔指数具有可分解性，便于清晰地分析出组间差异和组内差异对总差异的贡献情况，见表3-48~表3-55、图3-4~图3-11。

表3-48　　2011~2015年我国区域体育公共服务泰尔指数计算结果分布

年份	东部地区	中部地区	西部地区	区域内部	区域之间	总差异	区域内贡献率	区域间贡献率
2011	0.0319	0.0454	0.0781	0.0076	0.0039	0.0116	0.6590	0.3410
2012	0.0484	0.0423	0.0466	0.0056	0.0028	0.0084	0.6708	0.3292
2013	0.0834	0.0064	0.0331	0.0045	0.0025	0.0070	0.6474	0.3526
2014	0.0272	0.0569	0.0428	-0.0082	-0.0044	-0.0127	0.6494	0.3506
2015	0.0319	0.0245	-0.0449	0.0033	0.0016	0.0049	0.6765	0.3235

资料来源：财政部官网（www.mof.gov.cn）和《中国体育事业统计年鉴》（2012~2016年）。

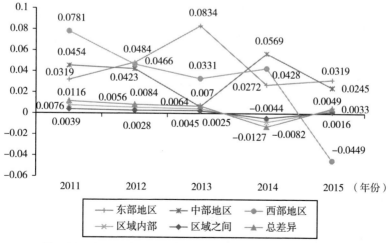

图3-4　2011~2015年我国体育公共服务泰尔指数变化趋势

资料来源：财政部官网（www.mof.gov.cn）和《中国体育事业统计年鉴》（2012~2016年）。

表 3 – 49　　　　2011~2015 年我国体育公共服务一般预算支出泰尔指数结果分布

年份	东部地区	中部地区	西部地区	区域内部	区域之间	总差异	区域内贡献率	区域间贡献率
2011	0.0114	− 0.0197	0.0055	0.0017	0.0009	0.0026	0.6590	0.3410
2012	0.0106	− 0.0199	0.01957	0.0018	0.0008	0.0026	0.6784	0.3216
2013	0.1044	− 0.0205	0.0712	0.0016	0.0009	0.0025	0.6522	0.3478
2014	0.0105	− 0.0205	0.0704	0.0016	0.0009	0.0025	0.6503	0.3497
2015	0.0109	− 0.0201	0.0719	0.0015	0.0007	0.0023	0.6712	0.3288

资料来源：财政部官网（www. mof. gov. cn）和《中国体育事业统计年鉴》（2012~2016 年）。

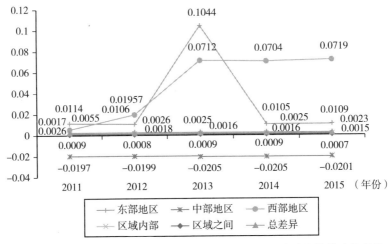

图 3 – 5　2011~2015 年我国体育公共服务一般预算支出泰尔指数变化趋势

资料来源：财政部官网（www. mof. gov. cn）和《中国体育事业统计年鉴》（2012~2016 年）。

表 3 – 50　　　　　　2011~2015 年我国体育公共服务体育公共
服务财政支出泰尔指数结果分布

年份	东部地区	中部地区	西部地区	区域内部	区域之间	总差异	区域内贡献率	区域间贡献率
2011	0.0278	0.0092	0.0052	0.0030	0.0012	0.0042	0.7212	0.2788
2012	0.0257	0.0135	0.0056	0.0049	− 0.0003	0.0046	1.0724	− 0.0724
2013	0.0372	0.0096	0.0056	0.0038	0.0018	0.0056	0.6793	0.3207
2014	0.0241	0.0082	0.0077	0.0031	0.0014	0.0046	0.6827	0.3173
2015	0.0251	0.0106	0.0056	0.0032	0.0014	0.0046	0.6957	0.3043

资料来源：财政部官网（www. mof. gov. cn）和《中国体育事业统计年鉴》（2012~2016 年）。

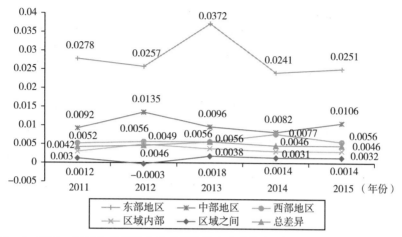

图 3 - 6　2011～2015 年我国体育公共服务体育公共服务财政支出泰尔指数变化趋势

资料来源：财政部官网（www. mof. gov. cn）和《中国体育事业统计年鉴》（2012～2016 年）。

表 3 - 51　　　　　2011～2015 年我国社会体育组织泰尔指数结果分布

年份	东部地区	中部地区	西部地区	区域内部	区域之间	总差异	区域内贡献率	区域间贡献率
2011	0.0093	0.0134	0.0090	0.0023	0.0015	0.0038	0.5951	0.4049
2012	0.0093	0.0069	0.0173	0.0007	0.0020	0.0028	0.2688	0.7312
2013	0.0158	0.0094	0.0049	0.0014	0.0008	0.0022	0.6282	0.3718
2014	0.0223	0.0032	0.0072	0.0010	0.0005	0.0015	0.6559	0.3441
2015	0.0230	0.0021	0.0062	0.0011	0.0005	0.0016	0.7090	0.2910

资料来源：财政部官网（www. mof. gov. cn）和《中国体育事业统计年鉴》（2012～2016 年）。

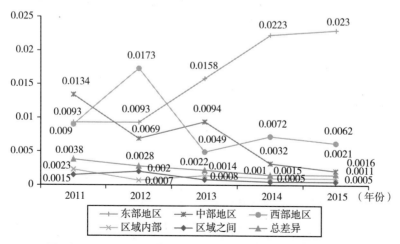

图 3 - 7　2011～2015 年我国社会体育组织泰尔指数变化趋势

资料来源：财政部官网（www. mof. gov. cn）和《中国体育事业统计年鉴》（2012～2016 年）。

表 3 – 52   2011～2015 年我国社会体育指导员泰尔指数结果分布

年份	东部地区	中部地区	西部地区	区域内部	区域之间	总差异	区域内贡献率	区域间贡献率
2011	0.0143	0.0109	0.0050	0.0015	0.0004	0.0020	0.7793	0.2207
2012	0.0534	0.0469	0.0205	0.0068	0.0001	0.0070	0.9789	0.0211
2013	0.2806	– 0.0039	– 0.0356	0.0088	0.0061	0.0149	0.5916	0.4084
2014	0.0268	0.0357	0.0537	0.0027	0.0010	0.0036	0.7364	0.2636
2015	0.0247	0.0222	0.0114	0.0017	0.0002	0.0016	0.8598	0.1402

资料来源：财政部官网（www. mof. gov. cn）和《中国体育事业统计年鉴》（2012～2016 年）。

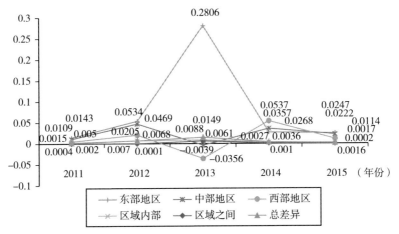

图 3 – 8   2011～2015 年我国社会体育指导员数泰尔指数变化趋势

资料来源：财政部官网（www. mof. gov. cn）和《中国体育事业统计年鉴》（2012～2016 年）。

表 3 – 53   2011～2015 年我国国民体质监测站点泰尔指数结果分布

年份	东部地区	中部地区	西部地区	区域内部	区域之间	总差异	区域内贡献率	区域间贡献率
2011	0.0445	0.0856	0.3326	0.0226	0.0120	0.0346	0.6536	0.3464
2012	0.0569	0.0536	0.0140	0.0064	0.0001	0.0065	0.9840	0.0160
2013	0.0628	0.0246	0.0341	0.0054	0.0022	0.0077	0.7106	0.2894
2014	0.0385	0.0612	0.0309	– 0.0812	– 0.0435	– 0.1247	0.6515	0.3485
2015	0.0711	0.0263	– 0.2339	0.0042	0.0018	0.0060	0.7018	0.2982

资料来源：财政部官网（www. mof. gov. cn）和《中国体育事业统计年鉴》（2012～2016 年）。

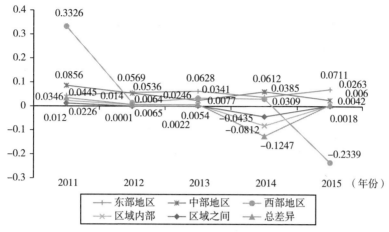

图3-9 2011～2015年我国国民体质监测站点泰尔指数变化趋势

资料来源：财政部官网（www. mof. gov. cn）和《中国体育事业统计年鉴》（2012～2016年）。

表3-54 2011～2015年我国国民体质监测人数泰尔指数结果分布

年份	东部地区	中部地区	西部地区	区域内部	区域之间	总差异	区域内贡献率	区域间贡献率
2011	0. 0491	0. 1419	0. 1522	0. 0070	0. 0030	0. 0100	0. 7010	0. 2990
2012	0. 0636	0. 1231	0. 0499	0. 0118	- 0. 0001	0. 0117	1. 0100	- 0. 0099
2013	0. 0288	0. 0213	0. 0364	0. 0026	0. 0010	0. 0036	0. 7216	0. 2784
2014	0. 0254	0. 2899	0. 0256	0. 0048	0. 0026	0. 0074	0. 65140	0. 3486
2015	0. 0272	0. 1111	- 0. 2299	0. 0056	0. 0029	0. 0085	0. 6556	0. 3444

资料来源：财政部官网（www. mof. gov. cn）和《中国体育事业统计年鉴》（2012～2016年）。

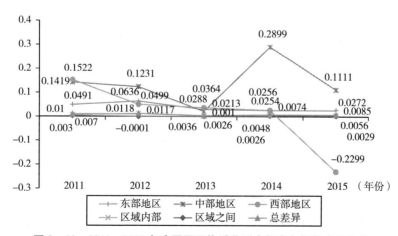

图3-10 2011～2015年我国国民体质监测人数泰尔指数变化趋势

资料来源：财政部官网（www. mof. gov. cn）和《中国体育事业统计年鉴》（2012～2016年）。

表 3 – 55   2011 ~ 2015 年我国体育场地设施面积泰尔指数结果分布

年份	东部地区	中部地区	西部地区	区域内部	区域之间	总差异	区域内贡献率	区域间贡献率
2011	0.0668	0.0761	0.0374	0.0157	0.0086	0.0238	0.6385	0.3615
2012	0.1191	0.0718	0.1995	0.0105	0.0132	0.0237	0.4433	0.5567
2013	0.0539	0.0042	0.1148	0.0079	0.0044	0.0123	0.6419	0.3581
2014	0.0426	0.0212	0.1043	0.0105	0.0060	0.0165	0.6357	0.3643
2015	0.0415	0.0194	0.0541	0.0063	0.0036	0.0100	0.6362	0.3638

资料来源：财政部官网（www. mof. gov. cn）和《中国体育事业统计年鉴》（2012 ~ 2016 年）。

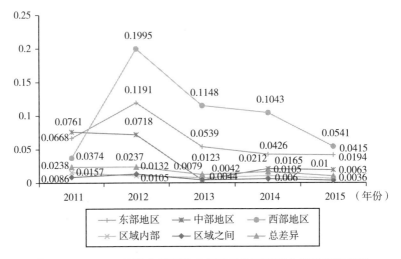

图 3 – 11   2011 ~ 2015 年我国体育场地设施面积泰尔指数变化趋势

资料来源：财政部官网（www. mof. gov. cn）和《中国体育事业统计年鉴》（2012 ~ 2016 年）。

（1）从一般预算支出泰尔指数的地区分解看，2011 ~ 2015 年区域内差异占地区差异的比重一直在 0.65 ~ 0.68，波动幅度不大，但一直大于区域间泰尔指数，说明区域内差异是一般预算支出差异的主要致因。2014 ~ 2015年，西部地区远大于东部和中部地区，说明西部地区省份间一般预算支出存在较大的差异。从波动趋势来看：中部地区在 2012 ~ 2014 年经历了大幅上涨和大幅下降，但 2014 ~ 2015 年又回归平稳，说明东部地区内部的不均衡性状态逐步改善，西部地区一直呈现上升趋势，2015 年达到其五年间的最高值，说明西部地区省份之间的不均衡现象越来越严重，中部地区的均衡状况较稳定，东部地区还存在时而大幅波动的现象，西部地区的资源配置均衡性较差。

（2）从体育事业经费投入泰尔指数地区分解看，区域内泰尔指数大于区域间泰尔指数，说明区域内各省份的不均等是造成体育经费投入配置差异的主要因素。东部地区大于中部和西部地区，说明东部地区内部省份之间的体育事业经费投入存在着较大的差异。从波动趋势上看，中部和西部地区较平稳，东部波动较大，且有逐渐增长的趋势。从总体上看，西部地区的泰尔指数数值最小，说明西部区域内各省份间体育事业经费投入配置相对均衡。东部地区泰尔指数数值最大，说明东部区域内各省份间体育事业经费支出配置均衡性较差。

（3）从社会体育组织泰尔指数的地区分解看，除2012年以外，区域内泰尔指数大于区域间泰尔指数，说明区域内各省份不均等是造成社会体育组织配置差异的主要因素。从波动趋势上看，东部地区一直呈现上升的情况，而中部地区一直呈现下降的趋势，说明东部地区内部的不均衡状况在进一步恶化，中部地区内部的不均衡状况在不断改善。从总体上看，西部地区虽有大幅波动的过程，但是波动幅度已逐渐下降，说明西部地区内部的不均衡状况也在逐渐改善。

（4）从社会体育指导员泰尔指数的地区分解看，区域内泰尔指数大于区域间泰尔指数，说明区域内各省份的不均等依然是造成社会体育指导员配置差异的主要因素。从波动趋势上看：东部地区在2012～2014年经历了大幅波动后趋于平稳，且呈现小幅下降。从总体上看，东部地区经历了大幅上升和下降的过程，中部、西部两个地区波动幅度较小，且东部、中部、西部三个地区逐渐减少，说明三个地区内部的不平衡状态都在逐步改善。

（5）从国民体质监测站点泰尔指数的地区分解看，区域内泰尔指数远大于区域间泰尔指数，说明区域内各省份的不均等是造成国民体质监测站点配置差异的主要因素。从波动趋势上看：西部地区波动幅度较大，且整体呈减少趋势，说明西部地区内部的不均衡状况在不断改善，国民体质监测点的配置均衡性不断提高，东部和中部的地区波动较小。从总体上看，最低值和最高值分别出现在西部地区的2011年和2015年，说明下降幅度明显，资源配置的均衡性改善的速度较快。

（6）从国民体质监测人数泰尔指数的地区分解看，区域内泰尔指数依然超过区域间泰尔指数，说明区域内各省份不均等是造成国民体质监测人数配置均衡的主要因素。从波动趋势来看，中部地区小幅下降后大幅上升，随后大幅下降，东部和西部地区一直呈下降趋势，说明东部和西部地区省份之间国民体质监测人数配置在逐渐改善。从总体上看，最高值位于2014年的中部地区，从图中可以看出，中部地区的曲线一直位于东部和西部的上方，表明中部区域内各个省份之间的国民体质监测资源配置存在不均衡。

（7）从体育场地设施面积泰尔指数的地区分解看，除 2012 年以外，区域内泰尔指数均大于区域间的泰尔指数，说明区域内各省份的不均等还是造成体育场地设施面积配置不均衡的主要因素。从波动趋势上看，东部、中部、西部地区都有明显波动的过程，且整体趋势是逐渐减少的，说明三个地区内各省份之间体育场地设施面积配置水平在不断提高，最高值出现在 2012 年的西部地区。从整体上看，西部地区高于东部地区，东部地区高于中部地区，而中部地区各省份间的资源配置相对较均衡，虽然东部、西部较中部地区高，但是也有明显的下降趋势，说明东部和西部区域内各省份之间的不均衡状态在逐渐改善。

我国体育公共服务资源配置地区差异明显（见表 3 - 56），地方财政预算支出的泰尔指数最大值（0.0026）出现在 2011 年、2012 年，最小值（0.0023）出现在 2015 年，平均值为 0.0025；体育事业财政支出的泰尔指数最大值（0.0056）出现在 2013 年，最小值（0.0042）出现在 2011 年，平均值为 0.0047；社会体育组织数量泰尔系数最大值（0.0038）出现在 2011 年，最小值（0.0015）出现在 2014 年，平均值为 0.0014；社会体育指导员数泰尔指数最大值（0.0149）出现在 2013 年，最小值（0.0016）出现在 2015 年，平均值为 0.0058；国民体质监测人数泰尔指数最大值（0.0117）出现在 2012 年，最小值（0.0036）出现在 2013 年；平均值为 0.0082；国民体质监测站点泰尔指数最大值（0.0346）出现在 2011 年，最小值（-0.1247）出现在 2014 年，平均值为 -0.0140；体育场地设施面积泰尔指数最大值（0.0238）出现在 2011 年，最小值（0.0100）出现在 2015 年，平均值为 0.0172。从均值的比较中可以看出，人均场地设施面积的泰尔指数的均值最大，社会体育组织的泰尔指数均值最小，配置的均衡性最好，详细排名见表 3 - 57。

表 3 - 56　　　　2011 ~ 2015 年我国体育公共服务不同指标泰尔指数分析

年份	地方财政预算支出泰尔指数	体育事业财政支出泰尔指数	社会体育组织数量泰尔指数	社会体育指导员数泰尔指数	国民体质监测人数泰尔指数	国民体质监测站点泰尔指数	体育场地设施面积泰尔指数	综合泰尔指数
2011	0.0026	0.0042	0.0038	0.0020	0.0100	0.0346	0.0238	0.0116
2012	0.0026	0.0046	0.0028	0.0070	0.0117	0.0065	0.0237	0.0084
2013	0.0025	0.0056	0.0022	0.0149	0.0036	0.0077	0.0123	0.0070
2014	0.0025	0.0046	0.0015	0.0036	0.0074	-0.1247	0.0165	-0.0127

续表

年份	地方财政预算支出泰尔指数	体育事业财政支出泰尔指数	社会体育组织数量泰尔指数	社会体育指导员数泰尔指数	国民体质监测人数泰尔指数	国民体质监测站点泰尔指数	体育场地设施面积泰尔指数	综合泰尔指数
2015	0.0023	0.0046	0.0016	0.0016	0.0085	0.0060	0.0100	0.0049
平均值	0.0025	0.0047	0.0024	0.0058	0.0082	-0.0140	0.0172	0.0038

资料来源：财政部官网（www. mof. gov. cn）和《中国体育事业统计年鉴》（2012～2016年）。

表3-57　　2011～2015年我国体育公共服务资源配置各项指标的均衡性排序

指标	泰尔指数数值	泰尔指数排序
省级政府一般预算支出	0.0025	2
体育公共服务财政投入	0.0047	3
社会体育指导员	0.0058	4
社会体育组织	0.0024	1
国民体质监测站点个数	-0.0140	6
国民体质监测人数	0.0082	5
人均场地设施面积等指标	0.0172	7

资料来源：财政部官网（www. mof. gov. cn）和《中国体育事业统计年鉴》（2012～2016年）。

本 章 小 结

（1）我国体育公共服务财政投入的规模从"一五"时期到"十二五"时期总体额度在逐渐增加，特别是从"六五"时期的25.68亿元上升到"十二五"时期的1758亿元，增长了近70倍，这对于促进我国体育公共服务的快速发展起着至关重要的作用。然而，同时期的政府财政支出则由"六五"时期的7483.18亿元上升为"十二五"时期的703076亿元，额度提升了近百倍，反映了我国体育事业财政支出在国家财政支出占比的降低。同时，体育公共服务与教育、科学技术，卫生等领域财政支出总额相差较大，在财政支出中的占比相对也很小，相对规模较小。

（2）我国体育公共服务财政支出存在着结构失衡的问题。从区域结构上来看，东部地区体育事业财政支出高于中西部经济欠发达地区，这也导致了中西部落后地区公共体育服务设施建设滞后。东部地区的北京、上海、天津、浙江、海南等省份以及西部地区的西藏、宁夏、新疆、青海等省份的人均体育事业财政支出额度远高于中部的河南等省份。而"十二五"时期，除东部体育公共服务人均财政支出额度高于全国平均值外，西部、中部和东北部三个区域的平均值均低于全国平均值，表明我国体育公共服务发展仍然需要各级政府加大投入，特别需要在经济欠发达地区加大投入。

（3）我国有 16 个省份公共体育服务财政投入存在冗余现象，人均体育公共服务财政投入和人均体育公共服务财政投入占公共财政支出比例均存在不同程度的冗余；而体育公共服务产出不足的问题更为严重，产出不足的省份占全国 31 个省份的 64.5%，指标主要集中在人均场地设施面积、社会体育指导员人数和年度每万人参加国民体质监测人数。这三个产出指标是衡量各省份体育公共服务事业改进空间最主要的指标。我国 31 个省份需要根据自身存在的不足，合理配置体育公共服务财政资源，减少投入冗余和产出不足等相关问题，提高资源生产效率。

（4）我国 31 个省份中，体育公共服务有 8 个省份为技术—规模共同推动型、8 个省份是技术创新型、5 个省份属于规模驱动型，其他 10 个省份为传统双低效型。针对技术创新型的省份，体育公共服务供给规模尚不足以满足居民的实际需求，需要加大其财政投入；规模驱动型的省份需要提高体育公共服务财政的管理和生产技术水平；而传统双低效型意味着各省份体育公共服务财政支出纯技术效率和规模效率均处于比较落后的状态，但也是发展空间最大的省份，这 10 个省份需要从技术水平和规模结构两个方面入手，提升体育公共服务财政支出效率。

（5）我国 31 个省份 2011～2015 年体育公共服务综合效率稳定性较差，离散程度较大，各地区体育公共服务财政效率差距较大。并且，31 个省份体育公共服务的全要素生产率、综合效率变化值、技术变化相对较差，纯技术效率变化和规模效率变化的稳定性与其他指标的差距相对较小。中国 31 个省份间体育公共服务效率差异巨大，且效率水平受到经济发展、财政支出结构、公众受教育水平和社会发展等因素的影响，其中，财政分权情况、人均 GDP 两个指标对体育公共服务财政效率产生正向作用，人口密度和大专及以上文化程度人口占比和体育公共服务财政效率负相关，仅大专文化程度以上人口占比与体育公共服务财政效率具有显著相关性。我国体育公共服务事业发展需要致力于改善可控因素，这有益于体育公共服务效率的提升。

（6）从我国体育公共服务资源配置差异来看，地区差异明显，地方财政预算支出的泰尔指数在 2011 年、2012 年达到最大值（0.0026），最小值（0.0023）出现在 2015 年，平均值为 0.0025；体育公共服务财政支出的泰尔指数最大值（0.0056）出现在 2013 年，最小值（0.0042）出现在 2011 年，平均值为 0.0047；社会体育组织数量泰尔系数最大值（0.0038）出现在 2011 年，最小值（0.0015）出现在 2014 年，平均值为 0.0014；社会体育指导员数泰尔指数最大值（0.0149）出现在 2013 年，最小值（0.0016）出现在 2015 年，平均值为 0.0058；国民体质监测人数泰尔指数最大值（0.0117）出现在 2012 年，最小值（0.0036）出现在 2013 年，平均值为 0.0082；国民体质监测站点泰尔指数最大值（0.0346）出现在 2011 年，最小值（−0.1247）出现在 2014 年，平均值为 −0.0140；体育场地设施面积泰尔指数最大值（0.0238）出现在 2011 年，最小值（0.0100）出现在 2015 年，平均值为 0.0172。

（7）从区域体育公共服务财政预算支出泰尔指数来看，中部地区的均衡状况较稳定，东部地区存在偶尔的大幅波动，西部地区资源配置均衡性较差；从体育事业经费投入泰尔指数的地区分解看，西部地区的泰尔指数数值最小，西部区域内各省份间体育事业经费投入配置相对公平。东部地区泰尔指数数值最大，说明东部区域内各省份间体育事业经费支出配置均衡性较差；从社会体育组织泰尔指数的地区分解看，西部地区虽有大幅波动的过程，但是波动过后又呈逐渐下降的趋势，说明西部地区内部的不均衡状况在逐渐改善；从社会体育指导员泰尔指数的地区分解看，东部地区经历了大幅上升和下降的过程，中部、西部两个地区波动幅度较小，且东部、中部、西部 3 个地区都有逐渐减少的趋势，说明 3 个地区内部的不平衡状态都在逐步改善；从国民体质监测站点泰尔指数的地区分解看，西部地区波动幅度较大，且整体是减少趋势，说明西部地区内部的不均衡状况在不断改善，国民体质监测点的配置均衡性不断提高，东部和中部的地区波动较小；从国民体质监测人数泰尔指数的地区分解看，中部地区先小幅下降、再大幅上升、然后大幅下降，东部和西部地区一直呈下降趋势，说明东部和西部地区内部省份之间的国民体质监测人数配置均衡性在逐渐改善；从体育场地设施面积泰尔指数的地区分解看，西部地区高于东部地区，东部地区高于中部地区，由此看出，中部地区各省份间的资源配置相对均衡，虽然东部、西部地区较中部地区高，但是也有明显的下降趋势，说明东部和西部区域内各省份之间的不均衡状态在逐渐改善。

（8）我国体育公共服务 2011～2015 年的社会体育组织泰尔指数为 0.0024，均衡性在测度指标中最好，人均场地设施面积泰尔指数为 0.0172，泰尔指数数值最高，配置的均衡性水平相对为最低。配置均衡性排在第二至第六位的依次为省级政府一般预算支出（0.0025）、体育公共服务财政投入（0.0047）、社会体育指导员（0.0058）、国民体质监测人数（0.0082）和国民体质监测站点个数（−0.0140）等指标。

第四章

国外体育公共服务供给经验与启示

我国体育公共服务无论是在理论上还是实践上均处于摸索阶段，在体育公共服务建设上，迫切需要参考国际上的成熟经验，避免在体育公共服务发展过程走弯路。

第一节 美国体育公共服务供给及其特点分析

20 世纪 90 年代，美国体育公共服务变革强调"以人为本"，联邦政府将重点放在了政策制定、法规调控以及宏观监督等方面，为参与具体经营的市场和社会主体提供资金、政策支持，政府更多定位于掌舵者的角色，社会和市场主体作为体育公共服务发展的双桨，协同推动着体育公共服务的发展。

一、组织保障

美国体育公共服务由联邦政府、各州和地方政府 3 级行政机构制定政策和提供资金来保障和推进。美国联邦政府内部并没有设立专门的部门管理体育公共服务，是典型的社会主导型国家。研究资料表明，联邦政府中有 70多个机构与体育公共服务的发展有关；在管理的过程中参与的部门就有 12个之多，其中 8 个部门与体育公共服务的发展有关，其中，内政部、农业部、国防部、交通部、住宅与城市规划部、环保署这 6 个部门负责修建和维护公共体育服务场地与设施，卫生与公共事业部主要负责制定大众健康政策以及体育活动评价标准，而体质与体育委员会则属于专家咨询机构，主要负责公共体育服务发展政策制定，并不具有行政管理职能。[①] 美国州政府体育

---

① 周兰君. 美国大众体育管理方式管窥 [J]. 体育学刊, 2010, 17 (9)：46 – 49.

公共服务职能主要包括：体育公共服务发展相关法律的制定，体育公共服务开展场地设施的提供，与联邦政府在公共体育服务发展上进行信息沟通与合作。美国社区体育的管理部门通常是公园和休闲委员会，一般包括筹划部、活动服务部以及综合部 3 个部门，[①] 社区政府的公园与休闲管理部门负责建设、维护社区内的体育休闲区域与设施，并与体育社团、学校开展多种形式的合作，[②] 是美国政府提供体育公共服务的重要载体。美国参与具体的城市社区体育公共服务体系建设的部门就有 11 个，如开垦局、内政部土地管理局、国防部工程兵团负责社区体育休闲管理服务，健康与社会福利部、教育部、农业部、劳动部负责社区体育的技能培训组织工作，房产与城市建设部负责社区体育设施的规划，社区体育指导性工作则由当地政府休闲与公园部门、文化部门、健康卫生部门等负责。[③] 另外，美国社区体育的组织形式是俱乐部制，社区体育俱乐部是美国群众体育开展的主体。社区体育俱乐部主要包括两种：一种是民间自行组织的社区体育俱乐部，一种是政府部门管理的社区体育俱乐部。[④]

二、制度建设

美国没有专门的体育行政机构，主要是利用现有的各种联邦宪法和各州颁布的法规对体育公共服务运行进行有效的控制和管理。《代理法》《合同法》《劳资法》《公共管理法》《平等权力保护修正法》《劳动关系法》《反垄断法》《人权基本法》《反对年龄歧视法》《残疾人保护法》以及《商标法》《贸易法》和《许可证法》则是主要手段和措施；如 1972 年，美国颁布《第九教育修正案》，从 20 世纪 70 年代起，美国在妇女体育、体育新闻、残疾人体育、制止体育暴力、体育教育等方面也颁布相关法规，用以保护民众平等的体育参与权利。[⑤] 这些法规已成为体育公共服务管理中所必须遵循的法规条例，在一定程度上为体育公共服务供给及运行提供了法律保障。

美国的体育政策主要由《美国业余体育法》统领，各州在此项法律约束下制定本地区的体育政策。美国的体育政策由地方体育政策和一些体育社

① 刘同众，戴宏贵. 日、美社区体育建设与管理的探究与启示 [J]. 西安体育学院学报，2013，30（4）：397 - 401.

② Ronald B W. Social issues in sport [M]. Champaign, Illinois: Human Kinetics, 2007: 218 - 222.

③ 刘玉. 发达国家体育公共服务社会化改革经验及启示 [J]. 成都体育学院学报，2011，28（3）：294 - 300.

④ Nils A. Sport policy: A comparative analysis of stability and change [M]. Burlington: Elsevier Ltd, 2007: 227 - 228.

⑤ 周兰君. 美国大众体育管理方式管窥 [J]. 体育学刊，2010，17（9）：46 - 49.

团的内部政策构成。① 美国联邦政府中与体育公共服务发展有关的部门自 20 世纪 70 年代以来制订了一系列国民健康促进政策；从 1979 年开始，美国的卫生与公共事业部每隔 10 年就颁布一次大众健康政策，如《健康公民：卫生署关于预防疾病与促进健康的报告》（1979 年颁布）、《健康公民 2000：预防疾病和促进健康的国家目标》（1990 年颁布）、《健康公民 2010：促进健康的国家目标》（2000 年颁布）等一系列发展目标，其中的"健康公民 2000"中明确规定了美国城市社区公共体育服务设施建设的具体标准。这些政策的特点是强调跨部门合作、可操作性、可评估性与可持续性。② 美国各地政府根据自身实际情况制定相应的体育公共服务政策，在具体的执行过程中，政府通过各种方式对私营部门、非营利部门进行竞争性选拔之后，由他们承担公共体育服务的相关管理工作。③ 一系列法规条规制度与体育政策构筑了美国体育公共服务有效供给的制度保障，见表 4 - 1、表 4 - 2。

表 4 - 1　　　　　　　　　　基础性机构及政策法规统计

年份	机构及法规
1848	美国第一个体育协会组织成立
1862	出台《莫里尔法案》
1866	加州立法要求体育进入学校
1888	纽约通过了第一个户外运动保护法案
1916	政府成立国家公园服务部
1920	美国休闲与公园协会的成立
1958	联邦政府成立户外休闲资源审查委员会
1962	联邦内政部设立户外娱乐管理局
1965	国会通过《联邦规划休闲法》《联邦水上娱乐法案》
1968	通过《国家探险路径法》《野外风景区法案》
1973	国会通过《康复法案》
1975	颁布《残疾人全员教育法案》
1978	国会通过《业余体育法》
1990	颁布《美国残疾人法》《健康公民 2000》
1997	国会通过《残疾人教育法案》

资料来源：根据相关研究资料整理所得。

---

① 王家宏. 我国公共体育服务体系研究 [M]. 苏州：苏州大学出版社，2016：5.

② Progress review of physical activity and fitness of healthy people 2010 [S]. Department of Health and Public Service, Washington DC：Public Health Service, 2008：2 - 4.

③ 周传志. 当代美国体育发展的特点及其启示 [J] 体育文化导刊, 2006 (4)：78 - 80.

表 4 - 2　　　　　　　　　　　　　指导性政策指南统计

年份	政策
1980	出台《健康公民 1990》
1996	亚特兰大奥运会开幕前发表《体育活动与健康：卫生署的报告》
2000	出台《健康公民 2010》
2001	推出《大众计划》《促进老年体育的国家计划》
2005	出台《健康公民 2010 中期回顾》
2008	出台《美国人体育活动指南》
2009	推出《个人健康投资法案 PHIT》
2010	出台《健康公民 2020》《国民体力活动计划》
2011	出台《国家蓝皮书：促进 50 岁以上成年人身体活动》

资料来源：根据相关研究资料整理所得。

美国公共服务部对国民体力活动的科学化指导制定了一系列的计划或指南：1972 年，美国心脏协会发布《医师手册》；1978 年，美国运动医学学会发布《促进和保持成年人健康的身体锻炼质与量推介》；1985 年美国公共服务部和美国农业部联合出版《美国居民膳食指南》；20 世纪 90 年代，美国运动医学学会发布了《促进和保持成年人心肺、肌力、柔韧性的身体锻炼质与量推介》；1995 年，美国运动医学学会和美国疾控中心联合发布《体力活动和大众健身指南》；1996 年，美国卫生署《身体活动和健康报告》；1997 年，政府及主要社会组织联合颁布的《促进青年人终身体育学校和社区规划指南》；2000 年，美国健康与公共事业部颁布的《通过身体活动和竞技运动提升青年人健康水平》；2001 年，国家疾病控制和预防中心颁布的《增进身体活动：社区预防服务工作小组的建议报告》《国家蓝皮书：促进50 岁以上成年人身体活动》；2008 年，美国卫生与福利部颁布的《美国人体育活动指南》。

美国政府对公共服务购买行为有明确的法律规定与制度安排，共有 8 部法律，分别为：《合同竞争法》《购买美国产品法》《联邦财产与行政管理服务法》《诚实谈判法》《小企业法》《信息自由法》《及时支付法》《WTO 政府采购协议》。此外，而《公共合同法》和实施规则《联邦采购规则》（FAR）是规范政府购买服务合同的法律，用于对政府购买公共体育服务的原则、方式、程序、监管、评价与仲裁等方面进行指导与规范。在各州级政府，各州宪法对体育公共服务采购的权利进行具体规定，州立法机关制定的相应法律予以补充：第一，购买体育服务项目立项时必须进行全面的可行性论证；第二，承接主体的招标以竞争性选拔为主；第三，体育公共服务购买合同签订坚持"最低价格"和"最优价值"原则。

三、场地设施

美国向公众提供的体育场地设施主要体现在社区体育中心的建设上，社区体育中心是其服务的重点和基础，同时也是体育公共服务得以实施的基本载体。20世纪30年代，在美国在经济大萧条阶段拨出15亿美元专款用于修建社区体育中心。二战以后，美国政府颁布相关法律，规定社区体育中心的基本标准，并通过拨出专款和建立相关基金的方式投资社区体育中心的建设。美国1990年颁布的《健康公民2000》把增加城市社区体育中心的数量作为一个重要的指标，[1]并明确规定，至2000年，美国城市社区每10000人要建设1.6千米野营、自行车或健身路径，每25000人要建1个公共游泳池，每1000人要建24.28亩开放的休闲公园。这些指标在1996年就已提前完成。2009年，美国总统奥巴马批准了投资12亿美元在全国城市社区建设步道与自行车道的计划，社区体育健身场所和城市交通得到了发展。美国几乎每个社区都有自己的社区体育活动中心，一般由室内和室外设施组成。室内设施包括多用途体育馆、健身房、游泳池等，可以开展乒乓球、羽毛球、游泳、舞蹈、电子与机械游戏以及健身与锻炼活动。户外体育设施包括高尔夫球场、网球场、游泳池、钓鱼池、野营地等，在这些地方还可以开展骑马、滑翔、航空模型等体育活动。社区体育中心还辟有更衣室、大厅、游戏室、俱乐部会议室、快餐店、阅览室等附属设施。目前，美国社区一般都建有公共休闲公园，它往往是公共运动场和休闲公园的结合体。各社区还建有社区体育中心，具有多种体育设施，开展各种体育活动，这些公共体育设施一般都免费或低价向社区居民全天开放。[2]每年在国家公园和社区公园中参加户外活动的居民约为1.8亿人次和7.6亿人次。[3]

同时，美国政府在社区体育中心引入市场机制，建设了一些高档的游泳池、网球场、高尔夫球场、剑道馆、健身馆等，这些场馆设施一般由政府投资兴建，管理运营工作委托给专门的私人管理公司负责；这些私人管理公司一般规模较大，比较注重对场馆设施提供专业化和规模化的管理，有利于提高场馆设施的利用效率和日常维护保养效果，如美国最为著名的场馆设施管理公司SMG公司。美国对老年人体育非常重视，美国环保署、老龄署从

---

① 谭晶，王正然. 美国大众体育健身服务业发展研究及其启示［J］. 南京体育学院学报（社会科学版），2010，24（5）：73 – 75.

② 王才兴. 体育公共服务国际比较及启示［J］. 体育科学，2008，29（1）：27 – 31.

③ 刘芳. 中外公共体育服务体系构建比较研究［J］. 山东体育科技，2015，37（1）：26 – 30.

2001 年开始逐渐在各个社区专门修建健康老龄化场地设施；① 对初次健身的老人一般会由一定经验的社区体育指导员首先进行严格的健康诊断，根据诊断结果安排老人的健身计划。② 此外，美国十分看重学校体育设施的综合利用。美国学校体育设施可能是世界各国中条件最好的，大概有超过 2 万个体育馆，政府和学校共同制定开放计划，尽可能地向公众开放，满足公众的公共体育服务需求。③

四、经费投入

美国体育公共服务经费投入并非全部由国家政府财政承担，而是采用政府与市场相结合的方式，通过制度创新，形成了"公办民营"或者"民办公助"的新模式。如在一些基础性体育设施的建设一般都是由政府投资，而一些半公共的、可以盈利的体育公共服务，则鼓励市场、社会投资。除了资源共享外，每一方还需要承担起在提供服务或设施的过程中存在的风险，并且共享回报。④ 特别是在社区体育的发展建设上，美国倡导在以政府为主导投资公共体育设施建设的同时，鼓励企业或社会组织共同兴建社区体育设施，进而丰富社区体育的资金来源渠道。⑤ 美国州政府或市政府在体育场馆的建设、扩大和修缮的资金主要来源于发行债券，一般包括义务公债、收益公债、参与凭证以及租税增额融资等，而在大型体育场馆的建设上则主要采用公私联合融资模式（PPP）和建设—运营—移交模式（BOT）。⑥

五、监督评价

美国较为重视先期对国民体育活动的调查、监督与评价。如在制定"健康公民 2000"过程中，美国健康与社会福利部所属的 3 个健康机构从 1985 年起逐年对国民的体育活动现状进行了调查（样本量为 4 万～10 万人不等）。该部于 1986 年建立了筹划指导委员会，全面指导这项工作。召开了一系列大规模的论证会后，最终在 2000 年公布了长达 700 页的《健康公民 2000》的报

---

① Healthy people 2010：National health promotion objectives［S］. US Department of Health and Human Services，Public Health Service. Washington DC：DHHS publication，2000：33 - 36.

② B Houlihan，A White. The Politics of Sports Development：Development of Sport or Development through SPORT?［M］. London：Routledge，2002：80 - 83.

③④ 李凤芝，索烨，刘玉. 美国公共体育服务社会化改革及启示研究［J］. 沈阳体育学院学报，2016，35（2）：19 - 25.

⑤ Jay J C. Sport in society：Issue and controversies［M］. New York：Mc Graw-Hill，2004：354 - 356.

⑥ 美国地方政府公共服务资源的源泉［EB/OL］. http：//tgs. Ndrc. gov. cn/tzbj/t20060313_62858. htm，2013 - 03 - 10.

告。美国各州均建立了《健康公民2000》的目标管理数据库，并建成高度现代化的信息网络。① 在市场化运营的公共体育服务中，美国基本都采取监管与支持相结合：一方面对市场主体进行严格监管，另一方面通过多种方式例如经济资助以及体育设施来给它们提供必要的帮助。但在这一过程中，政府的监管特别严格，对市场的定价、供给质量等均有明确的规定，当前美国对体育公共服务的市场主要是借助完备的法律体系与多元监督网络进行监管。② 政府对体育公共服务的监管主要是通过制定相关的法规、政策对其进行监督管理。对于损害社会利益的行为美国政府会设立相应的监管机构，而政府与公众也会联合进行监督，确保了体育公共服务的透明、均衡。

第二节　德国体育公共服务供给及其特点分析

一、组织保障

德国联邦政府在20世纪70年代就不再设立专门的体育管理行政机构，政府把体育管理的任务和权力交给了社会体育组织。德国最重要、最具权威的体育管理机构是德国体育联合会，国家体育政策的制定、实施以及体育资源的分配基本都是由德国体育联合会负责，政府在体育公共服务发展中可以对相关政策、措施提出建议，并对体育公共服务设施的建设提供资助，但它基本不干预体育公共服务管理事务，政府在体育公共服务管理中只扮演一个协作者的角色。③ 统一德国各种形式体育运动的核心组织是德国奥林匹克体育联盟（以下简称奥体联），除竞技体育外，公共体育也是奥体联的重要工作任务之一。这一非政府组织的成员包括16个州体育联合会，62个全国性质的专项体育协会和20个特殊体育协会（如德国体育科学协会、德国高校体育协会、德国企业体育协会等）。④

德国体育管理体制属于政府辅助、社团主导型，中央政府除对有关体育社团给予一定的经费支持外，不设立专门的体育管理机构，基本不干预体育的管理事务，充分保证体育的自治地位。体育俱乐部是德国体育组织的基本形式（见图4-1）。德国的联邦、州、地方3级政府分别采用不同方式管理

① 王才兴.体育公共服务国际比较及启示［J］.体育科研，2008，29（1）：27-31.

② Chris Gratton，Peter Taylor. Economics of sport and recreation［M］.London：E&FN SPON，2000：39-42.

③ 李向东.中国与德国体育管理体制的比较研究［J］.体育文化导刊，2005（5）：53-55.

④ 侯海波.德国大众体育发展现状及成功经验探析［J］.山东体育科技，2014，36（3）：95-99.

公共体育服务。（1）联邦政府。主要发挥总揽全局、协调各方的作用，当有些体育事务对国家有重要意义，而各州又不能单独承担的任务时，由联邦政府负责。德国联邦政府中有 11 个部门的职责涉及体育事务，内政部负责支持竞技体育的开展，国防部负责管理军队体育，家庭、老年人、妇女和青年部积极支持特殊群体的体育活动，外交部在政治文化事务的范围内促进体育运动的发展等，其中内政部最能代表政府对体育的关注。（2）州政府。每个州政府都设有主管体育的部门，通常由文化、青年和体育部管辖，个别州的体育事务由社会部和内政部主管。学校体育是德国各个州政府管理体育的主要体现，此外，也参与体育设施的建设与维护工作。（3）地方政府。城镇地方政府主要负责支持体育俱乐部的发展，管理体育设施的建设、维修和翻新。在这一级政府中通常设有专职的体育管理机构，有专门分管体育工作的负责人。根据德国的宪法规定，体育联合会和俱乐部享有组织上的自治，原则上，体育类协会和俱乐部经费自筹、自我管理，政府辅助性地进行资助，联邦政府不干涉其内部管理事务。

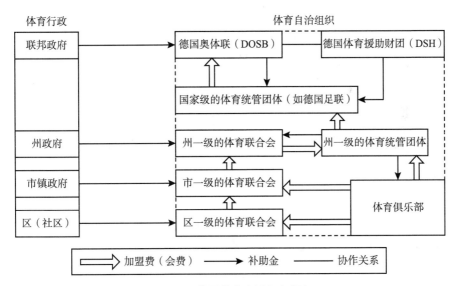

图 4 - 1 德国体育自治组织框架

资料来源：何金廖，张修枫，陈剑峰. 体与城市：德国城市绿色空间与大众体育综合发展策略 [J]. 国际城市规划，2017（5）：44 - 48.

俱乐部的存在和良好运作是德国群众体育发展的根本要素，而德国的群众体育也凸显了俱乐部机制优势。社会自治是德国俱乐部机制最大的特点。自治，就是按照联邦州、地区和城市等不同层面分层次解决，自愿、非营利。体育俱乐部接受体育管理部门和专项协会的指导与资助，拥有组织开展体育活动的充分自主权。体育管理部门和协会对体育俱乐部的管理一般采取分级、分协会管理的方式，并根据体育俱乐部的会员规模、年度计划、年度开展活动的次数、参加的人数及影响力等主要指标，给予不同的经费资助。① 德国体育组织管理模式是建立在俱乐部基础之上的，自 1816 年第一个体育俱乐部成立，到 2006 年，德国体育俱乐部的数量已达到 90467 个，会员 2732 万人，占全国人口的 33.4%。德国体育俱乐部绝大多数属于"注册协会"，根据德国的《协会法》，作为法人，"注册协会"具有法律行为能力。德国体育俱乐部的最大特点是非营利性，但俱乐部的运行不依靠政府的资助；俱乐部的收入主要通过会员缴纳会费并通过聘用兼职人员来降低成本，并且职位越高，兼职比例越高。不同级别、不同规模的体育俱乐部在德国体育公共服务中担负着重要的组织管理作用。②

二、制度建设

现阶段德国体育公共服务的制度建设主要体现在俱乐部体制的更加完善与大众体育政策的进一步加强，见表 4 - 3。2006 年，德国体育联合会与德国奥委会并为德国奥林匹克体育联合会，并成为管理和促进德国体育发展的最高组织机构，各类体育俱乐部均直接或间接地接受其管理。③ 德国的体育俱乐部在群众体育和全民健身方面发挥了重要的作用，目前德国大多数体育俱乐部都是大众健身俱乐部，即便是职业俱乐部，其中也有大量普通会员。职业俱乐部中的普通会员只需缴纳少量会费，就可以利用俱乐部的运动设施锻炼，并代表俱乐部参加各级别的联赛。④

在大众体育方面，"黄金计划"和"德国体育奖章"是多年来一直沿用的两项较为重要的政策与制度。"黄金计划"是德国奥林匹克委员会的下属组织德国奥林匹克协会于 1959 年提出的旨在兴建大量体育场馆的政策。黄金计划的实施得到了联邦德国政府、议会和各党派的支持，使德国体育场馆的数量与质量得到了较大的提升。⑤ 德国体育奖章制度从 1913 年开始推行，

① 鲁毅. 德国体育管理体制及其对我国体育发展的启示 [J]. 广州体育学院学报，2016，36 (4)：1 - 4.

② 刘波. 德国体育俱乐部建制探析 [J]. 体育与科学，2007，28 (3)：57 - 60，64.

③ 刘波. 德国体育体制研究对进一步完善我国体育体制的启示 [J] 北京体育大学学报，2011，34 (11)：5 - 9，14.

④ Rivenburgh K N. National image richness in US televised coverage of South Korea during the 1988 Olympics [J]. Asian Journal of Communication，1992，2 (2)：1 - 39.

⑤ Smith A. Reimaging the city：The value of sports initiatives [J]. Annals of Tourism Research，2005，32 (1)：217 - 236.

奖章由德国奥林匹克体育联盟颁发，旨在表彰那些通过测试、身体素质超过平均水平的人；自推行以来，该制度测试力量、速度、耐力和协调性等运动机能的宗旨一直未变。在发扬光荣传统的同时，该项制度也注意与时俱进，将滚轴溜冰和越野行走等富有时代感的项目纳入测验门类，力争使这项活动更加现代化，进一步增强德国体育运动奖章的吸引力。每年德国有 150 万~200 万人参加德国体育运动奖章的测试，超过 90 万人通过测试。[①] 此外，德国还于 1999 年和 2000 年分别实施了"东部黄金计划"并颁布了《德国体育指南》，[②] 且在 2000 年、2002 年分别发表和开始了《联合声明》与"体育使德国更好"的大规模全民健身活动。上述各项政策、制度共同构成了德国体育公共服务发展的制度保障。

表 4 - 3　　　　　　　　　德国体育公共服务相关政策

政策分类	政策名称	年份	政策内容
公共体育设施	"黄金计划"系列	1960~1975	为期 15 年，耗资 174 亿马克，其中地方政府承担 63%，总共修建了 67095 个体育设施，其中包括 31000 个儿童游乐场，14700 个中等规模的运动场，10400 个体育馆，5500 个学校体育馆，2420 个露天游泳池，2625 个教学游泳馆，50 个游泳馆
		1976~1984	此阶段在前一个计划的基础上对体育场馆设施建设提出了更高的要求和标准，具体规定了要达到的人均体育场馆面积：室外运动场人均面积 4 平方米、体育馆人均面积 0.2 平方米；游泳馆水面人均面积 0.01~0.25 平方米，露天游泳池水面人均面积 0.05~0.15 平方米等
		1985~1990	该计划有两个重点：一是升级改造现有场地，包括对现有场地设备进行现代化更新，以提高功能；二是通过各种方法新建若干体育场地设施，具体指标：新建 2000 个新体育场、6600 个练习场地、6400 个网球场、500 个壁球场、700 个射击场、50 个高尔夫球场、450 个跑马场和 600 个跑马馆

① 侯海波. 德国体育运动奖章体制简介 [J]. 中外群体信息，2009（3）：11 - 24.

② Deutscher Sportbund. Sport in Deutschland [M]. Frankfurtam Main：Deutscher Sportbund Generalsekretariat，2003：30 - 31.

续表

政策分类	政策名称	年份	政策内容
全民健身系列	德国体育奖章制度 体育的第二种方式	1913～1960	主要加强国民体育意识,提高了国民体育热情,达到了强身健体的目的,至 1988,年获此殊荣的民众已累计达 2000 多万人次 标志着第 1 次大规模全民健身活动的开始,是联邦德国的全民健身计划,目的是让"体育为所有的人服务",并以具体的措施让更多人参与体育
	锻炼活动 最佳的运动在俱乐部 体育使德国更好	1970, 1987～1994, 2002	主要内容是通过各种宣传鼓励民众参加健身活动,并争取改变民众对待体育锻炼的态度,鼓励民众积极加入俱乐部
俱乐部制度	德国宪法 俱乐部法	19 世纪末 20 世纪初	德国宪法规定了体育俱乐部和体育协会的自治性,确定了其"独立"和"自我负责"的基本原则,德国对非营利性体育俱乐部的发展提供了一些优惠政策,如实行减免税,大多数俱乐部不用交税。体育协会和体育俱乐部的捐赠者同样可以享受减免个人所得税的优惠政策。只有俱乐部成员才可免费使用体育场馆

资料来源:根据相关研究资料整理所得。

德国体育公共政策特点明显,主要是以独立和普及为导向,学者缪佳(2014)指出,德国全民体育建立在体育政策始终导向大众的基础上,并有普及性、公益性和持久性三大特征。首先,"黄金计划"系列的目的就是要让大多数民众在自己家门口找到免费的运动场所,为大众体育创造基本的设施条件。其次,德国体育的公益性是通过志愿者服务实现的。俱乐部成员交纳的会费很少,俱乐部成员的无偿工作有助于弥补经费的不足和保障俱乐部的运作,而这种志愿服务又是社会公益服务的一部分。最后,德国体育政策的持久性表现在:不仅有持续百年的"黄金计划",还有持续百年的"德国体育奖章"制度。侯海波认为,德国体育政策确定了体育独立和自我负责的基本原则,政府把体育管理的任务交给社会体育组织来完成,政府在体育管理中只扮演协作者的角色。[①]

---

① 侯海波. 德国大众体育发展现状及成功经验探析 [J]. 山东体育科技,2014,36 (3):95-99.

三、场地设施

德国的体育设施具有数量众多且遍布范围广的特点，这主要得益于"黄金计划"的制定与实施。自从"黄金计划"推行以来，德国先后拨款400多亿马克用于社区体育中心的建设。经过3个5年"黄金计划"的实施，德国社区体育中心及其他社区体育设施数量有了巨大增加。德国每4年对"黄金计划"的实施状况进行一次调查，并确定新的实施目标。[①] 近些年，德国的体育场地设施得到了明显的改善，这些场馆运行虽然说是采用市场化模式，但收取的费用是很低的，有许多的体育场馆只要交纳会费成为俱乐部的会员，就可以免费使用。[②] 在体育设施归属方面，乡镇是德国体育设施的第一大承担主体或经营者（约60%），拥有相当数量的露天体育设施、游泳池和体育馆；俱乐部是第二大承担主体，俱乐部拥有大批网球和射击设施。在老联邦州（联邦德国地区），俱乐部经营的体育设施平均超过30%，而新联邦州（民主德国地区）在15%左右。[③] 在体育设施的设计方面，德国注重因地制宜、经济实用。德国绝大部分体育场地设施在建设时能够实事求是地确定规模和种类，即既考虑最初的投资资本，又顾及未来的运营维护费用。如汉堡工业大学健身馆系利用旧厂房改建而成，内外几乎没有装潢，非常简约、实用。[④] 在体育场地设施的管理方面，德国也注意整合资源，综合利用，无论是公立学校还是私立学校，其体育场地设施都很好地实现了对公众开放。

四、经费投入

德国的体育公共服务经费来源渠道非常广泛，除政府对有关体育社团给予一定的经费支持外，其经费来源主要还包括：会员费、电视转播、体育彩票、俱乐部、社会捐助、门票、比赛、资产分红等。德国体育社会团体通过市场手段获得的经费通常占其总收入的80%左右，各级政府拨款只占总收入的10%左右。[⑤] 彩票收入是体育公共服务经费的主要获取渠道，家庭体育消费成为俱乐部经费来源的新型渠道。

---

① 王才兴. 体育公共服务国际比较及启示［J］. 体育科研，2008，29（1）：27-31.

② 刘玉. 体育公共服务市场化改革——发达国家经验及借鉴［J］. 北京体育大学学报，2012，35（11）：6-10.

③ 侯海波译. 德国体育场馆巡视［J］. 环球体育市场，2009（1）：61.

④ 赵国强. 德国体育场地设施建设与运营管理及其对我国的启示［J］. 体育工作情况，2012（16）：15-20.

⑤ 刘玉. 发达国家体育公共服务社会化改革实践及启示［J］. 成都体育学院学报，2011，37（3）：1-5.

在德国，企业赞助也是体育公共服务经费的重要来源。这类赞助不限于规模大的体育俱乐部，赞助商也不限于大牌企业，社区的小企业、小商店等也都加入到了俱乐部的赞助商行列。许多俱乐部都在俱乐部会所内张贴着赞助商的名单，以示感谢，并与企业保持着良好的关系。根据德国经济技术部公布的调研结果，德国大众体育 2010 年得到的企业资助约 20.5 亿欧元，大众体育的受助者数量约为 90000 家，受助者大部分为俱乐部。德国奥体联的大众体育合作伙伴多达 8 家，其中，德国储蓄和转账银行协会既是德国奥体联的奥运合作伙伴，又是其大众体育的合作伙伴。该企业在全德各地的银行网点与当地的体育俱乐部保持着紧密的联系，赞助体育俱乐部的活动。目前，德国储蓄和转账银行协会约 90% 的体育赞助经费流向大众体育，德国 80% 的体育俱乐部得到了其下属银行网点的赞助。①

五、监督评估

德国的体育监督机制多元化，主要来自三方面的监督：一是公众的监督；二是新闻舆论的监督；三是专门体育组织的监督。关于公众的监督，德国的《公民监督法》从法律上赋予公民具体的监督权，有专门的公民监督工作机构。关于新闻舆论的监督，德国设立了专门的监督、评估组织如德国体育运动会议。并且十分强调体育监督机构必须具备应有的地位和独立性，各级权力部门之间相互监督，绝不允许任何部门有不受制约的权力。通常，政府联合其他组织共同监管体育公共服务供给质量。例如在德国北威州，专门建立了一个调查机构，对体育行为进行调查，对可持续性发展进行预测，对整个德国大众体育进行规划，根据调研确定体育场地设施的结构、类型、数量、规模、选址，以确保"黄金计划"投资的有效性。德国的社会保险很发达，即便在各类免费体育场馆和场地设施中出现安全问题，大多经由保险解决治疗费用。②

第三节　俄罗斯体育公共服务供给及其特点分析

一、组织保障

苏联解体后，俄罗斯体育公共服务管理体制发生了裂变。目前，俄罗斯

---

① 德国经济技术部官网．Schlaglichter der Wirtschaftspolitik-Monatsbericht 02/2012 ［EB/OL］．http：//www.bmwi.de/Dateien/BMWi/PDF/Monatsbericht/Schlaglichter-der-wirtschaftspolitik － 02 － 2012，property = pdf，bereich = bmwi，sprache = de，rwb = true.pdf，2014 － 03 － 28.

② 刘芳．中外公共体育服务体系构建比较研究 ［J］．山东体育科技，2015，37 （1）：26 － 30.

体育公共服务管理体系在纵向上形成联邦、州、市和社区直接体育管理机构及相关政府部门 4 个层级，在横向上主要是与同级别的三军志愿体协、迪纳摩、俄罗斯青年体育协会等半官方性质的社团组织进行合作的管理体系。位于整个体育公共服务管理体系顶端的是俄罗斯联邦总统体育委员会，其负责国家整体的体育公共服务发展政策的制定与调控。[①]

二、制度建设

俄罗斯有关公共体育较为重要的政策有两个：一是 2006 年颁发《俄罗斯联邦 2006～2015 年体育运动发展计划纲要》（以下简称《十年规划》），其主要用于发展体育基础设施、支持教练事业和宣传健康的生活方式；二是 2009 年颁布的《俄罗斯联邦 2020 年前体育发展战略》，主要是宣传健康生活方式，建设更多高标准体育场馆。[②]《十年规划》制定民众体育健康纲要，保证体育措施能为社会各层次民众接受，制定优惠措施或无偿向缺少保障的公民提供体育设施，组织体育宣传，发放社会广告，展示体育和健康生活方式，提供比赛照明设备，开放体育中心，提供网络信息支持，保证高质量的体育服务。《俄罗斯联邦 2020 年前体育发展战略》计划建立国民体育教育新体系，制定并采取措施宣传体育运动是健康生活方式最重要的组成部分。力争达到的具体目标是提高俄罗斯进行系统体育锻炼的国民在总人口中的比例。第一阶段目标是从 2008 年的 5.9% 提高到 2015 年的 30%，第二阶段目标是 2020 年达到 40%。[③]

2014 年，俄罗斯联邦政府批准实施了《俄罗斯联邦发展体育运动国家计划（2013～2020）》。该计划在群众性体育运动方面做了规定与要求，如除了规划系统参加体育运动的人数占总人口数的比例外，还包括在职人员、大中小学生、残疾人系统参加体育运动的人数占其总数的比例，设置运动俱乐部的学校数占其总数的比例等。俄罗斯联邦幅员辽阔，有 83 个行政辖区，为了将上述群众性体育运动方面的计划指标落到实处，每项指标均细化到每个行政辖区的每个年度。[④] 2014 年，俄罗斯总统普京宣布正式恢复苏联时期的"劳动与卫国制度"（以下简称"劳卫制"），劳卫制将 6 岁以上的公民分

①　齐立斌.俄罗斯总统体育委员会研究［J］.体育文化导刊，2014（2）：23-26.

②　马忠利，叶华聪，陈浩.苏联解体后俄罗斯体育政策的演进及启示［J］.上海体育学院学报，2014，38（1）：12-17.

③　李琳，陈薇，李鑫等.俄罗斯 2020 年前体育发展战略研究［J］.上海体育学院学报，2012，36（1）：1-4.

④　姚颂平.依法治体——俄罗斯联邦体育改革与启示［J］.上海体育学院学报，2015，39（2）：1-4.

为 11 个年龄段，明确规定了各年龄段的运动达标标准。劳卫制的出台和实施体现了俄罗斯对大众体育和国民健康的高度重视，对俄罗斯大众体育发展起到显著的推动作用。

三、场地设施

俄罗斯联邦政府在发展战略中明确指出，到 2020 年俄罗斯体育场馆建设必须实现 2008 ~ 2015 年与 2015 ~ 2020 年两个阶段性目标。联邦政府制定了有关教育机构开设体育课必须配备的体育设施标准，即建设足够数量田径场、篮球场、足球场等体育场馆，并将其作为学校注册登记的一项重要内容；制定体育场馆设计建设的国家标准、产品服务认证、技术规程等相关规定，将全俄罗斯不同所有制性质的体育场地设施进行登记造册；根据体育基础设施指标，逐步完善全俄罗斯地方体育执行机关业绩评价体系；发展体育设施、器材相关租赁业务。①

在各阶层民众体育运动场地的保障政策上，《十年规划》提出将在社区兴建 1000 个体育运动中心，保持全国大型体育锻炼设施、场馆密度年均 2% 的增长率。《俄罗斯联邦 2020 年前体育发展战略》细化了保障要求：将国民体育设施、场地的保障率由 2008 年的 22.7% 提升至 2015 年的 30%，2020 年达到 40%。② 在继续加快建造体育场馆等设施的同时，俄罗斯也促使已建体育设施向民众开放。

四、经费投入

俄罗斯体育经费的来源主要包括政府、企业赞助、社会团体等。《十年规划》期间，政府总财政支出 1066.55 亿卢布，其中，联邦预算 536.13 万亿卢布（含彩票收益），联邦主体预算 479.62 亿卢布，预算外 50.8 亿卢布；基础投资 1051.92 亿卢布；科研和实验设计费用 2.41 亿卢布；其他开支 12.22 亿卢布。国家层面的支持比重很大，占 1/4 强，算上彩票收益超过 1/2。③ 在每年例行的体育财政支出之外，俄政府在 2006 ~ 2015 年年均额外拨付至少 100 亿卢布的体育发展资金，数额与年均体育财政支出相当。此期间在大众体育的投入达到了 1013 亿 8100 万卢布，约为竞技体育投入的

① 杨平. 俄罗斯群众体育发展战略研究 [J]. 体育文化导刊，2013 (6)：38 - 41.

② 马忠利等. 俄罗斯《体育与旅游中小企业发展纲要》之新举措及启示 [J]. 上海体育学院学报，2012，36 (6)：26.

③ 马忠利，陈浩等. 俄罗斯 2006 ~ 2015 年体育发展规划及对我国的启示 [J]. 肇庆学院学报，2014，35 (2)：76 - 80.

19 倍。① 资金投入的数额与资金投入比率充分说明，俄罗斯经济的复苏带来了体育投入上的增加，而在大众体育投入上的倾斜也显示出俄罗斯政府对于大众体育发展的重视。

俄罗斯政府直接拨款用于发展体育事业并采取体育活动市场化经营的政策措施予以支持。1994 俄政府颁布《关于国家整顿体育彩票和其他类型的彩票发行工作的总统令》，明确提出彩票发行是用于资助发展俄罗斯体育运动预算外资金的主要来源。同时，规定当企业扶持体育事业发展时，可以降低税收标准，企业从减税款中拿出一部分支持发展体育事业，这项政策为体育的生存与发展提供了有利的条件。1993 年，时任总统叶利钦颁布了《关于俄罗斯体育领域的保护关税政策》，明确提出竭尽全力支持体育发展是国家优先考虑的任务。1998 年 4 月，俄国家杜马审议通过的《税法》中也明确提出："利用体育设施为儿童和青少年提供的体育运动性服务均予免税。"这些政策措施和法律条文的出台大大有利于俄罗斯体育运动的开展，国内体育赞助者的数量成倍增加。

五、监督评估

俄罗斯体育署牵头成立协调委员会，建立经营委员会及工作组，向媒体定期公布实施进程。协调委员会主要负责纲要的修正和独立评估，纲要进展、资金使用、执行机关的协调、中央与地方的联动、纲要实施效果评价等都是其职责所在。经营委员会负责现实日常工作。为监督经营委员会，协调委员会成立了工作组；另外还成立中心竞标委员会，开展竞标等工作。②

联邦体育署对体育公共服务政策的实施和执行结果、财政资金的合理使用、纲要执行管理形式及方法等负有领导和执行责任。首先，体育署确定纲要基本内容、方向、措施及财政规模等方案，然后上报联邦政府，同时要同经贸和财政部敲定其执行规章。体育署负责向联邦主体通告信息，并按照联邦法律承担相应责任。体育署每年向经济发展部和财政部提交准确有效的指标，并逐条汇报完成情况，围绕纲要完成期限、财政使用目的与效果、吸引额外资金和地方资金情况、纲要执行的阶段和最终成果等展开。协调委员会由国家立法和执行权力机关代表及体育领域全俄社会联合会和运动员代表组成，主席是联邦体育署长官，工作章程及其人员组成由联邦体育署确定，其

---

① 马忠利，陈浩等. 俄罗斯2006～2015 年体育发展规划及对我国的启示 [J]. 肇庆学院学报，2014，35（2）：76－80.

② 马忠利，陈浩等. 中、俄2015 年前公共体育设施建设规划研究 [J]. 西安体育学院学报，2014，31（3）：295－299.

基本任务是：审查措施进展材料，提供修正建议，审读其进展结果；提出实施进程中的科学、技术、组织问题，制订合理解决建议。协调委员会下设专门工作组，对《十年规划》进行监管和独立评价。《十年规划》日常管理由经理处负责，各项投融资及建设项目采取招投标方式进行，进程评估以及更改与完善由具有高度权威和经验的第三方机构采取独立评估方式决定。执行竞标程序的鉴定委员会成员由经理处会同协调委员会共同决定。经理处是联邦政府设立的国家直属企业。体育署确定其章程，同其负责人签订劳动协议，同时与联邦财产署确定财产权属，巩固企业经营权利。经理处具有广泛的职能，包括各种标准场地建设方案设计、场地最终使用市场调研、建设进程监督、预算外资金吸引、场地设施验收和交付使用、场地设施向地方政府的转交（规则由协调委员会制订）、优先向弱保障人群提供场地使用、广告宣传、周期性民众咨询、市场措施效果监管和分析、竞标和签署并执行合同等。[①]

第四节　英国体育公共服务供给及其特点分析

在英国的福利制度进入新自由主义阶段之后，体育公共服务不再是政府的义务，英国体育公共服务出现市场化模式。英国体育公共服务供给经历了从"福利国家"到私营化、合作化、民营化的过程，以公平为首要价值理念，追求公平福利，以国家为主体，实行对全民的基本保障。英国体育公共服务的类型是"有限政府型"，强调服务的多元化供给，政府相对社会、市场发挥的作用较少，其仅限于弥补市场与社会力量的缺陷，而更多地由市场和非政府组织为社会公众提供公共体育服务。

一、组织保障

英国文化、媒介和体育部是主管体育公共服务的政府机构，负责制定国家的体育公共服务政策与规划，而其下属的英国体育理事会则具体负责管理英国体育公共服务的具体事务。在英国，地方政府并不直接为民众提供休闲、娱乐的可操作性服务，但为第三部门（非政府组织）提供资金支持，并对第三部门提供体育公共服务的过程提供监督和调控。而体育公共服务一般由第三部门提供。

英国体育公共服务发展战略的实施主要依靠国家单项体育管理。此外，英国体育理事会成立了 49 个地方体育合作组织，以加强与地方政府的合作，

---

① 马忠利，陈浩等. 中、俄 2015 年公共体育设施建设规划研究 [J]. 西安体育学院学报，2014，31（3）：295 – 299.

从而提升公共体育服务政策的执行力。① 运动俱乐部则是英国体育公共服务体系的基层组织形式。② 其他实施主体还包括青少年发展基金会等一系列全国层面的社会机构、地区体育合作组织、单项体育联合会和体育理事会等，文化、媒介和体育部还负责对国家向各组织的拨款进行监督。

因此，从总体上来讲，英国体育公共服务组织体系是以社区体育（运动俱乐部）为基点，以各单项体育组织为连接，以体育理事会纵向层级结构为主体，以政府部门为宏观调控建立起来的，其属于政府与社会结合型的体育公共服务管理体制。③ 体育和娱乐司的职能主要是签订一些具体的资金协议交给英国体育理事会，体育非营利组织和市场是提供体育公共服务的主体。

二、制度建设

英国政府一直非常关注公众的身心健康，秉承这一理念，其制定了一系列有关公共体育服务的政策。20 世纪 60 年代以来，英国大众体育开始发展，地方政府成为体育发展的主要管理者。20 世纪 70 年代以来，英国的体育立法都侧重于国民的健康与社会保障问题，为城市社区公共体育服务建设提供了政策保障和物质保障；如 1979 年英国新工党执政后，政府提倡私人、社会和政府相互协作为国民健康提供体育器材、体育技能培训、体育信息等方面的服务。④ 进入 21 世纪，英国政府颁布了 "A Sporting Future for All" "Game Plan"、《新的健康与安全法》等体育政策，加速了英国大众体育的快速发展，体现了英国政府自 20 世纪八九十年代以来，在城市社区体育公共服务建设的发展策略。根据 "Game Plan"，通过广泛地征求体育和非体育合作伙伴的意见，英国体育理事会又于 2004 年发布了 "The Framework for Sport in England"（英国体育框架），⑤ 提出了使英国成为世界上 "最积极和最成功的体育国家" 的远景目标。特别是 2012 年以来，英国非常重视城市社区体育公共服务建设的发展，政府制定和出台了一系列法规政策，并且强调社会组织、企业和公民的参与，主张自下而上地促进城市社区体育公共服

① Collins M. Examining sports development [M]. London：Routledge，2010：27 – 29.

② Adam Lewis，Jonathan Taylor. Sport：law and practice [M]. London：Reed Elsevier（UK）Ltd，2008：13.

③ 古立峰，刘畅等. 体育法治论 [M]. 成都：四川科学技术出版社，2008：137.

④ 汤际澜. 英国公共服务改革和体育政策变迁 [J]. 南京体育学院学报（社会科学版），2010（4）：43 – 47.

⑤ Sport England. The Framework for Sport in England [EB/OL]. http：//www. SportEngland. org/fa-cilities_planning/planning_tools_and_guidance/planning_kitbag/planning_contributions/national _Framework for_Sport. spx.

务建设的发展，强调各类体育社团组织免费援助在城市社区体育公共服务建设发展实践中的功能；充分发挥各种非政府体育社团组织在城市社区体育公共服务建设中的作用；重视可持续发展思想在城市社区体育公共服务管理中的落实，强调城市社区体育公共服务建设的人与人、人与物、人与环境的和谐，重视城市社区体育公共服务建设与社区经济社会发展与环境保护的统一，提高了城市社区居民参与社区体育公共服务的效率，尤其提高了中小城市市民的社区公共体育服务参与率。①

三、场地设施

20世纪80年代，英国政府制定了社区体育中心建设的基本标准，要求每25000人的社区就要建设一个社区体育中心，② 并对场地设施建设提出了非常详细的流程和建议。社区体育中心的场馆建设完毕后，其所有权属于社区，由地方政府负责社区体育中心的日常管理工作。③ 英国政府也探索了多元化的政府与企业间的合作机制，如合同外包、特许经营与凭单制等。当然，英国政府也会通过制定相关的政策约束企业在提供公共体育产品时容易出现的"利益至上"行为，进而使社区体育能够在高效率与均衡性之间找到合适的平衡点。④ 此外，英国政府在社区体育场地设施的开发与利用上也很注重发挥学校的作用。英国政府要求学校应与社区共同享受校内的体育资源，而社区体育俱乐部则有责任引导青少年参与社区体育活动，而连接学校体育与社区体育的是活跃在英国各地的各种单项体育协会和体育志愿者组织。⑤ 在体育场馆的运行上，英国大部分体育场馆实行市场化运作，但价格十分低廉。一些企业性的体育俱乐部所属体育设施属于私人投资范畴，则收费的标准就很高。⑥

四、经费投入

英国体育公共服务资金主要来源于政府财政拨款和国家彩票公益金。英

---

① 周涛，张凤华，苏振南. 美英日城市社区体育公共服务建设经验及其对我国的启示［J］. 体育与科学，2012，33（4）：69 - 74.

② 王磊，司虎克，张业安. 以奥运战略引领大众体育发展的实践与启示——基于伦敦奥运会英国体育政策的思考［J］. 体育科学，2013，33（6）：23 - 30.

③ CARTER. Review of national sport effort and resources ［M］. London：DCMS，2005：80 - 82.

④ Nils A. Sport policy：A comparative analysis of stability and Change ［M］. Burlington：Elsevier Ltd，2007：227 - 228.

⑤ GREEN M. Governing under advanced liberalism：Sport policy and the social investment state ［J］. Policy Sciences，2007，40（1）：55 - 71.

⑥ 戴文忠，栾开封. 中国与英国、瑞典体育管理体制比较［J］. 体育文史，1999（1）：19.

国体育理事会（UK Sport）是法定的对国家彩票资金分配部门。此外，政府还利用各种政策鼓励企业、非政府组织和个人捐赠、赞助公共体育事业，如政府采用"配套投入制"，规定企业首次赞助时，政府按照1：1的比例配套投入，第二次赞助时政府配套投入比第一次多50%。这一措施在很大程度上激励了个人和企业对公共体育事业的捐赠和赞助，促进了公共体育服务事业的发展。

英国体育理事会与国家单项体育机构、地方政府、社会组织合作，主管大众体育公共服务供给投资，决定怎么使用财政拨款和国家彩票提供的资金。英格兰体育理事会对体育公共服务的投资分为三类：一是资助已征集的申请项目，英格兰体育理事会投资于预先确定的、有非常具体社区体育目标的组织，如国家单项体育管理组织、国家合作伙伴、区域合作伙伴、郡体育合作伙伴、地方当局以及促进儿童青少年体育参与计划。二是开放的资金资助，如小额补助金、激励性体育设施计划（inspired facilities）、体育场地保护基金、社区体育启动基金等，广泛的项目或组织都可以申请开放的资金支持。三是混合型资助，包括标志性体育设施建造计划和提高体育公共服务质量计划。文化、媒介和体育部的体育公共服务拨款要通过英格兰体育理事会具体落实，主要资助发展社区体育，目标包括让14～25岁的年轻人养成终身运动的习惯。文化传媒体育部还为英国体育理事会投资，支持运动员的发展。此外，英国还通过战略计划推动多元化体育公共服务投资，比如《英格兰青年和社区体育战略（2012～2017）》每年投入大约30亿英镑（2013～2014年投入29.91亿英镑）在体育公共服务上。

五、监督评估

英国建立了从国家、区域、郡到社区层级的全面、清晰、科学的体育公共服务的监督评估体系，监控体育公共服务运行情况。在国家和区域层次，根据公共服务协议的进程进行绩效管理，这些公共服务协议主要通过国家体育参与调查和学校体育与社区俱乐部连接调查来进行评估。在亚区域层次，要求郡体育伙伴根据公共体育服务关键的评估指标，如体育参与的人数、俱乐部的发展、教练员、志愿者和扩充的体育参与机会等设计当地社区的评估体系。同时要求以季度为基础报告年度供给计划，报告的内容主要包括合作伙伴的核心功能、对发展地区公共体育服务体系的贡献、增加社区教练员的数目和完成学校和社区俱乐部连接战略的供给。在地方层次，社区体育网络要以当地的需求为基础，通过确认不同供给代理者和利益相关者的共同目标和行动制定公共体育供给计划，供给计划和评估工具要与地方公共服务协议中的目标和评估相联系。同时，社区体育网络的供给计划要以人口调查的数据为支撑，为社区体育网络提供当地体育和积极休闲参与者的数目、志愿者等关键信息，以此来确立体育参与目标、集中资源、扩充参与机会。①

在体育公共服务购买监管方面，英国政府基本形成了政府监督评价的格局，在细化体育公共服务提供标准的同时不断完善体育公共服务合同的管理。政府的监督评价主要是通过合同管理的方式来进行，合同是其监督评价公共服务的一项重要措施。英国政府主要通过实行担保制度、统一购买者与消费者的体育服务价值观和服务理念、通过惩罚制度来监督体育公共服务供给者三种途径对公共体育服务提供者进行监督。因此，英国政府针对体育公共服务购买的监管，在监管的方式上主要以合同的形式来进行，在监管的主体上不仅加强政府职能部门的作用，还引入其他社会力量协助政府对体育公共服务进行全程监督。在绩效评价上主要强调消费者的回应性评价。② 而在体育公共服务资金审计与监管上，政府职能部门必须按照契约规定对承接主体的资金使用和服务过程进行严格的监管，在进行服务外包中政府必须遵循专款专用、公平合理、物有所值的原则，以确保其按照预期的目标，规范、合理地使用公共资金。

在英国，英格兰体育理事会对公共服务供给主体进行监督，对 49 个地方性体育合作组织（county sports partnerships）给予资助。同时，英格兰体育理事会还借助不同措施完成评测以及监控体育管理。

第五节　日本体育公共服务供给及其特点分析

一、组织保障

日本的文部科学省（文部省）是中央政府行政机关之一，文部科学省设置的体育与青少年局是全国最高体育主管部门，全国的体育政策法规都是由该部门负责制定和颁布，同时该部门还负责审批体育工作计划和体育预算、组织全国性的大型体育赛事和体育活动等。在都道府县和市町村等地方政府的教育委员会是管理地方体育的行政机构。文部科学省的体育局和地方教育委员会的大众体育科主管大众体育事业，日本体育协会与民间体育组织

---

① 陈丛刊，卢文云等. 英国公共体育服务供给体系建设的经验与启示［J］. 成都体育学院学报，2012，37（1）：28－32.

② 谢叶寿，阿英嘎. 英国政府购买公共体育服务的实践与启示［J］. 体育与科学，2016，37（2）：66－70.

对公共体育服务影响较大，承担和实施具体大众体育工作，形成了"政府主导、社会体育组织配合"的学校和大众体育发展格局。日本政府不直接领导体育运动，民间体育组织、学校、公司企业等社会力量是体育公共服务供给的主要力量，政府采用财政拨款的方式资助社会力量开展体育活动，即民办官助方式。

日本体育协会是最高级别、最具权威性的体育社团组织，属于全国性综合体育团体，大众体育方面的工作主要由日本体育协会负责具体实施，承担着培养体育指导员、组织体育少年团、推动各地建设综合型社区体育俱乐部、开展国际体育交流等工作。日本的都道府县和市町村均成立了体育协会，是日本体育协会的下属机构，但这种分级管理体制相对宽松，不同级别的体育协会有较大的自主权。日本居民参加体育活动也是通过俱乐部这一载体。各地体育设施由当地体育协会负责管理，由体育协会统一组织安排各俱乐部参与体育活动的场地设施，这种体育公共服务组织管理模式极大保证了居民参与体育运动的有序性和场地设施利用的高效性。[①] 扶植与培育综合型体育俱乐部是日本建设国家公共体育服务体系的重要举措之一。1995 年，日本开始综合型社区体育俱乐部的试点推广计划。2000 年，日本体育协会在全日本都道府县的市、町、村正式推进设立综合型体育俱乐部扶植培育项目，截止到2010 年 7 月，已经设置了遍布全日本各地的综合型体育俱乐部 3114 个。[②] 日本以大学为基点设置综合型体育俱乐部，综合型体育俱乐部是以"居民自主运营，受益者负担"为原则，并采用会员制的形式进行组织运营的。[③]

二、制度建设

20 世纪 50 年代起，日本形成并完善了自己独特的城市社区体育公共服务管理模式，并形成了一套完整的城市社区公共体育服务管理体系，日本政府颁布和实施了一系列增进国民体质健康的大众体育方针政策和法律法规。[④] 如 1972 年 12 月日本政府提出了《关于普及振兴体育运动的基本计划》，强调了以完善社会体育环境为核心、以社区体育设施建设为重点的大众体育发展具体措施，并完善了城市社区公共体育配套设施标准；[⑤] 1989 年11 月日本文部省保健体育审议会发表《关于面向 21 世纪体育振兴计划》咨

---

① 刘芳. 中外公共体育服务体系构建比较研究 [J]. 山东体育科技, 2015, 37（1）: 26 - 30.

②③ 日本体育协会. 综合型地域スポーツクラ [EB/OL]. http://www.japan-sports or. jp.

④ 孙金荣. 日本大众体育的进展状况及其振兴政策的研究 [J]. 武汉体育学院学报, 2003, 38（1）: 8 - 11.

⑤ 林显鹏, 刘云发. 国外社区体育中心的建设标准与运营管理研究——兼论我国体育场馆建设与发展思路 [J]. 体育科学, 2005, 25（12）: 12 - 16, 27.

询报告书，进一步完善了城市社区体育服务中心设施建设的标准。1972～
1995 年，全日本除个人和单位体育设施外，政府投资兴建的以社区为依托
的公共体育设施共有超 229000 个；1998 年制定的《体育振兴投票法》中明
确提出"充实完善城市社区的综合性区域体育俱乐部活动点的室内俱乐部，
使公众在此环境中切身体会体育运动的乐趣；对关系城市社区全民健身范围
扩大的综合型社区体育俱乐部的建立，政府给予财政支持；对地方公共团体
以社区居民为对象进行的促进参加社区居民体育活动的组织给予政府财政扶
持"；2000 年提出的"体育振兴计划"把到 2009 年年底在 47 个自治地方的
社区内修建综合体育中心作为硬性指标。这些政策法规对推动城市社区体育
公共服务的快速发展起到了重要作用。从 20 世纪 80 年代到 21 世纪初，日
本城市社区体育公共服务发展逐步趋于个性化、多元化，政府对城市社区体
育公共服务的管理更为科学，而近几年来，城市社区体育公共服务建设发展
的核心目标是提高公民的参与率。[①]

三、场地设施

日本公共体育场地设施相对较为完善，这主要得益于《关于普及振兴
体育运动的基本计划》政策的颁布与实施，该项政策明确规定了基层社区
体育中心的建设标准，同时有一系列明确规定。第一，项目的选择具有鲜明
的民族特点，柔道、剑道是日本的国粹，棒球和垒球也是日本国民非常喜爱
的体育活动。项目的选择也考虑到简便易行，对场地标准要求不高的篮球、
羽毛球、乒乓球、排球等项目的场地成为社区体育中心的基本配置。同时，
游泳池成为必备项目。第二，社区体育中心包括了室内与室外设施，以满足
社区居民不同体育需求。第三，按照人口规模建设社区体育中心。1989 年，
日本文部省保健体育审议会发表了《关于面向 21 世纪体育振兴计划》咨询
报告书，进一步完善了社区体育中心体育设施的标准。首先，社区体育中心
的建设体现出层次性，分成了基层社区、市区町村、都道府县 3 个层次。对
不同层次的社区体育中心均提出了不同的要求。其次，强调建设能够开展多
种体育项目的运动场和球场。最后，对社区中心建设护球网、夜间照明、更
衣室、健身房及会议室等标准提出了要求。市区町村级社区体育中心更要求
建立保健咨询室、研修室、资料室、观众席等附属设备。[②] 日本政府通过
"体育振兴计划"的实施，城市社区体育公共基础建设更加完善。如在东京

---

① 周涛，张凤华，苏振南. 美英日城市社区体育公共服务建设经验及其对我国的启示 [J].
体育与科学，2012，33 (4)：69-74.
② 王才兴. 体育公共服务国际比较及启示 [J]. 体育科研，2008，29 (1)：27-31.

城市社区内就有一般市民可使用的棒球场地 260 个，即便不完全是正式的比赛场地，但都具备夜间照明，利用率也很高。①

日本的学校体育设施是其公共体育设施的重要组成部分，这主要得益于 20 世纪 70 年代《学校体育设施对外开放令》的颁布与实施。日本的学校体育设施在建设时就充分考虑对社会开放的需求，由地区的体育协会统一管理，居民的体育活动一般以俱乐部为单位组织活动，并由地方体育协会统一安排各俱乐部的体育活动的场地设施，这种组织管理方式充分保证了学校体育设施向社会开放的有序性和高效率。② 2001 年，日本学校体育设施的开放率达到 98.8%，其中体育馆的开放率为 86.6%，室外运动场对外开放率为 80.3%，游泳池为 25.5%。③ 截止到 2013 年，除个人投资兴建的学校运动场和体育馆外，由政府兴建的全日本学校运动场对外开放率为 90.7%，体育馆开放率为 93%，基本满足了居民对体育场馆设施的需求。④ 在日本，由国家投资的普通篮球场、羽毛球场、排球场等，公众都可以免费使用，同时为了满足部分公众的个性化需求，在大部分社区体育中心也引入了市场运作，一些高档健身馆、剑道馆等要向公众收费。⑤ 日本体育设施市场化运作实施了私人融资计划（PFI），体育设施的建设运营主要采用建设—经营—转让（BOT）模式，民间事业者通过企业取得政府的特许权协议，对具体的体育公共服务项目进行融资、设计、建造、经营和维护，在特许权期限内通过经营回收项目的投资及经营成本，并获得一定的收益。特许期满后，企业要把体育公共服务设施移交政府，而政府在整个过程中不用承担任何体育公共服务设施的建设费用。⑥

四、经费投入

日本大力发展群众体育，推出了增进健康和体力运动的体育发展总战略，以体育振兴法、自然环境保护法、综合保养地区整治法、自然公园法和都市公园法等为基准，对群众体育环境的综合治理进行投资。1985，日本在增进国民体力上共投入了 1740 亿日元。20 世纪 90 年代以后，日本经济失去了往日的繁荣，但是，日本政府对社会体育的资金投入有增无减，每年国家要投入 2000 多亿日元用于社会体育各项事业的发展，加上地方政府投入，

①② 王才兴. 体育公共服务国际比较及启示 [J]. 体育科研, 2008, 29 (1)：27 - 31.

③ 日本 SSF 笹川体育财团.《スポーツ白書》[M]. 日本：株式会社かいせい, 2006：52.

④ 刘芳. 中外公共体育服务体系构建比较研究 [J]. 山东体育科技, 2015, 37 (1)：26 - 30.

⑤ 总务厅行政监察局. 体育振兴对策的现状和问题 [M]. 大藏省印刷局, 1990：65.

⑥ 刘欣. 日本体育设施建设与管理的启示 [J]. 体育科研, 2009 (5)：31 - 33.

每年达 7000 多亿日元。此外，日本群众体育经费来源渠道逐步增多，主要有三类。（1）国家政府部门与地方政府部门共同投入。即地方政府每年按地方财政费用预算投入教育委员会，教育委员会再根据体育事业的预算进行投入分配，中央政府部门如建设省、厚生省、农林省、经济企划厅等也都相应地对体育公共场馆、设施、土地占用、卫生保健等各方面进行投资。（2）参加者交纳的费用。体育协会举办的各种活动所得的收入以及各场馆、设施开放回收的有偿服务费用等，从中拿出相当大一部分再投入使用。（3）社会团体、企业等各界的资助。一些企业、团体与体育协会达成协议，共同举办一些体育盛会或比赛活动，体育管理部门利用这些投资，支持社会体育活动的开展。①

五、监督评估

日本体育公共服务相关的政策评估是体育公共服务相关评估的重要内容之一。日本体育政策评估主体主要包括立法机关、体育行政部门、体育团体、行政监察局和社会机构等。日本《体育振兴基本计划》不仅对 2001～2010 年国家层面的体育发展进行了总体规划，还对各地方政府政策制定进行了纲领性指导。② 其中，提高青少年体力、建设和充实地方体育环境和提高竞技体育综合竞争力是《体育振兴基本计划》的三大重点内容。尤其是在建设和充实地方体育环境方面，以地方综合型体育俱乐部建设和运营改善为主干措施，并包含指导员培养、充实体育设施、反馈地方体育信息、创造符合居民需求的地方体育四个方面的措施，构建了效益评估 9 个方面的量化指标体系，提供了全面的体育公共服务评估指标体系，也为监督评价体育公共服务效益提供了参考依据，见表 4 - 4。

表 4 - 4　　　"建设与充实地方体育环境"方针的政策目标
层次和效益评估指标体系

政策方针	建设与充实地方体育环境
政策目标	实现任何国民在任何时间、地点都能根据自身体力、年龄、技术、兴趣、目的等亲近和享受体育的终身体育社会； 尽早实现成年人每周一次体育活动的实施率达到 50%； 量化指标：成年人每周一次体育活动的实施率情况

① 刘雪松，刘蕊，袁春梅. 东京奥运会前后日本群众体育发展研究［J］. 成都体育学院学报，2009，35（8）：21 - 24.

② 景俊杰. 新世纪日本体育政策运行［M］. 上海：中西书局，2014：193 - 194.

续表

主干措施	主干措施：地方综合型体育俱乐部在全国展开； 主干措施政策目标：2010 年前全国各市町村至少成立一家综合型体育俱乐部、各都道府县至少成立一家广域体育中心			
量化监测指标	量化指标 1：市町村综合型俱乐部成立情况； 量化指标 2：各都道府县广域体育中心成立情况		辅助量化指标 1：学校设施社会使用条件创造； 辅助量化指标 2：俱乐部法人资格、设施指定管理者比率、经费自给率	
基本措施	基本措施 1：指导者培养、确保与活用	基本措施 2：充实体育设施	基本措施 3：提供确切地方体育信息	基本措施 4：创造符合住民需求的地方体育
量化监测指标	量化指标 1：体育指导者人数 量化指标 2：指导者与学校运动部合作情况	量化指标：综合型体育俱乐部设施使用情况	—	量化指标 1：地方体育行政独立性情况 量化指标 2：地方制定体育振兴计划情况

资料来源：景俊杰. 新世纪日本体育政策运行 [M]. 上海：中西书局，2014：193 – 194.

　　日本在借鉴美英等国经验的基础上，出台《利用民间活力等以促进公共设施建设之法律》。民间委托制度主要是政府利用社会资金提供公共服务。PFI 制度通过性能发包和项目融资的方式将公共设施等的设计、建设、维护以及管理运营等业务一揽子外包给由不同企业等组成的"特定目的公司"（special purpose company）。[①] 同时，强调通过政府购买的刺激激活经济并创造新型产业。[②] 体育公共服务主要是政府通过"项目融资"，吸引社会资金进入，鼓励社会资金参与体育场馆设施的建设和管理。日本政府强调政府购买中的行政责任，监管权限一般不下放给社区、社会体育组织，承接主体的任务也非常明确，就是按照合同提供公共体育服务，其他的问题一般不涉及。[③] 日本在政府购买公共体育服务中注重监管和评估，其监管主要是通过政府完成，社会力量参与不多。2003 年，日本废除了公共设施委托管理制度，重新制定了指定管理者制度，创新了日本政府购买公共服务制度。政府和准政府部门、体育非营利组织、社会体育组织等都可以作为指定承接主

　　① 俞祖成. 日本政府购买服务制度及启示 [J]. 国家行政学院学报，2016（1）：73 – 77.
　　② 王德迅. 日本规制改革评析 [J]. 亚东纵横，2008（2）：56 – 62.
　　③ 安宇，沈山. 日本和韩国的"文化立国"战略及其对我国的借鉴 [J]. 世界经济与政治论坛，2005，（4）：115 – 117.

体。同时，制度在经费筹集方面也灵活了许多，新制度实施以后，允许承接主体根据需要收取服务对象的费用，在一定程度上缓解了政府购买资金不足的困境。

第六节　国外体育公共服务供给经验分析

一、发达国家体育公共服务组织管理经验与借鉴

综观国外一些发达国家体育公共服务体系组织管理体制的变革历程，可以发现，不管是联邦制还是单一制国家，政府在体育公共服务体系的组织管理上，都扮演了政策规划制定者与发展方向指引者的角色。如美国体育公共服务在政府垄断体制下出现低效率时，便实行内部体制改革，使地方政府之间、部门之间拥有比较宽松的地方管理权；很多地方政府纷纷成立了体育公共特殊服务区，不同部门之间相互协调，依托特殊服务委员会进行管理，委员会由各部门共同组成，通过定期的委员会会议商讨体育公共服务建设的相关问题。同时政府还特别重视公私合作，提高公私合营提供体育公共服务的比例；逐渐形成了政府、社会组织和企业共同合作、相互联系、互相监督的组织管理体系。德国政府把体育管理的任务和权力交给了社会体育组织——德国体育联合会，政府在体育公共服务建设中可以对相关政策、措施提出建议，并对体育公共服务设施的建设提供资助，但不干预体育公共服务管理事务，而是扮演协作者的角色。俄罗斯的体育公共服务组织管理体制已经从苏联时期典型的政府主导型管理体制转变为现在的政府宏观调控、社团组织具体实施的政府与社会结合型管理体制。英国体育公共服务组织体系也是以社区体育（运动俱乐部）为基点，以各单项体育组织为连接，以体育理事会纵向层级结构为主体，以政府部门为宏观调控建立起来的，属于政府与社会结合型体育公共服务保障体系。

目前，我国体育公共服务属于"大政府"的模式管理。政府绝对控制体育公共服务发展战略、法规制定、财政拨付与场地建设，以及对体育社团组织的发展。加上一直以来我国政府在体育公共服务发展上缺少足够的精力和财力投入，导致体育公共服务发展相对落后的局面。再加上我国体育社团发展历史较短，正规体育社团的数量较少、独立性较差。为此，政府应通过政策支持培育体育社团，促使社会团体在体育公共服务供给中发挥重要作用。

二、发达国家体育公共服务供给制度建设经验与借鉴

无论是在设有专门的体育政府机构的国家（如英国），还是未设立专门体育行政机构的国家（如美国），在体育公共服务发展上均具有较为完善的政策法规作为制度保障；如美国联邦、州和地方政府相关部门颁布的各种法律条令与"健康公民"系列政策等，明确规定了体育公共服务的相关标准；而英国则是通过主管体育公共服务的政府机构——文化、媒介和体育部来制订相关的法规制度。这些法规政策的目标都具有很强的可检验性，设立了较多的可以量化的指标，以便检验政策实施的效果，政策的导向性强、科学严谨，具体政策措施与居民福利密切相关且易于居民掌握，便于实施。在政府购买体育公共服务方面也有明确法律规定，如英国 1988 年制定的《地方政府法》提出体育与休闲设施的购买应引进强制性竞标模式。此外，这些政策法规的制定与执行也重视扶持经济相对落后地区体育公共服务建设；如美国通过"健康公民 2000 年"规定，无论是发达地区还是欠发达地区，其体育公共服务设施应是基本一致的，如果部分社区因为所处区域经济条件较低不能达到要求时，则通过政府拨出专款或通过建立专项基金来解决。

目前，我国体育法规政策主要由国家体育总局负责制定与推行，在社会体育方面具有典型代表的政策是《全民健身计划纲要》，但我国在体育公共服务有效供给建设方面的法规制度建设还十分薄弱。比如我国政府购买体育公共服务主要依据《政府采购法》《招投标法》和《合同法》来规范，但这些普适性法律一般适用于体育场馆建设、体育器材设施采购等硬服务，而对各级政府购买的健身指导等软性体育公共服务则难以起到规范作用。因此，我国要根据自身的实际情况，借鉴国家发达国家体育公共服务制度建设的经验，加强体育公共服务的法规与政策建设，通过相关政策的制定与执行来解决公共服务实践中的具体问题，并进一步把政策性的文本制度化。

三、发达国家公共体育场地设施建设经验与借鉴

由发达国家体育设施状况分析得出，公共体育场馆设施主要包括社区体育中心、社区公园、学校体育场地设施、私营体育场地设施等。基础性体育设施一般均由政府负责建设与提供，多是免费服务；市场化运作场馆设施的收费标准也比较低廉。发达国公共体育场馆的建设具有可提供多种体育项目设施、位置便利、突出整体设计理念、附属设施完备并具备综合功能、关注弱势群体满足多种体育需求的特点。体育场馆设施不足一直是我国体育公共服务发展的一大障碍，体育场馆设施数量不足，难以满足居民有效需求。从

发达国家体育设施的建设与利用中寻求经验，一方面要加大基础体育设施的建设，鉴于在老社区建设大型体育设施已不具备可行性，应重点在城市新建社区中做好体育设施的建设规划，如体育公园、大型体育综合体等，且需要有相应制度保障，由多部门的协调配合完成；另一方面要加大企事业单位现有体育场地设施的开放力度，尤其是学校体育场馆设施的充分利用，可根据不同的场馆条件采用多种开放形式，如采用有偿服务与委托管理等。此外，公共体育设施建设还可适当引入市场机制，鼓励社团与民营机构投资体育场馆设施的建设，以形成多元化建设与提供体育公共服务场地设施的格局。由于目前我国体育公共服务基础设施水准和服务水平比较低，如果盲目推进市场化，可能导致原有优势丧失，因而公共体育设施建设的市场化过程则应稳步推进。

四、发达国家体育公共服务经费投入经验与借鉴

发达国家体育公共服务已形成政府、社会团体、个人等多元化的经费投入格局。如美国在 20 世纪 80 年代以前，体育公共服务建设的经费以政府投入为主，私人资本很少介入；随着体育产业的兴起与发展，民间资本开始重视对体育公共服务建设的投资；主要以捐款、实物捐赠、冠名权、永久座位许可、餐饮业服务经营权、广告权等方式参与投资。随着私人资本的涌入，继而出现公私联营融资结构，并在相当长的时间内占据主要地位，这种形式主要在波特兰、费城等地区实行。英国的体育公共服务基本都由市场提供。"Game Plan"制定执行后，2002～2005 年英国政府体育的财政支出达到了 20 亿英镑，但都不是由政府直接提供，而是采用市场竞争的方式由企业或者体育非营利组织提供。

基本经济制度与市场化程度的不同，导致我国体育公共服务资金来源与发达国家存在较大差异。目前，我国体育公共服务经费主要来源是政府财政拨款与公益彩票的收入，较为单一的经费来源使我国体育公共服务体系的建设举步维艰。面对日益增长的体育公共服务经费问题，我国应在加大政府投入力度并调整体育公共服务支出投向的同时，努力实现体育场馆设施建设资金融资的多渠道化。要借鉴国外的先进做法，健全市场准入机制、规范融资渠道，通过社会力量与政府合作等模式，把引入社会资本作为拓宽体育公共服务建设资金来源渠道和降低成本的方式，逐步实现投资主体的多元化。鼓励社会力量参与体育公共服务体系建设，可制定扶持体育公共服务事业发展的税收政策和鼓励对体育事业捐赠的经济政策，放宽公益性体育事业的准入政策，鼓励、支持社会资本和外资参与公益性体育事业等，吸引和鼓励社会

力量投资兴办体育公共服务实体、建设公共体育设施、提供体育公共服务。

五、发达国家体育公共服务监督评估经验与借鉴

体育公共服务供给需要法律政策、物质、人力、舆论监督等多个维度的共同保障。发达国家重视对体育公共服务的保障，建立了较为完善的以资金、人力、信息、安全、监督、评价等为内容的保障体系。例如美国要求无论是市场主体还是社会主体在提供体育公共服务时都必须遵守合同法、劳资法等。

针对目前我国各级政府的监管现状，监督评估方面主要从以下三个方面着手。（1）建立完备的监督体系，建立体育主管部门、新闻媒体、公众等多元参与的立体监管网络，确保我国体育公共服务建设过程的规范化与制度化；（2）界定监督内容，以满足人民群众体育需求、实现人民群众体育权益为中心，科学合理制定能涵盖体育公共服务的各主要方面的指标体系，综合反映体育公共服务投入、产出、数量、质量、运行状态等；（3）将评估与监督有机结合起来，建立包括政府、社会服务对象、新闻媒体、第三方评估机构等多方参与的监督评估体系，提高评估的科学性、客观性与监督的有效性，通过客观准确的运行评估促进体育公共服务供给体系建设；（4）对评估结果提出对应的奖惩措施，以强化服务水平，注重体育公共服务的产出和结果，提高公共服务的效率和质量；（5）体育公共服务市场化运行要不断强化保障机制。

本 章 小 结

体育公共服务的理论与实践均已趋于成熟和完善，形成了关于体育公共服务职责分工、组织制度、运行过程和程序、体育公共服务伦理、法律救济等一系列的法规和制度。我国体育公共服务无论是在理论上还是实践上均处于不成熟的初级摸索阶段，在体育公共服务建设上，迫切需要参考国际上的成熟经验，避免体育公共服务走弯路。美国、英国、德国、日本、俄罗斯等国家在体育公共服务组织管理、体育公共服务供给制度建设、公共体育场地设施建设、体育公共服务经费投入、体育公共服务监督评估等方面取得了系列成功经验，为我国体育公共服务的高效供给提供了参考。

第五章

中国体育公共服务供给模式
演变逻辑及现实考察

从管理学意义上来说，价值理念、相应的制度框架和合宜有效的方法、技术手段构成管理模式的核心部件。相应地，公共服务供给模式，就是通过集体性的制度安排，对公共服务的供给者、服务数量与质量、生产与融资方式、管制方式等做出决策、安排并进行监管。[①] 中国社会转型 30 余年来，社会结构从政府、单位、社会三位一体的总体性社会格局向政府、市场、社会相互分离的多元社会格局转变。政府、企业和社会组织在公共服务供给和资源配置方面发挥着重要作用。基于供给主体及其运行机理的不同，公共物品供给方式可以划分为政府主导供给、市场主导供给、社会主导供给三种基本类型，以及三种方式的有机结合。

第一节　中国体育公共服务供给模式演变逻辑

一、中国体育公共服务供给模式的演变历程

在国家社会经济发展以及体制转型大背景下，我国体育公共服务供给模式也发生了重大转变。在公共服务体制改革实践方面，国内学者姜晓萍将改革开放以来我国公共服务体制改革划分为恢复阶段、改革启动阶段、快速发展阶段和完善阶段。学者刘玉对改革开放 30 年我国体育公共服务供给模式转型与现实选择进行了研究，认为我国体育发展逐渐由最初的基本没有公共服务职能，到逐步实现由"发展导向——效率优先"向"进步导向——均等共享"转型，强调了我国体育公共服务的本质是为了人的发展。依据公

---

① 叶响裙. 公共服务多元主体供给：理论与实践［M］. 社会科学文献出版社，2014：31.

共服务模式价值理念、制度设计和技术选择三个系统构件的观点，本书将我国体育公共服务供给模式的发展主要划分为如表5－1所示四个不同阶段。

表5－1 我国体育公共服务供给模式发展演变历程

阶段	年份	理念	供给主体
第一阶段	1949～1978	权威供给——公平至上	政府是唯一供给主体
第二阶段	1978～2003	解制分立——效率优先	政府、社会组织、市场组织
第三阶段	2003～2009	混合竞争——均等共享	政府、社会组织、市场组织
第四阶段	2009至今	网络协同——多元包容	政府、社会组织、市场组织

注：根据相关研究资料整理。

（一）"权威供给——公平至上"型体育公共服务供给模式（1949～1978年）

从1949～1953年间政府管理模式是政治导向型，表现为"以权力单一中心和权力单向度运行为治理机制"。[①] 1954年，《中央人民政府体育运动委员会关于加强人民体育运动工作的报告》中提出："改善人民健康状况，增强人民体质，是党的一项重要政治任务。"体育发展的本质目的是进行社会主义建设，公众和其他主体的需求没有受到重视。[②] 在计划经济体制下，公共服务的决策、生产和分配等各个环节都由政府决定，体育公共服务筹融资渠道单一，国家财政拨付是单一来源。"权威供给"型体育公共服务模式与建国初期生产力水平低下、社会资源总量极度匮乏的现实国情密切相关，这一时期的公共服务模式也适应和推动了当时经济社会的发展，满足了广大人民群众对公共服务的低水平需求。但以均等化为原则的这一模式无法发挥服务差异性对公众的调动刺激作用，形成了一种体育公共服务满足度普遍偏低的低层次的公平。

（二）"解制分立——效率优先"型体育公共服务供给模式（1978～2003年）

1978年十一届三中全会以来，我国计划经济体制开始向社会主义市场经济体制转轨。1978～1984年这一阶段，我国公共服务仍然沿用了计划经济时代政府包揽、分级承担管理体制。公用事业项目按照区域性质由中央部

---

① 李春. 新中国成立以来公共服务模式转型分析 [J]. 中共天津市委党校学报，2010（2）：77－80.

② 刘玉. 改革开放30年我国体育公共服务供给模式转型与现实选择 [J]. 体育科学，2013（2）：11－21.

委或地方立项报批、统一管理和运营。1985～1992 年间，我国公共服务体制壁垒破冰，开始实施公共服务分级管理，中央政府责任下移，地方负责的公共服务管理项目增多，事业单位的承包制、责任制，社会资金的共同参与，使内容运行机制得以激活，公共产品的供给打破了政府一家包揽的格局。1992 年开始，我国公共服务进入快速发展阶段，公共服务供给呈现社会化和市场化趋势，多元主体共同分担的机制逐渐形成。公共服务模式也开始了由"权威供给型"向"解制分立型"转变的深刻转型。

这一阶段，"效率优先，兼顾公平"的基本价值理念体现为对体育公共服务供给效率的追求，在制度设计层面则逐步形成"解制分立"的局面。体育公共服务供给在政府系统内部开始了以"解制分立"为导向的改革，中央政府逐步将公共服务供给决策权、融资权等分解到各级地方政府。"解制分立——效率优先"型公共服务模式极大地激发了各级地方政府、市场主体和社会主体在体育公共服务供给方面的能量，提升了公共服务总量和质量。然而，随着改革的深入和社会利益格局的多元化，这一模式的弊端日益显现。一方面，政府对公共服务市场化认识不足导致其责任的偏失，部分地区出现了政府将公共服务责任向市场和社会"甩包袱"的情况；另一方面，在"解制分立"型公共服务模式下，由于不同地区、不同层级政府财力差距悬殊，导致各地对公共服务的投入极不均衡，损害了公共服务的公平特质。①"解制分立——效率优先"型供给模式必然导致体育公共服务非均衡发展的状况成为 21 世纪初中国体育公共服务领域最突出的特征，而这也必然成为体育公共服务模式再次转型的重要势能。

（三）"混合竞争——均等共享"型体育公共服务供给模式（2003～2009 年）

2003 年 10 月，中共十六届三中全会通过《关于进一步深化经济体制改革若干问题的决定》，提出加强政府公共服务职能。2006 年，中共十六届六中全会通过《关于构建社会主义和谐社会的决定》，把逐步实现基本公共服务均等化作为建设社会主义和谐社会的重要目标和基本任务。2003～2009 年，市场主体和社会主体继续参与到公共服务供给中来，体育公共服务均等化也逐渐得到重视并被提上了议程。基于满足多样化的体育公共服务发展需求，需要在制度安排上实施混合竞争，践行体育公共服务均等共享的价值理念。政府应该逐步引导企业和社会公益组织参与不同层面体育公共服务的供给，这一时期体育公共服务中政府、市场、社会等多元供给主体之间形成了

---

① 李春. 新中国成立以来公共服务模式转型分析［J］. 中共天津市委党校学报，2010（2）：77－80.

相互合作及竞争的伙伴关系，体育公共服务多元主体间实现了优势互补。

（四）"网络协同——多元包容"型体育公共服务供给模式（2009年至今）

网络治理理论一是关注公共服务政策网络的结构，涉及公共服务供给主体的组成、各主体的任务及责任界限；二是关注公共服务供给主体的互动，牵涉到公共服务资源与权力的依赖。[①] 组织间网络模式对克服供给主体间地位的不平等，避免不同的供给主体间的零和博弈具有重要意义，可以用来指导不同的供给主体间的互动关系。2009年以来，多元主体混合竞争在公共服务实践中的作用日益凸显。随着体育公共服务事业的快速发展，包容性增长理念得到重视。包容性增长理念提倡公平合理地分享经济增长成果，体现出公平与效率的内在一致性。"包容性"意味着机会平等和制度公平，"增长"意味着效率，包容性增长强调实现经济社会协调可持续发展，让全体人民共享发展的成果。其中，机会平等是包容性增长的核心，"参与"和"共享"是内涵，且是"益贫式"增长，并逐渐成为民生发展的制度诉求。包容性增长是科学发展观在体育公共服务体系建设领域的本质体现，是一种公平和效率相互依存、和谐包容的模式，并成为我国体育公共服务体系发展理念和中国政府建设服务型政府的必然选择。"包容性增长"理念对于我国体育公共服务地区发展不平衡、城乡差距突出、相关政策法规缺失等问题的解决具有很强的针对性。这一时期公共服务均等化价值理念更是对传统理念的螺旋式提升，基本公共服务均等化初步形成，政府在高层次体育公共服务市场化中承担主要责任。

二、中国体育公共服务供给模式演变特征

（一）需求发动者改变：由政府到公民

现阶段，体育公共服务需要增强供给结构对需求变化的适应性和灵活性，并在需求与供给的相互推动中实现发展。对公众的体育公共服务需求调查不足，那么就容易导致供给与切实需求之间存在着偏差，资源浪费问题严重。体育公共服务政府决策机制的"缺位"和"越位"使得体育公共服务供给结构无法保持平衡。在实践中，由于对体育公共服务需求缺乏应有的重视，体育公共服务的供给与民众的现实需求脱节：一方面，政府体育公共服务供给存在不足，无法有效满足公众日益增长的体育公共服务需求；另一方面，体育公共服务职能的错位与无效，使得政府无法有效提供公众需要的体

---

① 夏玉珍，杨永伟. 公共服务供给机制创新——基于网络化治理的解释框架［J］. 学习与实践，2014（4）：61-68.

育公共服务。随着社会经济的发展与人们生活水平的提高，体育公共服务需求的内容、层次、结构、方式等都会发生相应改变。体育公共服务供给与民众需求脱节源于未能建立系统的体育公共服务需求管理体系，缺乏对体育公共服务需求调查、整合、传递和吸纳的管理能力。服务型政府建设与体育公共服务供给优化呼唤引入体育公共服务需求管理，对民众的需求偏好进行系统调查和排序，构建顺畅有效的需求表达机制，在此基础上对各类需求信息进行有机整合，将真实有效的需求信息传递到体育公共服务决策中心，并及时转化为体育公共服务项目以满足民众的服务需求，从而在需求管理和服务决策之间建立起紧密的适配性联系。这就需要传统体育公共服务供给机制由"单向投入型"向以公众需求为导向的"双向互动型"供给机制转变，促进政府体育公共服务供给与公众需求的有效耦合。通过对政府体育公共服务供给质量的全程监测，倒逼各级政府在体育公共服务供给中重视公众需求，并重视效率、公平、可持续性与公众满意度等指标。

（二）提供方式改变：由单一提供到联合提供

任何一种供给主体都无法完全准确地反映公众需求偏好和现实的利益诉求，会因其自身的价值判断而造成供给结果与需求目标的不一致。① 传统范式强调政府提供体育公共服务的责任，既忽视公众的权利，又忽视体育公共服务其他提供者和生产者的责任，导致体育公共服务提供质量不高、种类不多，无法有效满足公众需求，这需要发挥市场和社会力量的作用，形成以政府为主导，市场、社会组织等主体共同参与体育公共服务供给的发展格局。② 通过完善社会体育组织参与体育公共服务的内容和项目清单，进一步规范准入标准、资质认定、招标采购、服务监管等规则和管理办法，指导社会体育组织依法依规参与体育公共服务，加大向社会体育组织开放体育公共服务领域资源的力度；加快发展各类体育俱乐部，高度重视群众自发组织的体育社团建设，扩大团体会员和个人会员数量；加强科学健身指导服务专家队伍建设，③ 创新社会体育指导员技能培训、分级管理等制度，提高社会体育指导员业务技能和综合素质。

（三）构成主体改变：从"政府—公民"到"提供者—生产者—消费者"

传统体制下，政府提供什么样的服务以及如何提供体育公共服务，公民

① 王家宏. 我国公共体育服务体系的内涵特征与价值取向 [J]. 成都体育学院学报, 2014 (1)：7 – 11.

② 戴健. 中国公共体育服务发展报告 [M]. 社会科学文献出版社, 2013.

③ 省体育局关于印发《江苏体育发展"十三五"规划》的通知 [EB/OL]. http：//jssports. jiangsu. gov. cn/art/2016/6/27/art_40614_3097895. html.

无法自由选择，多是被动接受。体育公共服务供给必须以满足体育公共服务需求为价值取向，体育公共服务构成主体也从政府—公民的单向度关系变为体育公共服务的提供者、生产者和消费者三方协作互动的关系。著名的民营化专家萨瓦斯提出，规划者和安排生产者、生产者与用户群体一起协同产生，进而满足体育公共服务需求。体育公共服务职能和相应的服务资源可以选择性地向社会和市场转移，激励民间资本和社会力量生产和提供体育公共服务。

公共服务供给可以由提供者与生产者合作完成，政府（提供者）和企业、社会组织（生产者）携手合作，通过多种多样的制度安排为公民提供物品和服务。① 政府部门通过契约关系把体育公共服务委托给企业、社会组织等服务生产者。政府向体育公共服务生产者提供资源，政府通过激励或控制手段管理体育公共服务生产者，进而实现对公民提供体育公共服务的长期责任，而数量充足且能力较强的社会体育组织是其前提条件。作为体育公共服务生产者的社会体育组织通过与政府签订契约获得资源，并通过互相竞争降低体育公共服务生产的成本。与政府部门相比，社会体育组织灵活的管理更加有利于满足公众多元化、差异化的体育公共服务需求。与企业组织相比，以公益为导向的社会体育组织不以营利为目的，这更加有利于保证体育公共服务的质量。这需要对体育公共服务供给的全过程采取精细化的管理，以服务理念的人本化、服务主体的多元化、服务客体的明确化、服务内容的多样化、服务技术的现代化、服务结构的合理化、服务过程的规范化，② 实现体育公共服务的精准化供给。比如，体育公共服务市场化中的政府是体育公共服务委托者，私营部门是生产者，政府部门安排和决定提供哪些服务，政府部门与私营部门的关系转变为合作伙伴关系。社会组织提供体育公共服务多是调节和补偿不同质量的服务，特别是关注弱势群体，使公众更多地感到满意和公平。

（四）体育公共服务中的政府角色转变：从"管理者"到"治理者"

有效的政府治理是发挥社会主义市场经济体制优势的内在要求之一，③ 对于践行体育公共服务治理体系和治理能力现代化具有重要的借鉴作用。为贯彻落实党的十九大和十九届二中、三中全会精神，深入推进简政放权、放

---

① 吕芳，潘小娟. 基于公民互助的协同生产——公共服务供给的一种新模式 [J]. 北京行政学院学报，2014（6）：103 – 107.

② 贾先国. 工程项目施工精细化管理探讨 [J]. 西安建筑科技大学学报（社会科学版），2009（4）：26 – 29.

③ 胡仙芝. 论政治文明建设视野下的政府治理文明目标及其路径 [J]. 北京联合大学学报，2008（3）：50 – 56.

管结合、优化服务改革，加快政府职能深刻转变。新时代的政府已经充分认识到自己的角色转变，并开始有所实践，政府在体育公共服务中的角色定位被重新审视。传统管理模式下政府定位在"全能政府"与"无限政府"，政府自上而下实施管理，扮演大包大揽的角色。而新时代的政府治理更多的是在多元行为主体之间形成密切、平等的网络关系，[①] 政府规划、引导与设计等主导作用发挥下多元主体间进行合作，强调上下互动，不依靠政府的权威，而是合作。因此，体育公共服务领域中的传统政府控制和管理的观念必须让位于规范、调控和服务的观念，客观要求政府、社会、市场与公民间形成有效协同新型伙伴关系。

随着社会经济的快速发展，体育公共服务首先需要优化政府体育部门的机构设置和职能配置，加强体育部门相关机构的配合联动，避免政出多门、责任不明、推诿扯皮，破除制约改革发展的体制机制弊端，使政府体育部门各个机构设置更加科学、职能更加优化、权责更加协同、监督监管更加有力、运行更加高效。在体育公共服务实践中引入竞争机制非常必要，竞争促使政府摆脱垄断性的角色定位，促使社会中介组织、民间公益组织等非政府组织在法律的框架内成为体育公共服务发展的重要主体，形成政府主导下的竞争合作机制，促使其运行协调。职责明确、依法行政的政府治理体系的建设必须坚持一切为了人民，满足公众日益增长的体育公共服务需求，充分调动公众的积极性和创造性，把社会能够承担的职能交给社会。

三、中国体育公共服务供给模式发展态势分析

（一）核心理念：注重包容性的共享和参与

共享和参与不仅仅是机会的平等，也是实质的公民权利，更是让社会弱势群体拥有真正公平参与的机会与实质的自由，旨在实现机会平等、过程公平直至结果正义的目标。[②] 1975 年《欧洲体育运动全员宪章》，1978 年《体育教育和体育运动国际宪章》与 1996 年《奥林匹克宪章》均强调了公民参与体育的权利。

传统的体育公共服务模式下，公民只是被动地接受服务，相对忽视公众的需求和偏好，形成公众影响较为有限的不利局面，缺乏必要的公民参与。随着公共管理改革和"以人为本"理念的影响，共同参与体育公共服务供

---

① 石佑启，杨治坤. 论行政体制改革与善治 [J]. 江汉大学学报（社会科学版），2009（1）：55－60.

② 王聪，李成智. "包容性增长"理论视角下的政府体制改革研究 [J]. 河南社会科学，2013（6）：33－34.

给可以较好地解决体育公共服务建设中供给与需求之间的偏差，进而保障公众接触和享受体育公共服务的机会和基本无差别的体育公共服务，且所有的服务措施均应该无条件地向公众开放，接纳公众参加各种活动，接受公众的管理和监督。并且，公众参与体育公共服务体系建设，有利于反映体育公共服务需求和对体育公共服务进行有效评价。当然，不仅要扩大公民参与渠道，强化政府服务过程中公民参与途径的制度设计，还要加强对政府公务人员的道德教育，提高政府的责任意识和对公民参与的回应性，以保证公民参与的实现。而对于公民来讲，主要强化自身素质，培养参与能力，增强权利意识，培养责任感。

（二）内在要求：实现政府部门、社会组织、市场组织的有效互动

公共服务是一个复杂的系统，其复杂性来源于自身结构、参与方关系、供给方式和所处社会环境的复杂性。而基于这种复杂性，公共服务供给中往往存在着各种不同机制的混合。[①] 体育公共服务体系不仅是一个不断推进和逐渐实现科学发展的过程，还与供给机制、品质评价及成本构成息息相关。政府与市场、政府与社会在提供体育公共服务过程中的角色定位、边界及有效互动是构建体育公共服务体系的内在要求。该内在要求使其理应符合公平标准，但是随着社会组织力量的发展，政府与市场、政府与社会组织间的传统界限逐渐被打破，政府、私营部门、社会组织之间的关系体现出很大的竞争性与合作性。体育公共服务各供给主体保持着一种相互独立、相互竞争、相互合作和制衡的关系，体育公共服务供给逐渐演变成为由各种不同角色所组成的复杂合作网络的过程，并在特定规则的制约下实施行动。体育公共服务供给强调政府、市场与社会的有效互动，归根到底就是为了满足公众对体育公共服务的需求，是一种以公众需求为导向的社会活动。

（三）实践导向：实现体育公共服务均等化

目前，我国体育公共服务供给不仅水平较低，无法切实满足群众日益增长的体育公共服务消费需要，而且在城乡之间、区域之间与群体之间的差距依然存在。体育公共服务供给必须关注弱势群体的偏好差异，在满足人民群众基本需求的前提下尽可能尊重不同群体的自由选择。体育公共服务供给体系建设须使得城乡之间、区域之间、群体之间的体育公共服务成果享用更加趋于协调、均衡，在尊重实际差异和自主选择的基础上实现居民的普遍受益。

体育公共服务均等化意味着必须保证公众享用体育公共服务需求、权

---

① 郁建兴，吴玉霞．公共服务供给机制创新：一个新的分析框架［J］．学术月刊，2009（12）：12–18．

利、能力及结果的均衡平等，实现体育公共服务区域均等化、城乡均等化以及不同群体之间的均等化。由于受到公共支出总量和公共支出结构的限制，西方发达国家的体育公共服务消费模式不太符合我国实际，而"广覆盖、水平适度、兼顾公平与效率、包容型"的体育公共服务成为发展的现实选择。2009 年国务院分别颁布了《全民健身条例》，明确要求"县级以上地方人民政府应当将全民健身事业纳入本级国民经济和社会发展规划""县级以上人民政府应当将全民健身工作所需经费列入本级财政预算"及"县级以上人民政府体育主管部门应当在本级人民政府任期届满时会同有关部门对全民健身计划实施情况进行评估，并将评估结果向本级人民政府报告"。这就是人们通常所说的全民健身"三纳入"。这是针对政府在公共体育服务中发挥主体职能的一项重要措施，尽管实施中遇到很多困难，特别是"将全民健身工作所需经费列入各级政府财政预算"的难度很大。①

我国体育公共服务供给的均等化要求覆盖全体公众，统筹城乡体育公共服务发展，改变城乡二元保障机制，使城乡居民拥有均等的发展机会和享受同等水平的体育公共服务。这需要优先考虑扩大体育公共服务的制度覆盖面，缩小城乡体育公共服务的差距，满足基本需求，即横向公平均等化。这就需要统筹协调，构建服务网络，向不同的体育健身娱乐人群提供优质高效的服务，实行多层次、多时段、多种优惠的多元化的服务；并加大农村体育公共服务的投入，逐步建立、健全乡镇群众体育组织，丰富体育活动内容；还要促使公共体育场馆、经营性体育场地设施向弱势群体免费开放，政府给予一定补贴，让每一个公民都能享受体育公共服务。但是，我国中央、省（自治区、直辖市）、市、县与乡（镇）五级政府间的体育公共服务责任划分至今没有得到有效解决。在我国体育公共服务政策实践中，更多的是遵循财政能力均等化的思路，导致战略要求与政策运行之间的偏差与错位。我国由于地区间财力差异过大，许多地方政府的财力不足以负担辖区内的体育公共服务成本，转移支付体系也不足以消除差别。

第二节　中国体育公共服务供给方式现实考察

从理论层面讲，政府与非政府组织都能提供公共服务，但这两种组织在提供服务时遵循着不同的作用机制，在垄断性、强制性、灵活性、契约、目标导向、资源来源六个方面，二者的公共性差异很大，笼统地说某种组织比

---

① 刘国永，杨桦. 中国群众体育发展报告［M］. 北京：社会科学文献出版社，2014：8 − 9.

另一种组织优越是不负责任的。① 就纯公共物品而言，政府的比较优势决定了其所肩负的主要责任，但这并不意味着政府要亲自生产这些产品和服务，政府可以通过引入市场力量、委托给社会组织或私人部门来生产，统一采购后再向公众提供，见表 5 - 2。

表 5 - 2　　　　　　　　　　　　公共服务的提供方式

提供	政府直接提供（内部生产）	
	合约提供	与其他政府签约
		与私营部门和社会组织签约
		规制私人生产活动
	不提供（私人提供）	

资料来源：汪锦军. 构建公共服务的协同机制：一个界定性框架 ［J］. 中国行政管理，2012 (1)：18 - 22.

　　国外学者研究表明，加强公共部门与市场部门的沟通与合作，能够提高政府的公共服务供给质量和供给效率。我国公共体育服务旨在通过体育手段促进人民的体质健康，促进资源全面开放和权利共享，确保公共体育服务资源向广大人民群众开放，保障公众的体育公共服务权益，并在一定标准上实现权益均等化。我国体育公共服务供给的复杂性、需求的多层次性与多样性以及等特征昭示着体育公共服务供给、需求及其实现过程管理需要从整体架构上进行系统分析。基于保持体育公共服务供给的效率和公平，对体育公共服务实现机制进行顶层设计成为我国体育公共服务发展的必然选择。本书认为体育公共服务的供给应包括以下几种基本方式：一是完全由政府直接提供的基本公共体育服务；二是以市场为主导、由各种与体育有关的市场力量运作的体育公共服务；三是以社会组织为主导，由社会非营利组织实施操作的体育公共服务。当然，由于我国体育公共服务发展改革相对滞后，我国体育公共服务供给机制现实发展需要构建政府主导的基本公共服务供给机制、市场主导的公共服务供给竞争机制、社会主导的公共服务供给补充机制，并且致力于积极发挥各主体在体育公共服务供给中的作用，形成体育公共服务多元主体协同供给体系，见表 5 - 3。

---

① 汪锦军. 政府与非政府组织公共性之比较 ［J］. 浙江学刊，2004 (6)：78 - 81.

表5-3   体育公共服务多元主体复合供给方式

供给主体	政府（G）	市场（M）	社会（S）
政府（G）	G-G	G-M	G-S
市场（M）	M-G	M-M	M-S
社会（S）	S-G	S-M	S-S
多主体（G、M、S）	G-M-S		

注：G-政府部门，M-市场组织，S-社会组织。

资料来源：根据相关研究资料整理所得。

一、中国体育公共服务政府主导型供给方式分析

由表5-3可知，体育公共服务政府主导型供给方式主要 G-G、G-M 和 G-S 三种。其中，G-G 组织合作方式主要包括政府直接生产提供型和政府垄断供给型。尤其是在政府直接生产提供体育服务中，政府部门扮演着服务的生产者和安排者的角色，直接向社会公众提供体育公共服务。一般来讲，此类体育公共服务多为市场企业和社会组织能力不足或者提供意愿不足，政府多以免费或者低收费的形式向社会公众提供体育公共服务，原因多是此类体育公共服务具有显著的外部性，且此类体育公共服务多具有极强的非竞争性和非排他性的特征，即通常所说的纯体育公共服务。对于此类体育公共服务，政府在公共财政的基础上进行筹资、生产和分配，体育公共服务由政府决策，但垄断供给政府带来了巨大的财政压力，也可能导致体育公共服务供给的低效率以及供给的错位和缺位等。

关于 G-M 组织合作方式和 G-S 组织合作方式，前者主要是指政府委托市场主体提供体育公共服务，后者主要是政府委托社会组织供给体育公共服务。两者通过政府与市场部门和社会组织签订生产合同，授予经营权、政府参股、财政补贴、优惠贷款以及减免税收等，这两种方式在缓解政府直接财政负担的基础上，提高了体育公共服务的经营和管理效益。比如，我国很多国有大型体育场馆，更多的是生产和经营环节由市场企业组织和社会组织来完成。再比如，北京市东城区政府积极引导和鼓励社会力量参与公共体育服务供给，通过整合运营模式，形成"政府领导、部门协同、社会参与"的新格局。在政府与企业合作上，东城区体育局委托北京咏怀钟鼎文化发展有限公司深入开展前期调研。首先，对全区现有体育环境、文化资源及各类人群的实际需求进行详勘摸底；其次，将奥林匹克精神以及养生知识、健身方法、传统文化与体育健身的硬件环境进行结合，以喜闻乐见的形式融入居

民生活，促进居民形成科学的健身意识、健康文明的生活方式。在政府与社会组织合作上，东城区政府注重辖区内体育社会组织的建设和发展，通过引导其规范成长，使其成为政府供给公共体育服务的重要合作对象。东城区健身操舞协会由一批国家级社会体育指导员和全国优秀社会体育指导员组成，凭借东城区的体育场馆资源优势，通过接受政府购买服务的方式，以各街道、社区为落脚点，建立了全民健身技能培训基地和配送服务基地，为东城居民提供免费的健身操舞培训和指导服务。在政府与居民个人协作上，东城区政府通过社区讨论会、居民议事会、社区居民代表会等形式，积极引导东城下辖社区居民全程参与公共体育生活化社区的建设，引导居民参与决策、表达偏好意见、形成自治管理组织，见图5-1。

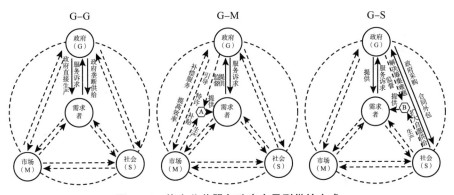

图5-1 体育公共服务政府主导型供给方式

资料来源：根据相关研究资料整理所得。

我国《宪法》第107条规定，县级以上各级地方政府具有管理本行政区域内体育事业的职权。《地方组织法》第61条规定，乡镇政府具有管理本行政区域内体育事业工作的权限（见表5-4）。随着政府从向公共服务型政府转变，需要政府加大公共服务投入，增加公共服务供给，满足人民的生活与发展需要，为构建和谐社会提供坚实的基础。自1994年起，我国实行了中央与地方的财政分税制度，从公共物品的角度来讲，中央的财政能力得到增强，中央政府供给公共物品的能力得以提高。中央政府在2005年出台了"三奖一补"政策，表明中央政府对基层政府公共财政的关注，一定程度上增强了不发达地区基层政府的公共物品供给能力。

表5－4   中央政府间公共服务职责划分

公共服务类型	政府间职责划分
国防、外交	中央负责
铁路、民航、邮政	中央负责（在地方的分支机构由中央实行垂直管理）
教育	中央领导、分级负责（其中高等教育由中央和省负责，义务教育由省负责统筹规划实施、地方分级管理）
卫生医疗、文化、科研、体育	中央领导、分级负责
社会保障和福利	中央领导、分级负责
公共安全	中央领导、分级负责
环境保护	中央领导、分级负责
公共基础设施	中央领导、分级负责

资料来源：沈荣华. 政府间公共服务职责分工［M］. 国家行政学院出版社，2007：98.

目前，我国体育公共服务基本上是以行政区划分管理范围的，体育公共服务的成本也有一定的范围，体育公共服务的融资范围如何，直接关系体育公共服务资源配置是否适当。全国性的服务，往往是全国性的融资范围比较合适。地方性的服务，地方性的融资范围比较合适。公共服务管理单位最好与公共服务的成本范围相一致。如果管理范围大于成本范围，则出现局部融资大范围受益的问题，如果管理范围小于成本范围，则出现局部受益大范围融资的问题。就转移性支付来说，中央给地方的转移支付资金，最好直接转移到受益单位，让受益单位直接支配中央的转移支付资金，而不要通过中间环节，否则容易出现管理范围和受益范围不一致的问题。在计划经济时代，考虑体育公共服务提供时，往往是从政府能做什么入手，忽视政府服务对市场的补充作用。而当前的改革核心是精简政府职能，使政府撤出可以由市场调节的领域。因此，确定我国体育公共服务范围时，应主要着眼基本职能和中型职能，集中力量办好体育公共服务最基础最重要的项目，体现"立足国情，抓主放次"的发展策略。

根据公共经济学理论，中央政府一般提供全国性的宏观服务，地方政府一般提供中观或微观性的服务，社会化、市场化趋势在地方层面上体现得更为明显。效率损失的大小与各地的偏好及需求弹性有关，偏好相差越大，由中央集中统一提供的福利损失就越大，见图5－2。体育公共服务事业发展需要加大地方财政的投入力度，如全民健身路径的建设资金应逐步减少中央政府直接划拨资金的比例，改由地方政府承担更大的比例，提供更能符合当地居民需要的体育公共服务，提升体育公共服务的供给效率。而从体育公共服务供给角度来看，地方政府通常比中央政府表现出更高的效率。

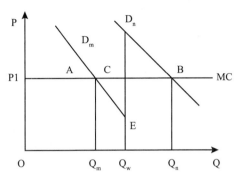

图5-2 中央统一提供体育公共服务效率分析

资料来源：本书作者根据相关研究整理。

国家级政府部门通过制定体育公共服务相关法律法规、方针政策、体育公共服务发展规划和质量标准，提供国家层面上的体育公共服务，并统筹和监督各省、自治区、直辖市的体育公共服务，还通过财政转移支付措施推进体育公共服务均等化，保障体育公共服务供给的公平性。相应地，各省级政府和市县级各级政府要保证上一级政府法律、法规、政策、规划、质量标准的执行，制定地方公共服务的规章、政策与规划，对下一级政府部门的体育公共服务进行组织协调和监督检查，通过财政投入保障体育公共服务提供。市县级政府体育部门则需要保障体育公共服务的实现度与满意度，维护社会稳定，促进社会和谐。从总体上来看，在体育公共服务政府主导供给方式中，市场与社会主体的角色定位主要体现在三个方面。其一，政府决策的参与者。政府的有限理性与基本公共服务体系的复杂性之间的矛盾决定了此种参与的必要性，非政府主体理应在具体的项目规划与设计中发挥作用。其二，服务的生产者。企业、社会组织参与生产，能够提高资源配置效率，缓解政府的财政压力；它们还在特定类型的服务上具备优势，诸如重视沟通、交流过程的基本公共服务。其三，责任的共担者。协同供给的具体形式多种多样，以合同外包为例，非政府主体可通过公开招标、询价、竞争性谈判、邀标等方式成为相关服务的提供者。

二、中国体育公共服务市场主导型供给方式分析

目前，学术界对公共服务市场化的表述相当多，如民营化、代理政府、国家市场化、市场治理以及公私伙伴关系等。关于公共服务市场化含义，皮埃尔归纳为：第一，利用市场标准去配置资源，并利用市场标准去评估公共

服务生产者和供给者的效率；第二，是新公共管理的一部分，强调移植私营企业的管理经验，强调以结果为本；第三，个体可以在不同的体育公共服务供给者之间进行选择。20 世纪 80 年代以来，政府垄断公共服务越来越受到人们的质疑，在这样的背景下，新公共管理理论提出了公共管理主体多元化的主张，并为多元管理主体进入公共管理领域探索出具有操作意义的制度安排，包括合同外包、特许经营、使用者付费等，国外学术界将这些制度安排统称为"公共服务的市场化"，见表 5 - 5。其核心理念就是在体育公共服务领域引入市场竞争机制，即由原来政府独自垄断体育公共服务的提供和生产，转变为政府主要作为提供者来提供制度安排和运行规则，企业通过竞争来获取体育公共服务的生产任务。

表 5 - 5 公共服务市场化方式分类

模式类型	市场化程度	具体模式
政府内部改革	低	内部市场
		用者付费
政府委托授权		合同外包（最为广泛）
		特许经营（包括 BOT 模式和租赁）
		股权合作
		补贴
	高	凭单制
政府撤资		一次性撤出（出售、无偿赠予、清算）
		分次撤出（民间补缺、放松管制）

资料来源：陈振明. 公共服务导论［M］. 北京大学出版社，2011.

体育公共服务实践表明，体育公共服务市场主导型供给方式主要包括 M - M 组织合作方式和 M - G 组织合作方式，见图 5 - 3。其中，M - M 组织合作方式主要是指政府监管下的由市场完全供给的模式，其中，政府管制起着重要作用，私人资本通过投标取得政府特许的专利经营权来生产与供给体育公共服务。M - G 组织合作方式主要是指政府补贴下的市场供给模式，政府主要通过投资参股、按业务量补贴、无偿捐赠、提供优惠借款、提供借款担保、建民税收等方式进行。在体育公共服务市场主导型供给实践中，政府部门监督、企业精细化管理与运作是公共体育服务市场化供给的主要特征。如青岛市体育资源依托政府监管和指导，以市场化的方式创设"PC 端 + 移动端"的高效模式，打造开放、阳光、便捷、高效的体育信息发布、宣传、推广、交易、清算、投融资和第三方服务专业平台。所有人可以一键注册、一键发布，几分钟就可以将一个体育赛事活动或体育资源的资料向全国发布，实现发布、检索、回复和交付定金一站式服务。从服务内容看，政社合作提供公共体育服务的内容以"软服务"为主，比如群众体育赛事组织开展、运动技能培训、健身指导等主观性较强、标准较模糊的在线服务。如湖北省体育局于 2014 年推出一款手机应用程序，包含湖北省 17 个地级市 633 家体育馆优惠活动，囊括游泳、羽毛球、篮球与足球等 18 个运动项目。创新性地搭建了湖北省公共体育服务平台，惠及大众的全民健身，实现了"互联网＋公共体育服务供给"的创新模式。国家体育馆的建设也采取典型的市场化模式。国家体育场由中信集团联合北京城建集团、美国金州控股集团中标。北京市国有资产经营有限责任公司和中信集团联合体组建国家体育场有限责任公司，对项目建设进行监督。体育场馆后期运营，完全交由私营部门进行，公开公平公正进行招标，实行自主经营，在引入竞争的基础上完善监督考核制度，促使体育公共服务能更好地惠及大众。

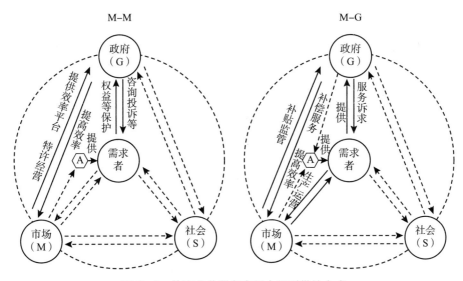

图 5 - 3　体育公共服务市场主导型供给方式

资料来源：根据相关研究资料整理所得。

以往我国大部分体育企业由于体育公共服务的市场介入约束和企业社会责任感不强等因素，难以发挥体育公共服务提供者的角色。[①] 在新公共管理

①　肖林鹏，李宗浩，杨晓晨等．论我国公共体育服务的供给困境［J］．山东体育学院学报，2008，24（8）：1 - 4.

运动几乎席卷全球的国际背景下，"公共服务市场化"被广泛引入，合同外包、特许经营、用者付费和内部市场等成为主流供给方式。比如，在特许经营供给方式层面，参与体育公共服务生产的竞争主体必须是真正的市场主体，必须拥有市场化的运行机制，招投标过程具有竞争性。整个招投标过程要公开和透明，要接受包括媒体和普通公众在内的更广泛的社会监督，以保证把那些真正具备生产资质和生产能力的竞标者选拔出来。政府作为安排者要利用社会力量为公众提供优质体育公共服务，各种特许政策下的企业生产者通过经营体育公共服务得以回报。如果这种公共服务的市场机制中生产的产品完全是生产者自主经营的且具有竞争性的产品，政府完全可以不考虑产品的生产过程，而通过最终产品的质量情况决定是否购买。当然，政府一旦将体育公共服务的生产任务交给了企业，在运用这种体育公共服务的市场供给机制之前，必须为这些机制的运行创造出相应的环境条件，以免公共资源被浪费或被侵吞。

三、中国体育公共服务社会主导型供给方式分析

美国耶鲁大学的汉斯曼教授（Hansmann）认为非分配约束（non-distribution constraint）是社会组织区别于营利组织的最重要特征，其主要包含不能进行剩余利润的分配和不得将组织的资产以任何形式转变为私人财产两层含义。社会组织没有足够的动力来提供更少或更低质量的服务，因为它们不能从这些行为中得到好处。[1] 同时，汉斯曼认为，当服务提供的质量很难由消费者来监督时，社会组织往往是最有效的选择。[2] 综观我国体育公共服务发展实践，我国社会主导型体育公共服务供给方式主要包括 S - S 组织合作方式、S - G 组织合作方式和 S - M 和 M - S 组织合作方式等，见图 5 - 4。其中，S - S 组织合作方式主要是指非营利组织主导供给的模式，即社会组织独立提供体育公共服务，主要是通过会费、私人捐款以及服务收费等自筹资金等提供体育公共服务，政府主要担任体育公共服务的协调者和监察者。S - G 组织合作方式即社会组织与政府合作模式，社会组织接受政府资助或享受免税等优惠政策，但政府并不直接投资经营。政府也借助社会组织实现体育公共服务输出的社会化，政府把社会职能交由社会组织，进而实现政府职能的改善。S - M 组织合作方式和 M - S 组织合作方式主要是指社会组织与市场组织合作的方式。两种模式主要是通过合作实现共赢。社会体育组织

---

① Hansmann H. Economic theories of nonprofit organizations. New Haven, CT: Yale University Press, 1987.

② Hansmann H. The role of nonprofit enterprise. Yale Law Journal, 1980, 89 (3): 835 - 898.

通过与企业的合作获得资金支持，而企业组织则通过合作扩大社会影响力、提高社会效益。

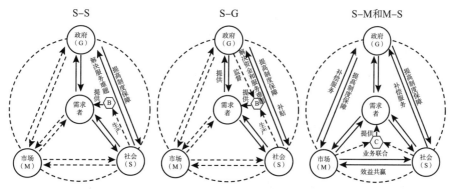

图5-4 体育公共服务社会主导型供给方式

资料来源：根据相关研究资料整理所得。

　　近年来，我国体育公共服务社会主导型供给方式在实践中广泛使用并发展迅速，上海社区体育协会由杨浦区四平社区、徐汇区徐家汇社区、长宁区新泾镇社区、浦东新区洋泾社区的四家社区体育俱乐部为发起单位，上海市体育局认可并同意成立上海市社区体育协会。上海社区体育协会参与公共体育服务的内容称为"社区体育配送"，由市体育局打包购买，以社区体育健身俱乐部或街镇为配送终端，以社区居民为服务对象，为市民提供免费的公共体育服务产品。同时，协会在继承传统社区体育配送工作的基础上不断创新，仅在2015年，协会主办的社区体育联盟赛达到50场，遍及多种群众喜闻乐见的体育项目，有215个社区街道、镇、乡及工业园区参与其中。

　　20世纪90年代以后，行业协会和民办非企业单位等社会组织取得快速发展。特别是2013年以来，中央和地方政府开始加速推进社会组织发展的改革创新，从民政部到地方开始探索部分类型社会组织的直接登记，取消或下放一些社会组织的登记和审批权力；推动政府向社会组织购买服务，国务院办公厅下发《关于政府向社会力量购买服务的指导意见》，中央和地方政府普遍利用财政或福彩资金支持社会组织开展社会服务，使得社会体育组织并开始承担部分体育公共服务职能。2006年以来，我国社会体育组织（体育社会团体和体育类民办非企业单位）的总体数量不断膨胀，保持着连续正增长的速度，如表5-6所示。

表 5 - 6　　　　2010～2014 年体育社会团体和体育类民办非企业单位数量

年份		2006	2007	2008	2009	2010	2011	2012	2013	2014
体育社会团体	数量（个）	9546	10685	11780	12623	12842	13534	15060	17869	20848
	增长率（%）	—	11.93	10.25	7.16	1.73	5.39	11.28	18.65	16.67
体育类民办非企业单位	数量（个）	4712	5343	5951	6591	7062	7700	8490	10353	11901
	增长率（%）	—	13.39	11.38	10.75	7.14	9.03	10.26	21.94	14.95

资料来源：根据相关研究资料整理所得。

　　党的十八大报告明确提出加快形成政社分开、权责明确、依法自治的现代社会组织体制。社会组织在公共服务等领域的能力和作用将显著增强，政府与社会组织深度合作成为发展趋势。现阶段，我国仍然处于转型期，各种社会制度和法律还不健全，各种社会组织仍未发育成熟，客观需要加强政府引导，为社会组织的健康发展提供良好环境，从而使社会组织实现自我约束、自我激励和自我管理。我国社会体育组织力量较为薄弱，各级社会体育组织发展相对缓慢、数量偏少、作用发挥不够，社会体育组织的职能弱化明显。通过调研发现，许多基层体育社团"等靠要"现象明显，离不开政府"输血"，自我"造血"能力弱，体育社团改革步履维艰。这需要行政部门给予扶持，并从完善法制、开放市场等制度设计上激发体育社团内生活力。且各级体育协会的社会化程度较低，人员来源渠道较单一，社会资源聚集不够；协会的市场化程度较低，赛事活动运作方式单一；协会的实体化程度较低，大多数协会无固定办公场所和必要的场地设施，自我生存和自我发展能力不强。部分协会规范管理不足，个别协会的制度建设滞后。社会体育组织发展存在建设经费缺乏、核心赛事资源的问题，导致造血功能不足。政府对地方协会的定位、职责不明确，改革还需要时间，需要积极探索调动民间力量参与体育公共服务的多元化供给。

第三节　中国体育公共服务供给主体角色
定位与行为优化模式

　　现代市场经济条件下的政府部门、市场主体、社会组织都可以成为体育公共服务的供给主体，但需要在供给中合理定位不同主体的角色和范围，从而以最佳的规模和最低的成本提供优质的体育公共服务，见表 5 -7。

表 5 - 7　　　　　　　体育公共服务供给主体服务范围及职责

服务供给主体	服务范围	功能定位	承担具体职责
政府部门	具有普遍性质的体育公共服务	主导协调	制订服务标准，提供规制框架，保护需求者权益。强调整体性服务，建立公平的体育公共服务体系
市场组织	具有差异性性质的体育公共服务	互利共赢	提供管理、技术、资本，优化资源配置，为需求者提供增值服务，关注个人差异化需求的满足
社会组织	具有志愿性质的体育公共服务	补充共享	完善和缓冲政府与市场供给体育公共服务方面的不足

资料来源：根据相关研究资料整理所得。

一、政府角色定位：主导协调

萨瓦斯教授认为：政府本质上是一个安排者或者提供者，是一种社会工具，用以决定什么应该通过集体去做，为谁而做，做到什么程度或什么水平，怎样付费等问题。[①] 公共服务生产者和安排者能够分离，安排者和成本支付者能够分离。即政府具有体育公共服务的生产者、提供者和安排者三种角色，见表 5 - 8。体育公共服务的生产者——政府亲自生产公共服务；体育公共服务的提供者——政府不直接生产，但是通过政府掌握的资源（资金和政策）资助体育公共服务的生产和消费，发挥着掌舵的作用。政府控制着体育公共服务的提供，而不是通过传统的行政手段亲自提供。

表 5 - 8　　　　　　　　政府作用定位及表现

政府作用定位	表现
体育公共服务的生产者	体育公共服务的直接生产者，负责体育公共服务的运行与管理
体育公共服务的提供者	提供体育公共服务；作为赋权者和协调者，选择一些私营部门和社会组织来提供体育公共服务，并在项目的运行、资源的分配上，适当地做一些协调工作 作为体育公共服务的赞助者，对已在为公众提供有价值的体育公共服务的社会组织给予一定的资助，激励有效运行
体育公共服务的安排者	做好有关体育公共服务的立法和规范工作，促进体育服务的健康发展

资料来源：根据相关研究资料整理所得。

---

① ［美］萨瓦斯. 民营化与公司部门的伙伴关系 ［M］. 周志忍，译. 北京：中国人民大学出版社，2002：68.

随着体育公共服务需求的多样化，政府更应将精力聚焦在提高体育公共服务效率上，减少对微观事务的干预，在体育公共服务产品的提供方式上可以选择协商沟通，不断地注入市场力量，引入竞争机制，比如，可以通过奖励或政府采购的方式间接地提供体育公共服务。当然，根本前提是保障体育公共服务和产品的非营利性。政府部门掌握着独特的资源，在提供体育公共服务的过程中具有协调不同供给主体目标和为不同供给主体的合作提供制度规范的权力。政府管理包括制度和战略两个方面。从制度层面来讲，政府应为不同主体间的合作和协调提供各种机制。从战略上讲，政府的主要作用在于为不同的供给主体制定共同的目标。政府管理的前提是有一个以公众需要为目的、关注民主价值和公共利益的政府。由此看出，政府组织需要以均衡、有效地配置公共体育资源为根本职责。各级政府在提供体育公共服务的过程中具有不同的地位和作用，特别是在推进体育公共服务均等化发展方面。比如，平衡地域差距主要是中央政府的责任，而省级政府和中心城市的责任是平衡城乡差距。

二、市场组织定位：互利双赢

体育公共服务的供给主体单一，市场企业组织未能充分发挥作用，是导致体育公共服务供给效率低下的重要原因之一。20 世纪 70 年代以来新公共管理理论的提出，提倡引入市场机制以改进政府公共产品供给机制，重视成本和绩效分析，以期提高公共服务的质量。体育公共服务供给可以区分为提供和生产两个环节，市场对于资源有效配置有着天然的优越性，要通过招投标、公民自主选择等市场化方式，建立起竞争机制，推动公共资源利用效率和公民满意度的提升，充分发挥市场在公共服务生产环节的优势。具体到体育公共服务领域，体育公共服务市场供给的方式有民营运作、契约外包、特许经营、政府补助等；市场角色包括生产者—被采购者、生产者—合作者、购买者—提供者、提供者—生产者四种类型；可通过优化多元导向的治理结构、推进市场导向的 PPP 模式、创建公民导向的参与格局及完善绩效导向的利益机制等来实现。

改革开放以来，体育公共服务消费超额性的存在，使得公众愿意通过市场机制购买体育公共服务，也促使营利组织愿意提供体育公共服务，实现的利润。但市场供给在追求最大化利润的同时，效率与公平无法兼顾。当然，政府可以通过税收优惠等诱导性政策激励企业对体育公共服务有效供给，提高体育公共服务市场供给的积极性。体育公共服务供给中的政府和市场是一种相互补充的合作态势，应把政府手中掌握的资源配置权利适度还给市场，实现市场机制配置资源的优势。而政府则对体育公共服务的供给由直接生产转为组织协调、规划决策、加强市场的法制建设及监督管理，实现政府在保障社会公平及市场良好运作方面的优势。

三、社会组织定位：补充共享

在保持政府主导定位的前提下，应确立社会的主体定位，发挥社会组织在社会管理中的作用，由社会组织代替政府履行某些职能。随着管理主体的改变，政府职能和对社会管理的方式也应相应发生转变。政府可以通过招标、委托等各种方式将管理事务交给社会组织，既能降低政府的成本，提高运作效率，又能使社会组织通过合理的方式充分发挥作用。与政府组织相比，社会组织植根于社会、贴近社区、反应迅速、机制灵活，能够为公众提供个性化、专业化、多样化的体育公共服务，在提供体育公共服务方面有着自己的独特优势。特别是在政府不便做、做不了、做不好的领域，社会组织的功能和作用更为突出，具有更大的比较优势。政府通过运用外包、补贴等具体方式来将一部分职能转移给社会组织，以求最大限度地降低政府的直接管理成本。

社会组织主要是指介于政府部门和营利组织之外的一切民间团体或民间协会、基金会和公益性事业单位，它们具有以非营利为目的，以自愿性、半自愿性或半强制性的方式实现公共利益的特点。[1] 积极培育各种社会组织参与体育公共服务，有利于保证体育公共服务供给的效率和质量。市场失灵与政府失灵使得非营利组织（志愿组织）在参与公共服务的提供上能够弥补市场和政府的不足。当然，社会组织行为也有可能偏离志愿性公益机制，出现资源配置的低效或价值取向的非公共性现象，会在满足社会多元化需要、提供公共产品和服务上产生功能性和效率上的缺陷。但总的来看，社会组织某种程度上具有提供社会服务、强化社会管理、弥补政府及市场失灵的作用，已经成为政府、企事业单位以外提供体育公共服务的第三途径。相较于政府服务对象的全民性和服务内容的有限性，社会组织没有法定的服务义务，服务项是可选择性的，社会组织服务对象也不像政府那样是普惠式，而主要是服务组织所属成员或特定性群体。

四、多元主体行为优化模式分析

传统计划经济体制下体育公共服务供给的有效性主要通过行政系统内部

---

[1]　赵静. 第三部门的功能异化及其矫正［D］. 湖南师范大学研究生学位论文, 2011：1.

自上而下进行管理，以行政命令为基本特征。在社会公共体育需求不断增长的情况下，政府"单向投入型"供给体育公共服务过多地依赖投入任务指标、规模效应、责任考核等驱动各级政府履行供给责任，从而导致体育公共服务供给与公众需求错位，出现供需失衡。体育公共服务任何一种供给主体都无法完全准确地反映公众需要偏好和现实的利益诉求，会因其自身的价值判断而造成供给结果与需求目标的不一致。理论与实践表明，政府既可以直接作为供给主体，也可以采取市场化的运作方式，由其他市场主体作为供给方。政府部门及组织的根本职责在于均衡、有效地配置公共体育资源。政府一般提供公共性较强的体育公共服务、纯粹的制度类体育公共服务（如体育公共服务相关的法律法规等）、非政府力量不愿意或没有能力提供的体育公共服务以及推进体育公共服务均等化发展，见表5–9。

表5–9　　　　　　体育公共服务传统供给主体与现代供给主体

	传统	现代
责任	体育公共服务的唯一提供者	体育公共服务质量和数量的控制者
主体	政府作为单一的供给主体	多元供给主体：政府、市场组织、社会组织
目标	追求效率	以社会和公众的需求为导向、强调绩效、社会公正

资料来源：根据相关研究资料整理所得。

协同治理能够契合多元主体之间的治理，主要是通过协同、合作、竞争、联动的形式，以政府与其他社会主体之间的利益契合点为治理原点，突出政府引导扶持的服务职能，强化社会资本融入，培育公众参与治理的机制与路径保障，实现多元主体的功能联动、制度约束、优势互补、协作竞争，实现多元社会力量与政府的有效整合，通过主体间的协同关系发挥治理效能，降低治理成本。[①] 这一科学治理模式的运用有利于解决我国体育公共服务供给的整体性问题。从本质上来讲，体育公共服务社会化、市场化是对政府、私人部门和第三部门的角色进行的重新安排和主体功能优化，在发挥优势的同时弥补劣势。通过引入新的体育公共服务供给主体、体育公共服务的生产方式，进而构建由政府部门、私营部门和第三部门等多元主体协同供给的网络化模式，不仅最大限度地满足了公民多样化的需求，还有效整合了体育资源，提高了服务效率、质量以及降低了服务成本。当然，体育公共服务供给实践不仅需要做好上下级政府之间的"纵向协同"，还需要注重同级政

---

① 范逢春. 农村公共服务多元主体协同治理机制研究［M］. 人民出版社，2014.

府之间、同一政府不同职能部门之间的"横向协同"，以及政府公共部门与非政府组织之间的"内外协同"。政府责任贯穿于体育公共服务协同治理过程中的各个环节，协同治理机制要求政府根据"公民面向国家的表达权"与"国家与服务提供者之间的契约"来建立并完善政府与公民、政府与服务提供者之间的长线责任。[①] 如何满足公共需要和有效提供公共服务，既是一个如何调节社会资源配置的过程，又是一个探索如何发挥社会主体功能的过程。[②]

在体育公共服务多元主体的合作供给中，政府通过维护公共秩序、法规管制、政策监督、保障权益等方式作用于市场供给主体，通过财务补助、税收减免、政策监督、法规管制等手段影响社会供给主体。政府拥有资金、权力，社会组织具有接近群众、成本低、效率高的优势。在政府与社会组织的互动关系中，必须重视良性互动机制、职能作用与平台建设，为政府与社会组织良性互动创造必要的条件，提供合作的基础。社会组织与企业共同承担并推动企业承担社会责任。一方面，社会组织本身应该承担社会责任；另一方面，社会组织还可推动企业承担社会责任。社会组织可以为社会大众传递政府相关信息，减少其信息流通和交流沟通的难度。市场主体和社会主体则通过合作供给、影响政策等方式反作用于政府；同时，在市场主体和社会主体之间有存在着正向的技术支持、财务支持和反向的社区参与、个体认同等相互作用。政府、市场、社会等多元主体通过资源和信息交流，克服自身有限理性和有限能力等缺陷，在相互尊重对方利益的基础上合作实现共同利益，从而为达成有效的集体行动提供可能。私人部门与政府相比，通常具有专业化的技术能力和多渠道的资金筹集途径，社会组织则具有丰富的社会资源。因此，体育公共服务的合作供给应将这些供给主体吸纳进来结成体育公共服务的供给网络，同时网络成员可以开展多种形式的合作。

本 章 小 结

我国体育公共服务供给模式演变经历了"权威供给—公平至上""解制分立—效率优先""混合竞争—均等共享""网络协同—多元包容"四个阶段，其发展过程形成了体育公共服务需求发动由政府到全民，提供方式由单一提供到联合提供的转变，构成主体经历了从"政府—公民"到"提供者、生产者—消费者"的转变，体育公共服务中政府角色从管理者到治理者转

---

① 李爽. 旅游公共服务体系建构［M］. 经济管理出版社，2013.

② 孙晓莉. 中外公共服务体制比较［M］. 国家行政学院出版社，2007：11.

变等特征。

体育公共服务供给模式未来的发展态势为注重共享和参与的核心理念,实现政府部门、社会组织有效互动的内在要求,实现体育公共服务均等化的实践导向。市场经济条件下的政府部门、市场主体、社会组织都可以成为体育公共服务的供给主体。在体育公共服务供给中要进一步合理定位不同主体的角色,从而以更合适的规模和更低的成本提供优质的体育公共服务。体育公共服务多元主体参与公共服务的提供有着各自最有效的范围。政府角色定位于主导协调,市场组织定位于互利双赢,社会组织定位于补充共享。政府、市场、社会等多元主体通过资源和信息交流,克服自身有限理性和有限能力等缺陷,在相互尊重对方利益的基础上合作实现共同利益,从而为达成有效的集体行动提供可能。私人部门与政府相比通常具有专业化的技术能力和多渠道的资金筹集途径,社会组织则具有丰富的社会资源。体育公共服务的合作供给应将这些供给主体吸纳进来结成体育公共服务的供给网络,这些网络成员可以开展多种形式的合作。处于初级阶段的我国体育公共服务市场化改革的相关法律制度还不够细化、具体化,实际工作中可操作性不强,仍需要深化、细化。

第六章

中国体育公共服务多元供给主体协同创新研究

20 世纪 90 年代以来，西方国家政府通过重塑公共部门协调和整合机制的改革，应对公共服务分散化和碎片化治理困境。面对复杂性、交叉性的问题，增加网络结构的行动以提供整合性公共服务。

协同学有关理论对于供给各系统如何协同供给体育公共服务提供了有益的启示。根据协同学理论思想，政府组织与非政府组织协同供给体育公共服务，各组织是相互统一的系统。只有这些机制相互协同、互动和整合，才能使各机制充分发挥作用并使各主体之间有效协同运转，减少各主体之间利益冲突及减少供给成本。从本质上来讲，协同创新是通过网络化治理促进资源的有效整合，因其提高效率和效度、保障公民权利、有效回应公众的诉求等优势而成为当今各国政府改革或处理公共事务的一种理性选择。协同学理论与我国目前对体育公共服务多元主体协同供给系统具有高度的吻合性和指导作用。

第一节 中国体育公共服务多元供给主体协同创新基本原则分析

2012 年 7 月，《国家基本公共服务体系"十二五"规划》强调创新基本公共服务供给方式，引入竞争机制，积极采取购买服务等方式，形成多元参与、公平竞争的格局，不断提高基本公共服务的质量和效率。随着经济领域和社会领域自组织力量的发展，体育公共服务供给过程演变成为由政府、市场与第三部门等不同角色所组成的复杂合作网络的过程，而追求效率和公平成为体育公共服务多元供给主体协同创新的两大基本原则。

一、效率标准

帕累托最优（Pareto Optimality）是指资源分配的一种理想状态，即假定固有的一群人和可分配的资源，从一种分配状态到另一种状态的变化中，在没有使任何人境况变坏的前提下，使得至少一个人变得更好。如果一个人可以在不损害他人利益的同时能改善自己的处境，他就在资源配置方面实现了帕累托改进，总体的经济效率也就提高了。在体育公共服务实践中，公共服务分权化、市场化和多中心化被认为是保证公共服务效率的有效机制。[①]关于分权化，体育公共服务存在着层次性，地区性体育公共服务由地方政府提供，能更好地反映特定的地区偏好，从而有利于体育公共服务水平的确定。同时，地方政府相较于中央政府，在地区性体育公共服务提供上有信息优势，使得体育公共服务提供更接近民众。而在地方公共物品生产或社会规划方面，自由资源的个人分权行动能够实现帕累托改进，从而使公共物品配置效率问题的解决呈现转机。当然，体育公共服务分权化激励政府间的竞争，从而提高服务效率。体育公共服务市场化是政府主导下的市场化配置机制，通过引进市场中的竞争机制，把有限的公共资源向最优的生产主体倾斜，从而通过竞争提高效率，使投入少而产出多；通过竞争打破垄断，使供给者对公众的需要做出反应；通过竞争推动创新，改善体育公共服务的质量，促进体育公共服务均等化、优质化发展，为社会和公众提供更多、更好、更满意的体育公共服务。

二、公平标准

林达尔均衡揭示了依据消费者个人对公共物品或作为准公共物品的信息商品进行评判而定价，这就不可避免地会出现有的消费者少付费，甚至不付费的情况。林达尔均衡模型尽管没能给出公共物品供给的最优条件（萨缪尔森在一般均衡的分析框架下给出证明，即 $\sum MRSgx = MRTgx$），但其通过局部均衡分析将公共物品供给的政治决策过程与公共物品成本的负担份额巧妙地结合起来，在个人偏好既定的情况下，通过对备选方案的投票，确定出公共物品的供给水平以及个人对公共物品成本的分摊份额。在这一过程中，对备选方案的不断投票，也就是个人偏好的持续表露，而最终达成一致，个人偏好也即汇总为群体偏好。因此，林达尔均衡既是一种需求偏好表达机制，又是公共物品的合意供给模型。维护公平是政府的责任，如何保证体育

---

① 陈昌盛，蔡跃洲 . 中国政府公共服务：体制变迁与地区综合评估［M］. 北京：中国社会科学出版社，2007：25.

公共服务供给的公平和正义，在实践中则主要体现为将权利保障法治化、保证体育公共服务供给的底线均等化和由中央政府执行再分配政策。体育公共服务权利保障法治化意味着权利社会配置方式的改善，意味着社会公平正义（过程公平）的增进。具体指法律必须保障人们有参与其中的权利，并进行利益表达和诉求，进而利用各种权利去实现个人的价值和利益。法律制度可以给予无差别的救济与保障，可以为解决争端提供公正的规则和程序。体育公共服务供给底线均等化是保障公众享有一定标准的体育公共服务，其实质是强调底线均等，即全体公民享受体育公共服务的机会均等、结果大体相同，并尊重社会成员的自由选择权。推进体育公共服务底线均等化，必须先界定均等化的"基准"，标准过高与标准过低均难以实现均等化预期缩小差距、推进平衡发展的目的。

总之，社会公众不仅关注体育公共服务供给效率的提高和体育公共服务供给公平的落实，还注重体育公共服务供给的普惠性和体育公共服务供给的精细化，促进全体人民共同迈入全面小康社会。公平指向是追求体育公共服务的均等化，使全体人民共享改革发展成果。效率指向是在体育公共服务中实现资源利用的最优化。体育公共服务权力来源于民众的授权，必须服务于所有民众。国家不仅代表特定阶级的利益，更是社会公共利益的代表，政府只有以公平作为公共服务的基本原则，才能实现政府的合法性。体育公共服务追求利益的极大化和成本的最小化，要注重效率，才能满足公民更加快速、更廉价、更优质的体育公共服务需求，并成为衡量政府是否高效率的一个重要指标。而实现政府体育公共服务职能，提高体育公共服务质量和效率，前提是要改革现行的体育体制和机制，优化机构设置和办公流程，加快行政审批制度及运行机制的建设，进一步深化政府体育部门人事制度改革，努力提高人事工作的科学化、民主化与制度化水平，提高体育公共服务运行机制的效率。因此，效率和公平是体育公共服务提供需要坚持的两个基本价值维度，二者的有效兼顾与社会的和谐包容才是体育公共服务提供过程中价值层面的终极选择。

第二节　中国体育公共服务多元供给主体协同创新制约因素分析

转型时期我国体育公共服务存在着需求深刻变化与供给严重不适应的问题，而这些问题进而演变成为我国体育公共服务现实发展的制约因素，主要包括体育公共服务体制改革发展的严重滞后、体育公共服务职能立法的滞后，其他体育公共服务供给主体作用难以有效发挥等方面。

一、体育公共服务体制改革滞后

随着我国体育公共服务需求渐入高速增长时期，体育公共服务体制改革明显滞后于社会经济发展的进程。传统行政管理体制中的政府在体育公共服务供给中既扮演生产者又扮演供给者，政府职能不清问题依然存在，不仅制约了体育非政府组织的发展，还制约了体育行业市场主体的发展。体育公共服务供给中政府权力过大，对完全可以由市场解决且效果好的领域干预过多，最终导致我国体育公共服务供给带有浓厚的行政色彩和垄断性，缺乏效益和活力。政府部门在履行体育公共服务职能时经常出现"失位""错位"和"越位"的现象。长期以来，严格的政府管制和行政审批制度几乎覆盖了全国性和地方性体育公共服务的生产、分配与消费环节，民间资本很难进入体育公共服务生产领域，体育公共服务生产具有垄断性。中国的一些地方政府，服务成本意识较差，这也是体育公共服务供给效率低下的重要原因。而基础薄弱的现实决定了政府单独提供体育公共服务无法有效满足大众日益增长的体育公共服务需求。

现代体育公共服务体制主要包括法律基础上中央与地方公共服务职责的明晰划分，基于事权划分的中央与地方财权的制度性分配，科学规范、制度化的转移支付制度以及以中央对地方进行公共服务问责为主要特征的公共服务评价指标体系建立等方面的内容。为了提升地方政府提供体育公共服务的质量和效率，新时期体育公共服务分工体制必须建立健全以体育公共服务为中心内容的中央对地方的监管与评价机制，并应该加大体育公共服务质量与效率在地方政府政绩评价体系中的比重，激励地方政府贯彻中央意图，重视体育公共服务提供。

二、体育公共服务职能立法滞后

长期以来，中央制定的以经济建设为中心的国家发展战略，加之中央对地方的行政性分权和以财政包干为内容的财政分权改革，将地方政府推上了主导和发展地方经济的历史舞台，GDP 成为地方政府间发展竞争的主要内容，社会建设和发展滞后于经济增长，这种发展格局在相当长的时期内影响了我国公共服务和体育公共服务的发展进程。《体育发展"十三五"规划》提出，体育与经济社会协调发展的机制有待进一步健全，人民群众日益增长的多元化、多层次体育需求与体育有效供给不足的矛盾依然突出。"十三五"期间，政府部门需要正确引导这些需求，在民生工作中增加体育公共服务的份额。近年来，体育即民生的理念逐渐得到各级地方政府部门的认识和重视，各地纷纷把体育公共服务作为保障和改善民生的重要抓手，全面提升体育公共服务水平。

体育公共服务的发展需要从全体社会成员的切身利益出发，通过建立城乡统一的体育公共服务制度，保证城乡体育公共服务均等化。并且需要引入竞争机制，以公共利益为导向，积极促使社会组织参与提供体育公共服务。在中央政府经济社会协调发展战略的指导下，着力纠正各级政府对经济职能的倚重，实现政府职能的理性回归，依法自觉履行公共服务职能，是推进体育公共服务均等化作为规范中央与地方关系的核心内容。当然，地方政府能否成功实现经济建设型政府向公共服务型政府的转化，既需要地方政府自身的努力，也需要科学合理的中央与地方事权财权的分配体制、有效的中央对地方公共服务监督体系、规范的财政转移支付制度等制度支持。十八届三中全会通过的《中共中央关于全面深化改革若干重大问题的决定》明确要求"必须切实转变政府职能，深化行政体制改革，创新行政管理方式，增强政府公信力和执行力，建设法治政府和服务型政府。"① 从总体上来看，政府体育公共服务职能还比较薄弱，缺位、越位和错位的现象依然存在，主要表现为应该由政府提供的体育公共服务没有到位，如公共体育资源供给不足等，而不应由政府行使的职能政府却在行使，政府体育公共服务职能范围并未得到合理的界定，当前政府尚未完成向公共服务型政府的转变。而将全民健身事业纳入各级国民经济和社会发展规划、将全民健身事业经费纳入各级财政预算、将全民健身工作纳入各级政府年度工作报告（简称"三纳入"）是落实《计划》的重要抓手。全国绝大部分省（区、市）基本实现省、市、县三级政府"三纳入"的全覆盖非常的必要。

针对现行法律对政府间公共服务职责划分原则性强而操作性差等弊端，可以考虑建立政府间公共服务职责划分专门法，并依据《中华人民共和国宪法》和专门法明确各层级政府间职责，进而实现各层级政府间的权责分配。② 首先，从总体上来看，体育公共服务相关法律法规制度仍显不足。《体育运动国际宪章》第 1 条规定：参加体育运动是所有人的一项基本权利。现阶段，关于政府应当提供体育公共服务的法律依据是《宪法》第 21 条的规定"国家发展体育事业，开展群众性的体育活动，增强人民体质"。《体育法》更是缺乏对体育公共服务的相关规定。其次，从法律主体的角度

---

① 《中共中央关于全面深化改革若干重大问题的决定》［EB/OL］. http：//finance. ifeng. com/a/20131115/11093995_0. shtml.

② 齐艳芬. 多元协同网络视角下的城市公共服务供给［M］. 天津大学出版社，2017：109.

来讲，体育公共服务主体的法律定位并不清楚，体育行政部门对于自己是否"越位""缺位"及"错位"缺乏法律判断标准，各类体育公共服务主体缺乏明确的职能定位与法律地位，提供者之间的法律关系不明确。在社会组织参与体育公共服务供给等方面，尚未形成全国统一的法律法规，目前的法律法规只限于地方层面，法律法规缺乏统一性和操作性。比如，《社会团体登记管理条例》中对社团年检操作不规范或不合格的处罚等并无具体、明确的规定。另外，政府缺乏有效规范和监管社会组织服务供给互动的规章以及对其参与服务供给过程的权益保障。社会组织参与体育公共服务无法可依、无章可循，间接影响了政府与社会组织的良性互动关系。

三、其他供给主体作用难以有效发挥

对企业参与体育公共服务供给的扶持和优惠政策的缺乏，导致市场主体缺乏积极性和动力。而各类社会体育组织因为依附于体育主管部门或各级政府，缺乏自主权和独立性，更没有提供公共体育服务产品的资源。

（一）市场机制不完善

我国体育公共服务供给在引入市场竞争机制方面还处于探索阶段，市场竞争机制的实现形式及其运用范围还十分有限，对于市场竞争范围、竞争主体、竞争条件以及竞争标准等问题缺乏明确规定，导致现行的竞争机制可操作性缺乏，市场机制有效调配资源、提高生产效率的作用尚未有效发挥。① 加之专业人才缺乏，使得其运营过程管理无法顺利实施，难以保证体育公共服务的质量和效益。体育公共服务市场机制不完善，抑制了政府与服务机构合作关系的构建与发展。首先，削弱了社会组织与企业参与合作供给公共体育服务的积极性。当前，我国体育公共服务合作供给中面临着一大困境，就是社会组织与企业承接体育公共服务动力的明显不足。其次，市场中的企业在监督考核机制不健全的情况下，企业会对体育公共服务项目进行选择性执行，难以保障体育公共服务的效率和质量，损害了公众的体育权益。最后，市场机制的不健全也阻碍了政社关系的健康发展。

（二）社会体育组织发展不足

社会体育组织主要包括体育社会团体、体育类民办非企业和体育基金会以及未登记的体育组织等。其中，前三种类型为社会体育组织的主要组成部分。当前，我国大部分社会体育组织规模较小以及缺乏经费、人员、场所。据国家体育总局课题组调查，不少社会体育组织内部治理结构不完善，民主

---

① 叶响裙. 政府购买服务中"政社合作"关系的构建 [J]. 新视野, 2014 (3)：29 – 33.

管理不落实，对政府依赖性强，行政化色彩较浓，没有做到社会化、规范化，在自我约束、专业服务和创新发展方面能力较弱，无法承接政府转移的职能，服务社会的效益不明显，影响了社会体育组织的影响力、公信力、感召力。由于体育组织登记门槛高，大量社会体育组织没有登记，在民政部门登记注册的只占实际数量的 8%～13%，国家对其人员、地址、经费、活动情况则难以管理。① 并且，国家尚未出台针对未登记社会体育组织的法律法规，一些地方采取"不提倡、不干预"的态度，不利于有效服务和监督管理。② 政府向社会体育组织购买公共体育服务有助于公共体育服务供给与需求的契合，实现公共体育服务效益的提高。③ 近年来，上海、江苏、广东等地纷纷探讨政府向社会组织购买公共体育服务的办法，比如上海市出台了《关于规范政府购买社会组织公共服务的实施意见（试行）》《关于进一步加强本市社会组织建设的指导意见》；广东省出台了《广东省财政厅发布 2012 年省级政府向社会组织购买服务项目目录（第 1 批）》将体育作为二级目录被列入基本公共服务（一级目录）范畴；2014 年，江苏省颁布了《江苏省本级向社会组织购买公共体育服务暂行办法》。

一直以来，由地方政府发起或者倡导成立的社会组织对政府的依赖性较强，独立性不足，社会组织很难与作为购买者的政府处于平等的谈判和协商地位。从总体上来看，社会体育组织名义上承接政府委托的公共体育服务，实际上对自身组织发展缺乏长期规划，活动自主权难以有效保障，变成了政府部门的延伸机构。这一情况某种程度上造成了政府购买行为的内部化，由此带来了服务质量低下、费用较高以及资金运作不够透明等一系列问题。

（三）公民参与不充分

公民参与是衡量一个社会公共服务水平高低的重要标志，公民参与公共服务有利于弥补市场失灵。从体育公共服务实践来看，我国公民的参与水平仍然较低。首先，受传统计划经济体制时期"自上而下"思维定式的影响，体育公共服务决策多是由体育行政部门领导决定，往往忽视公民的实际体育需求。现实中大部分公民仍然主张体育公共服务应由政府掌控和安排，影响了公民参与的进程。并且参与程序、参与过程等较为烦琐，增加了行政成本。其次，随着公共体育服务政策与公共体育服务项目科技含量不断提升，加之信息搜集成本的增加及信息透明度尚待提高，公民获得参与公共体育服

---

①② 汤际澜. 我国基本公共体育服务均等化研究［D］. 苏州大学研究生学位论文，2011：152.

③ 王占坤，吴兰花等. 地方政府购买公共体育服务的成效、困境及化解对策［J］. 天津体育学院学报，2014，29（5）：409－414.

务信息资源的难度增加，导致公民参与的形式化和质量较差。公民在参与体育公共服务供给时很难获得有效的信息，难以获得真实的、全面的公共体育服务信息。再者，我国的宪法、民法、体育法等都对公民参与体育事业提供了相应的保证，但公民参与的制度化规定不健全，公民参与的操作性规定欠缺，公民参与制度体系的配套性渠道不够畅通。而在公共体育服务政策的出台及管理过程中，公民还只是被动的受用客体，主动参与的广度及深度都非常有限。① 体育公共服务供给体系是一个有序的系统组合，其建立应着眼于体育公共服务的运筹和运作。

四、供给主体多元却未协同

体育公共服务碎片化的结构体现在三个方面。（1）从我国政府内部主体分析，政府部门的分散化主要体现在纵向上不同层级政府部门之间的财权和事权的分散和横向上同级的不同部门之间的资源分散。由于我国"职责同构"的问题仍然存在，我国体育行政机构中不同层级政府在纵向上的职能、职责和机构设置上基本相同，容易出现责权边界不清、权限模糊的问题，无法给公众提供良好的体育公共服务。同级不同部门之间缺乏跨部门协同机制，地方政府在各自提供体育公共服务的过程中，各个部门因为缺乏沟通和合作无法合理配置资源，最终导致体育公共服务供给体系内部碎片化。因此，碎片化的管理模式也就造成我国体育公共服务部门只注重局部环节而缺乏整体协调，忽视了政府的整体使命和目标。（2）体育公共服务政府、市场组织和社会组织等供给主体并未协同，表现为体育公共服务提供中跨领域部门合作缺失。受传统计划经济体制的影响，传统体育公共服务提供过程中片面强调政府的主导作用和政府机构建设，忽视社会组织作用的发挥格局。即使有社会组织参与体育公共服务提供，也大多因为信息收集和处理方式的落后而出现体育公共服务提供效率低下的问题。日益增长的需求成为政府部门的巨大压力，恶化了资金和人员投入不足的矛盾。同时，财政投入错位的决策以及市场化方式的缺失，直接削弱了体育公共服务应有的公益性和公共属性，激化了体育公共服务有效供给不足的矛盾。（3）体育公共服务提供中跨政府职能部门协同困难。"专业化—部门化—利益化—制度化"的路径依赖直接造成了"高成本、低效率"制度困境的产生。体育公共服务提供的专业化分工以损害部门系统的综合性为代价追求专业系统完整性的目标，在执行机制上形成了以部门利益驱动为主导的制度偏差，少数部门通

---

① 陈家起，邵奇. 公民参与公共体育服务的现实困境与路径选择［J］. 体育成人教育学刊，2015，31（2）：1-4.

过刚性的制度安排巩固部门的最大化收益。

第三节　中国体育公共服务多元供给
主体协同模式创新分析

目前，我国体育公共服务多元合作供给是一种以政府为中心，以其他组织为外围的中心—边缘结构，政府控制特征明显，较低水平的多元化合作供给并没有从根本上解决我国公共服务供给效率低下、缺少回应性和分配不均等问题。

一、我国体育公共服务特性与供给方式选择

体育公共服务像其他公共服务一样，具有非排他性和非竞争性。此外，外部性、同质性、可度量性也是服务规划者和生产者选择的基本决策点。

（一）外部性与体育公共服务供给

外部性是西方经济学家分析市场缺陷的一种理论，外部性产生的直接原因是公私利益的冲突。外部性是指某一主体对另一客体产生的一种无法通过市场价格进行买卖的影响，从而导致了市场的低效率。外部性主要有正外部性和负外部性之分。公共体育服务可以被看成外部性的一种特例，正外部性与公共体育产品和服务的非竞争性和非排他性紧密相关。制度的外部性问题要解决的是如何在社会成员中分配制度变革所带来的新增利益。比如，公共体育服务中有许多具有外部性的产品和服务，这导致公共体育服务提供可采取政府补助和收费相结合的方式。就公共体育服务来讲，身体锻炼、健康知识学习对于全民健康素质的提高十分有益，实现了社会受益和自我效益的提高，具有明显的正外部效应，政府通常直接提供。世界各国非常重视公民的基本体育公共服务需要，保证公民享受基本体育公共服务的权利。同时，由于体育公共服务带来的身体健康素质的提高可以使其获得直接受益，一部分低收费的体育公共服务鼓励市场提供，比如社区私人健身房的运营，政府通过适当补助的方式给予支持。由此看出，公共体育服务实质上是混合产品，政府财政全部包揽提供显得不合时宜，而政府与市场提供相结合的方式更加有利于体育公共服务的有效提供。

（二）异质性与体育公共服务供给

异质性是一个与同质性相对应的概念，并成为公共服务供给方式选择的另一个重要的决策点。公共服务的异质性首先产生于公共服务消费的异质性群体，主要源于年龄、性别、种族、民族、职业、地位、收入和受教育程度

等特征。① 随着人口老龄化、家庭结构变化和社会阶层的分化，人群的异质性得以加剧，需求的异质性大大增加。根据国家体育总局 2014 年对 20～69 岁城乡居民的日常体育健身活动状况调查，城乡居民参加体育健身活动原因的前五位依然是"消遣娱乐""增加体力活动""防病治病""减肥"和"减轻压力及调节情绪"。锻炼形式以"健步走"为主，其次是跑步、乒乓球、羽毛球、广场舞、足球和篮球，② 这反映了我国体育公共服务需求的多样化特征。异质性也源于同一群体对体育公共服务需求的差异化。比如，老年人群体对体育公共服务的需求与年轻人不尽相同，即使不能自理的老人需要的康复理疗服务也不尽相同。体育公共服务的异质性还来源于地域因素和历史时期不同因素，不同历史时期体育公共服务需求的异质性也会有所不同。体育公共服务的异质性导致中央政府和地方政府之间要进行体育公共服务的职责分工。同质性服务因信息收集的便利，可以由更高一层级的政府来提供；异质性特征明显的体育公共服务，因需求者的偏好收集困难，导致交易成本上升，由地方政府来提供这类服务更加经济。而当在政府和社会之间选择服务的规划者时，对于外部性相当的不同类型，异质性的体育公共服务由于消费者的偏好的不同，非营利组织提供此类体育公共服务更有针对性和优势。

（三） 可度量性与体育公共服务供给

可度量性为选择效率和绩效最好的体育公共服务供给方式提供了重要依据。体育公共服务的可度量性是决定体育公共服务供给方式的另一决策点。从总体上来讲，根据交易费用理论，体育公共服务提供方式不同，其交易费用存在不同。体育公共服务的可度量性可以减少合同签订前交易成本，在合同签订之后确保合同得以履行，③政府通过权衡诸种提供方式的组织管理成本，进行效率比较和伦理抉择，选择一种合适的体育公共服务生产方式，高效提供体育公共服务。从具体层面来讲，针对体育公共服务的多元化需求，不仅可以通过测度需求的价格变化弹性，判断是否应该采用市场方式提供，还可以针对体育公共服务消费者数量，测度其拥挤临界点，当产生拥挤时就应该将该产品部分或完全交给社会，用社会或私人的方式进行生产。当然，还可以通过对体育公共服务偏好参数的方差进行测量，确定消费者对体育公共服务消费偏好的差异，存在较大偏好差异的体育公共服务则不应该由公共部门提供。体育公共服务供给不仅需要立足于公众的基本体育权益和体育公

---

①③ 吴玉霞. 公共服务分工与合作网络的理论与实证研究［D］. 浙江大学，2012.

② 调查显示中国人最喜欢篮球　居民肥胖率有所降低［EB/OL］. http：//sports. enorth. com. cn/system/2014/08/07/012068738. shtml.

共服务需求，组织好体育公共服务的生产；还需要根据供给对象的需求特点和行为方式特点，选择合适的途径和方式实现体育公共服务的最优供给。而体现效率与公平的包容性理念的体育公共服务供给模式必将成为新时期我国构建和谐体育的重要内容。随着经济社会的快速发展，人们体育公共服务需求在不断扩大，体育公共服务供给方式还会有创新。

二、体育公共服务多元主体综合联动型供给方式分析

在发达国家，公共服务供给非常重视政府与市场、社会的伙伴关系，引入市场化和社会化机制，实行公共服务合同外包、公共服务购买、政府间协议、特许经营、凭单制、志愿服务等多种供给方式。[①] 体育公共服务供给主体具有各自特定的功能属性，三个部门通过合作实现各自优势的发挥，最大程度地满足社会中不同人群的多元化需求，实现协同效应。

转型时期我国的体育公共服务的多元化供给，需要正确处理政府与市场、社会的关系，实现供给的公平与效率，体育公共服务协同供给需要明确政府、市场与社会主体的角色定位及其实现方式。在政府主导责任保证的基础上，充分发挥市场和社会在体育公共服务供给中的作用，见图 6－1。在体育公共服务综合联动供给实践中，国家体育总局和江苏省人民政府签署于 2013 年共建示范区合作协议，开启了创新性的省部合作共建、协同推进体育公共服务供给主体优化的崭新模式，构建"政府主导、部门协同、全社会共同参与"的工作机制。根据《职责任务分工方案》，相关部门在财政税收、金融、土地等方面给予政策支持，提升社会体育组织参与服务的能力。其次，社会体育组织依托自身特点和优势，主动承担体育公共服务工作。地方政府通过体育公共服务职能转移方案的制定，采取直接提供、委托提供或购买服务等方式，逐步实现行政部门和市场社会组织的良性互动。2013 年底，常州市在全国率先出台《关于购买公共体育服务的实施办法》，购买项目公布后，共有 45 家单位通过初步审核参与竞争，最后由在竞争中脱颖而出的社会组织和社会力量承接公共体育服务，促进了公共体育服务水平的提高。在竞争中，购买过程、评价结果都将进行公示并受社会监督，而具有失信行为的社会组织将会被纳入政府失信档案，两年内不得再申报购买公共服务项目。

---

① ［美］E.S. 萨瓦斯. 民营化与公私部门的伙伴关系 ［M］. 周志忍等，译. 北京：中国人民大学出版社，2002.

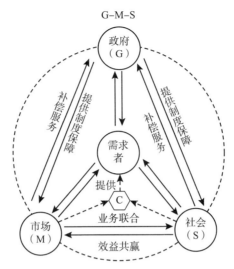

图 6 – 1　体育公共服务综合联动型供给方式

资料来源：根据相关研究资料整理所得。

　　体育公共服务关乎民生，政府在保留供给责任、确保服务供应的同时，可以保留或卸载直接生产能力。在经济社会发展日益多维度和多面向的过程中，体育公共服务需求的复杂化决定了体育公共服务提供机构的变革。体育公共服务的传统结构模式即纵向等级制和横向职能制的二维金字塔结构在体育公共服务需求规模较小且种类单一时，可以较为有效地满足体育公共服务的需求。体育公共服务市场化与社会化实际上都隐含着供给主体的多元化，供给主体不仅包括政府和体育行政部门，社会组织（体育社团、体育基金会、民办非企业体育单位等）、企业组织被纳入供给主体范围，体育公共服务的提供方式和结构变得越来越复杂。协同是体育公共服务的多元主体供给下的必然选择，旨在形成体现并促进公平、效率和合作的良好社会治理格局，应包括三种激励机制，即政府机制（体现公平与正义）、市场机制（体现竞争与效率）和社会机制（体现信任与合作）。①

　　21 世纪以来，网络化治理研究受到国内外学术界的广泛关注，如何在政府科层体制的基础上构建政府、市场和社会协作网络成为我国体育公共服务发展的重中之重。本书将组织间网络应用到体育公共服务的多主体参与供给分析中，提出基于资源相互依赖形成一种稳定的组织间网络，见图 6 – 2。具体来讲，体育公共服务的组织间合作网络供给构建的第一步就是为供给网络选择网络成员，对不同的供给主体进行选择和搭配，让合适的供给主体参与公共服务供给。

---

① 刘涛. 社会资本视野下的服务型政府建构［J］. 行政论坛，2009（4）：24 – 27.

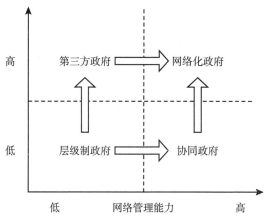

图 6 - 2　跨部门协同能力和政府管理形态关系

资料来源：［美］史提芬戈德史密斯、威廉·D 埃格斯. 网络化治理—公共部门的新形态［M］. 孙迎春，译，北京：北京大学出版社，2008：18.

近年来，体育公共服务的供给主体开始呈现多样化特点，但各个主体之间尚未形成网络化治理的格局，信息共享不通畅、参与比例不均衡，导致各个主体之间出现分散化、碎片化现象，造成有限的体育公共服务资源被浪费，这也是导致体育公共服务供需不充分的主要原因。扁平化是网络组织结构的最大特点，组织间合作网络的治理结构虽然受到了"自上而下"的单中心行动的影响，但多中心治理随着公共事务的复杂化而日益明显，亟须通过协商合作的方式来共同管理。组织间合作网络供给强调协同政府的管理及网络成员间的水平融合的互动，公共服务的组织间合作网络供给是政府与其他的主体基于平等的互动共同提供公共服务。在提供公共服务的过程中，虽然政府与其他主体处于平等的地位，政府扮演协调者和整合者的角色。

体育公共服务供给分工中存在着多重的委托代理关系，而实践中的体育公共服务供给分工则更为复杂。服务的规划者可以是政府但不限于政府，其角色主要包括资金拨付、制定规则和监督管理。服务生产者的职能主要包括生产服务和管理监督。在体育公共服务供给分工中，政府要充分发挥其公共服务职能和财政责任，通过发挥体育公共服务规划者和生产者的专业优势，有效降低交易成本，促进政府与市场、社会之间分工协作的良性循环，构建体育公共服务供给主体的合作网络。在这个供给体系中，政府部门主要包括国家体育总局相关部门和各省（自治区、直辖市）体育局等部门，社会组织包括行业协会、基金会等，市场组织则包含相关的体育企业组织。体育公共服务供给分工通过增加供给者来弥补政府直接生产的局限性，成本信息更易被资助者获悉，有利于解决体育公共服务评价的难题；同样，体育公共服务生产者的增加可以减少总体的服务预算，有利于进一步限制体育公共服务生产机构的垄断性权力。体育公共服务的供给分工包含了资金拨付和服务生产。体育公共服务供给组织间合作网络以推动和改善公共服务供给为目的，由政府与非政府组织、中央政府与地方政府、地方政府与地方政府以及民间社会不同主体组成的网络关系，呈现出垂直和水平的双维度互动。由于组织间合作网络在资源配置、利益取舍、需求表达、回应性等方面与传统的体育公共服务供给机制存在显著差异，因此，其在实践中更加有利于解决体育公共服务供给不均衡的问题。体育公共服务组织间合作网络中的私人部门与政府相比通常具有专业化的技术能力和多渠道的资金筹集途径，社会组织则具有丰富的社会资源。体育公共服务组织间网络供给首先从社会中选择合适的供给主体参与到供给网络中。伴随服务型政府的逐步建立和完善以及体育公共服务需求的多样化，政府更应将精力聚焦在提高体育公共服务效率上，减少对微观事务的干预，在体育公共服务的提供中引入竞争机制，可以通过奖励或政府采购的方式间接提供体育公共服务。政府既可以直接作为供给主体，也可以采取市场化的运作方式，由其他市场主体作为供给方。

体育公共服务的合作供给应纳入多元供给主体并结成公共服务的供给网络，进而实现网络成员间多种形式的合作。政府通过分权化改革建立适度事权关系，并通过组织内权力和责任要素的转移和重组，构建以规范化、弹性化和任务化为特征的组织结构，应对公共服务需求内容的动态性变化。市场主体与社会组织二者的优势在于满足公民多元化、差异化的体育公共服务需求。各级政府还应积极鼓励与引导包括社会组织、企业等在内的社会各方参与体育公共服务供给，通过规划，发挥政府主导作用。体育公共服务多元化的服务需求要求政府推动并完成传统等级制提供结构向扁平化和网络化的方向发展，并通过将部分职能转移和权力共享等形式发挥私营部门的作用以满足公共服务的个性化需求。

第四节　中国体育公共服务多元供给主体协同机制创新分析

体育公共服务本质上是一个体育公共服务需求表达与供给有效满足的问题，供给是体育公共服务体系的核心构成，聚焦于服务需求的满足。当前，体育公共服务供给初步形成了政府、企业、非营利组织等多种主体参与的局面，但政府财政投入仍然是体育公共服务最主要的来源。我国体育公共服务成效需要政府主导作用的发挥，社会力量作用尚未得到充分发挥。基于体育公共服务供给的效率和均等化的实现，在国家层面对体育公共服务实现机制进行顶层制度设计成为体育公共服务发展的必然选择。目标和利益是协同机制建设的前提和核心。① 目前，我国体育公共服务统一完善的联动机制尚未建立，各项规章制度并不健全，缺乏统一的政策体系，造成基本体育公共服务缺乏定位、规范和管理，各部门间的任务分工不明确，部门间协调较为困难，这需要各级政府相关部门建立完善的统筹协调机制，推进体育公共服务均等化。同时，要积极引导社会力量参与体育公共服务供给，加强政府与社会资本的合作，实现供给方式的多样化，提升体育公共服务供给的效率，保障体育公共服务供给公平，实现体育公共服务供给主体多元化和供给竞争化，满足社会公众的需求。而如何提供，涉及体育公共服务提供的制度安排和机制设计。无论是政府、市场部门还是社会组织，都需要相应的制度安排和运行机制设计，以保证体育公共服务提供的质量和效率。多元供给主体协同创新需要从体育公共服务多元供给主体协同运作的需求表达机制、协同决策机制、协同生产机制与协同绩效评估机制等层面来构建。与此同时，体育公共服务多元供给主体协同创新的辅助机制需要从体育公共服务多元供给主体协同创新的信息共享机制、信任合作机制、激励约束机制和监督问责机制等方面进行完善，见图6－3。

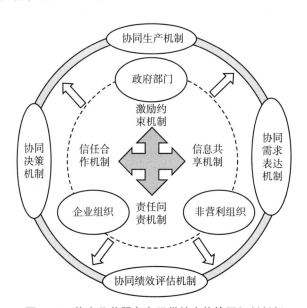

图6－3　体育公共服务多元供给主体协同机制创新

资料来源：根据相关研究资料整理所得。

---

① 汪锦军. 构建公共服务的协同机制：一个界定性框架［J］. 中国行政管理，2012（1）：18－22.

一、中国体育公共服务多元供给主体协同创新运行机制分析

（一）中国体育公共服务多元供给主体协同需求表达机制

公共需求是社会成员在社会生产与生活中的共同需要，是除政府以外的其他社会团体和市场不能满足和不能提供的需要。[①] 同样地，体育公共服务需求主体是指公共服务交易中的买方，它可以是组织或个人。需求主体的差异性决定了体育公共服务需求内容的多元化，不同社会阶层存在着不同的体育公共服务需求偏好。根据民众需求提供体育公共服务是服务型政府建设的核心理念。基于体育公共服务需求与供给的平衡的实现，民众的需求层次和政府能力的限制是政府提供体育公共服务需要考虑的重要因素。目前，全国各地基本建成了政务服务中心和社区服务中心等机构，这更加便于进行需求调查与需求信息管理，通过对公共服务部门的整合，设置负责需求信息集中式管理的公共组织，促进需求信息的一体化、整体性和高效化管理。同时，需要建立畅通的需求表达反馈机制，将自上而下的调查与自下而上的主动传递结合起来，确保及时有效地获取公众体育公共服务需求信息，精确识别我国体育公共服务需求。体育公共服务供给须秉持公民本位，公民是需求表达的主体。公民对各项服务的具体偏好在空间分布、强度与紧迫程度上有所差异，服务供给必须增强适应性。

（二）中国体育公共服务多元供给主体协同决策机制

要注重形成政府为主体、公众积极参与的民主决策机制。体育公共服务"自上而下"的决策机制无法有效促使公众被纳入决策机制，因而政策制定的公正性和合理性不足，致使公民缺少表达需求偏好的适当途径和机会，连接和协调体育公共服务供给需求的有效制度安排尚未建立起来，体育公共服务供给的数量和质量无法满足公众要求，体育公共服务供给效率和质量无法保证。比如，在政府购买体育公共服务方面，体育公共服务购买使政府从财政资金的直接使用者向分配、监管者的间接角色转变，其本质是体育公共服务供给的契约化。通过购买比政府直接提供更有利于弥补政府在满足公共服务需求上的局限性，提高体育公共服务的质量和效率，促进政府职能向"小政府、大社会"方向转变，增进社会服务均等化等。在跨机关、跨部门、多层次政府治理的合作机制当中，中央政府结合中央各部门、地方政府、私人部门、社区及社会组织，形成了策略性伙伴关系，促进彼此的

---

① 陈水生. 公共服务需求管理：服务型政府建设的新议程 ［J］. 江苏行政学院学报，2017（1）：0109－0115.

合作。

（三）中国体育公共服务多元供给主体协同生产机制

分工，是指人类社会的生产活动中工序或者功能的划分，工作的工序或者社会的功能被分成不同的部分，每一部分由不同的人来完成。[①] 公共服务供给与生产分开的理念为体育公共服务市场化供给提供了理论依据，并成为学者们研究的前沿和热点。政府作为体育公共服务供给的责任主体并不是意味着必须由政府来生产体育公共服务，政府可以在体育公共服务供给中承担着组织者、协调者与监督者的角色。体育公共服务的生产职能明确了由谁来替代供给者具体执行的问题。

实践表明，社会组织、私人企业也可以在一定的制度安排下成为体育公共服务的生产者，体育公共服务由非政府组织承担生产任务比政府独自提供体育公共服务表现得更有效率。体育公共服务供给分工产生的必要前提是出资人和生产者角色的分离。政府直接生产体育公共服务是传统体制下体育公共服务唯一的供给方式，政府直接出资人和生产者的身份重叠直接导致了体育公共服务出资人与生产者的角色重叠，科层制导致供给效率低下。随着私人部门和社会组织参与体育公共服务的供给，政府独家垄断体育公共服务供给的格局被打破。但公共部门、社会组织、私营部门等多元主体供给体育公共服务的模式还有待发展，社会组织供给机制和私人部门供给机制还有待完善，其作用的领域和范围极为有限。

（四）中国体育公共服务多元供给主体协同绩效评估机制

体育公共服务各主体之间应该相互制约、相互统一，重视实施效果、效益和效率的评价，建立和完善有效的绩效评估机制，对投入与产出的关系，以及资金使用、规制管理等制定明确的政策，以刺激基本公共服务的供给。对多元主体合作供给的体育公共服务活动绩效的评估过程设立第三方独立评估机制。政府委托社会组织提供公共服务时，采取的方式不论是竞争性的，还是非竞争性的，都需要在社会组织接受委托或取得生产公共服务资格之前对社会组织进行评估，衡量其是否具有相关的资格和能力，是否是政府最佳的合作伙伴；在社会组织获得公共服务生产资格之后，需要对其执行合同和公共服务生产质量进行过程评价和服务绩效评价。社会组织在提供服务的过程中需要从政府、社会、企业中不断地吸收各种资源，以支持自身的运行和实现组织的目标。

---

① 吴玉霞，郁建兴. 服务型视野中的公共服务分工 [J]. 浙江社会科学，2011 (12)：68 – 74.

二、中国体育公共服务多元供给主体协同辅助机制分析

（一）中国体育公共服务多元供给主体信息共享机制

信息共享平台机制建设对于信息共享的实现异常重要。体育公共服务科学发展需要建立健全相关法律法规，加快体育公共服务多元主体信息共享机制建设，倡导公共精神，培育合作文化，落实公共服务责任，解决多元主体合作供给模式下的效率低下、公共伦理缺失以及责任模糊带来的问责困境等问题。体育公共服务供给主体可以搭借数字化时代的东风，建立体育公共服务不同供给主体间的信息技术平台。而政府应着力构建体育公共服务供给多元主体之间的信息共享机制，保障各主体参与合作竞争的同时共享信息资源，促进信息分享，减少各主体间的摩擦及利益冲突。信息技术平台不仅能够确保为公众提供以公众需求为中心的整体服务，而且通过自由流动的信息，将各自获得的信息进行传递与共享，确保相关主体能够及时通过便利的途径获取所需信息，减少信息不对称，提高行动之间的协调度，增强合作主体对体育公共服务问题的回应力。体育公共服务多元供给主体还要求建立不同主体间畅通的信息流通机制，区别于政府单一主体的供给，不同供给主体之间需要保持信息通畅，从而使得各主体相互之间能够有效地配合，否则，就会导致体育公共服务供给的不顺畅。

体育公共服务的相关信息要向社会公众公开，不便于大范围公开的信息至少要在合作主体之间进行共享。一方面要加强内部信息交流，另一方面加强对外信息公开。内部信息交流是将信息在同部门上下级之间和相关部门之间共享，绩效评价结果不再是评价小组与被评价单位之间的秘密，让部门之间清楚政府采购中的经验与教训，以便于政府随时调整对购买服务和社会组织的选择。对外信息公开是指对第三方中介组织和社会公众的公开，不仅仅是向全体社会公众公开招标、购买服务的基本信息，还要公开服务的质量、资金使用效率、人员配置等信息，充分尊重社会公众的知情权和选择权。具体可通过听证会、政府公报、政府网站、新闻发布会以及报刊、广播、电视等便于公众知晓的途径公开。比如，在政府购买体育公共服务的过程中需要建立多个信息共享平台作为政府与服务生产者之间的桥梁，公开政府购买体育公共服务的项目、流程、招投标信息以及结果。

（二）中国体育公共服务多元供给主体信任合作机制

信任是合作的基础。信任有利于协调不同主体间的行为并使他们产生合作的预期。[①] 目前，我国公共服务合作供给需要通过权力共享、责任共担及

---

① 李洪佳. 公共服务多元主体合作供给的调整与优化 [J]. 理论与现代化，2016 (2)：52-57.

权责匹配等方式，增加相互之间的信任，进而提升体育公共服务合作供给的效果。

根据施耐德等（Mark Schneider et al.）学者的观点，网络治理中的各个成员间存在着高度的相互依赖关系，需要在成员间建立共同的愿景并维持一种信任关系。首先，体育公共服务多元主体参与供给的过程中，不仅要树立共同的供给目标，使各供给主体为之共同努力，还要明确各级供给主体的供给权责，使得各主体更加明确、友好地协同合作。其次，由于各供给主体的特点、供给目的、运作方式不同，加之任何一供给主体都无法完全准确地反映公众偏好和现实的利益诉求，会因其自身的价值判断而造成供给结果与需求目标的不一致，这需要政府构建体育公共服务供给多元主体之间的对话合作机制，促进权力分享，建立起共同承担风险的体育公共服务供给联合体，使不同的主体在合作供给体育公共服务的过程中处于良好的互动状态，从而创造出有利于合作的运行条件。从总体上来讲，体育公共服务合作供给中的社会组织和市场部门要以与政府的"合作—合伙"的平等关系真正地参与到决策中，建立有效的责任分担机制，依据不同主体所拥有的资源优势合理分配任务，保障不同供给主体的利益，私人部门和社会组织不用再担心政府将风险转嫁到他们身上，从而使主体投入合作过程中。

（三）中国体育公共服务多元供给主体激励约束机制

激励约束机制是体育公共服务提供主体内部制度机制建设的重要组成部分。在体育公共服务不同供给主体中，市场化的提供主体往往是激励有余而约束不足，从而容易出现过度逐利的现象。政府主办的体育公共服务机构往往是约束有余而激励不足，缺乏足够的积极性主动性。所以，提供主体内部的制度机制建设应该在激励和约束之间寻求一种合理的平衡，使得它们都有足够的动力去提供优质高效服务。体育公共服务多元供给主体协同的激励机制建设，不仅需要注重实践运行问题，保证体育公共服务的效率和公平，还要能够通过政策执行的效果与激励机制设计，为政策工具的调整和改进直接提供依据，保证体育公共服务提供的稳定性、有效性和持续性。这从客观上需要政府激励供给主体多元化，不断改进服务方式，丰富服务内容。同时，体育公共服务多元供给主体通过有效手段配置体育公共服务资源，促进体育公共服务均衡、高效和优质提供。从供给主体结构看，体育公共服务供给的关键是由谁来供给和如何供给的问题，不同主体间体现出合作或竞争的关系。首先，政府应该建立合理的激励和约束机制，提高私人部门的社会声誉，加大政府补偿力度，对非营利组织提供财政资金支持等，激励其参与体育公共服务供给，满足公共利益。其次，应该进一步通过完善体育公共服务市场价格形成机制约束各类主体市场利益最大化的冲动，确保公民公平享有体育公共服务。最后，需要划分体育公共服务主体的责任义务，明确体育公共服务供给的优先顺序以及体育公共服务资源的合理配比，促进政府和社会资本合作。

（四）中国体育公共服务多元供给主体监督问责机制

我国公共服务监督以内部监督为主，注重自上而下的监督，具有明显的被动性和事后性特征，难以发挥应有的作用，[①] 政府对公共服务合作网络行为的监督与合作网络内部成员行为相互监督，构成了内部监督的主要内容。监督机构本身也要保持独立性。完善的监督体系是从社会组织提供公共服务之初到绩效评价结果完成之后的全程的、动态的监督。现阶段，多数政府体育部门在体育公共服务项目转移出去后，对体育公共服务的数量、质量和收费等问题疏于管理和监督。我国体育公共服务的监督权分散在众多政府部门之中，主管部门与社会组织间关系复杂，监督体育公共服务存在困难。当下，要加强人大、审计、预算、监察和社会公众、新闻媒体的监督。体育公共服务有效的监督机制建设至少应涵盖公共服务机构的市场准入、服务质量、服务价格、服务效率等方面，需要有一套绩效管理和评价监督体系。

世界银行 2004 年发展报告《让服务惠及穷人》中，用"责任"一词将服务供应链中的各个方面接起来，提出了一个公共服务供给分析框架。[②] 并将体育公共服务供给主体间的关系总结为授权、融资、执行、关于执行情况的信息、强制性五大特征，清晰地体现了供给过程中的各方责任，强调责任必须完整地包含这五个方面的特征，缺一不可，服务提供的失败往往源于责任存在某一方面的缺陷。[③] 政策制定者、公民或使用者与服务提供者三者的互动，形成了合约、呼吁与顾客权力（包含退出和呼吁）三种问责途径。比如，在体育公共服务供给过程中，应该区分政策制订者与服务提供者以加强责任。政策制订者直接对全体公民负责，服务提供者对政策提供者负责，其职责是提供服务。而将政策制订者和服务提供者区别开来有助于加强服务提供者的责任，增加激励效果，这为体育公共服务问责机制的建设和实施提供了借鉴。政府服务角色和机制的转变并不意味着政府公共服务责任的消失，而是要求政府负责的方式也要有相应改变。完善政府公共服务的责任机制，不仅需要

---

① 唐忠义，顾杰，张英. 我国公共服务监督机制问题的调查与分析 [J]. 中国行政管理，2013（1）：19 – 23.

② 郁建兴，吴玉霞. 公共服务供给机制创新：一个新的分析框架 [J]. 学术月刊，2009（12）：12 – 18.

③ 贺达水，梁希震等. 惠及穷人的服务：以制度改革强化责任关系 [J]. 管理世界，2004（8）：148 – 150.

强化政府监督责任，不能推卸政府应负的责任，还需要按照权限与责任相一致的原则，政府、市场主体、社会组织都应当对各自分担的责任负责，最后还要强化以公共服务为取向的政府业绩评价体系和科学的行政问责机制建构，见图6-4。协同供给对承接服务的合作者提出了相应的责任要求，它们要为自身所生产服务的实际效果承担经济责任。由于其核心目标与服务的公共价值存在潜在冲突，该种问责机制必不可少，但二者协同作用的发挥有赖于市场与社会的发育完善。当然，问责制应该在体育公共服务的生产、供给之前的招投标过程、中间的生产环节和之后的分配阶段进行全过程的监督，真正做到体育公共服务多元供给主体在体育公共服务的事前、事中和事后的责任明确，实施问责和责任追究。同时，应加强培养公民问责的主体意识，构建报纸、杂志、广播、电视与网络等媒体信息平台，畅通问责渠道，完善问责程序，建立体育公共服务问责的回应机制，保障问责的实体权利。体育公共服务多元供给主体问责机制归属于社会问责范畴，依靠公民参与，涉及公共服务提供机构的内部治理、顾客导向、绩效审计、透明化和公众参与等改革内容。

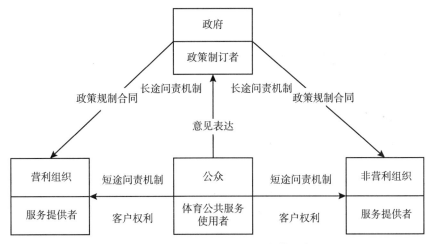

图6-4　体育公共服务多元供给主体问责机制

资料来源：根据相关研究资料整理所得。

第五节　中国体育公共服务多元供给主体协同创新实践分析

一、国家体育总局—江苏省公共体育服务示范区协同创新实践分析

2013年12月31日，国家体育总局和江苏省人民政府签署共建示范区合

作协议，国家体育总局与江苏省人民政府共建的公共体育服务体系示范区，开启了创新性的省部合作共建、协同推进体育公共服务内涵提升的崭新模式。

（一）组织机构

国家体育总局和江苏省人民政府在双方反复沟通的基础上建立了合作工作机制，成立了国家体育总局和江苏省人民政府合作领导小组，组长由国家体育总局局长、江苏省人民政府省长共同担任，副组长由国家体育总局副局长、江苏省人民政府分管副省长担任，成员为国家体育总局有关司局负责人和江苏省人民政府副秘书长、江苏省体育局负责人及相关人员。合作联系单位为国家体育总局办公厅和江苏省体育局。江苏省政府2014年底出台《关于推进公共体育服务体系示范区建设的实施意见》，且"职责任务分工方案"得以印发。江苏省体育局作为建设公共体育服务体系示范区的牵头部门，加强与国家体育总局的沟通对接，成立领导小组，制订工作计划表，牵头联合21个部门召开座谈会，在26个部门建立联络员制度，形成建设公共体育服务体系示范区的强大合力。江苏省委、省政府高度重视，将推进公共体育服务体系示范区建设纳入2015年度重点工作。

（二）目标定位及实施阶段

协议根据党中央、国务院关于体育公共服务体系建设的战略部署，以保障广大人民群众基本体育权益为出发点，以政府为主导，加大政府购买服务力度，有效扩大体育公共服务供给。协议双方协同探索、科学谋划、统筹推进，旨在将江苏省在全国率先建成符合当地实际、网络健全、结构合理、发展均衡、运行有效的体育公共服务体系示范区，为我国体育公共服务体系建设探索经验、提供示范，推动体育公共服务体系建设科学发展。总局和江苏省各自的目标定位如表6-1所示。

表6-1　　　　国家体育总局、江苏省人民政府协同作用的目标定位

协同主体	定位
国家体育总局	加大对公共体育设施建设、活动开展、组织构建的指导和扶持力度，帮助江苏省制定基本体育公共服务体系建设规划、服务标准，开展绩效评估
江苏省人民政府	江苏省人民政府进一步加强基本体育公共服务体系的规划设计、标准制定、政府投入、绩效评估

资料来源：根据相关研究资料整理所得。

根据协议要求，双方将协同推进示范区建设工作，结合江苏实际，计划分为四个阶段逐步推进江苏公共体育服务体系示范区建设。第一阶段：到

2015 年 4 月建成第一批省级示范区，江苏省人民政府召开示范区建设推进会。第二阶段：到 2015 年 9 月，建成第二批省级示范区，苏南 80%、苏中苏北 60% 的市、县（市、区）达到省级示范区标准；全面总结提炼创建经验成果，提请国家体育总局在江苏召开现场展示会。第三阶段：到 2015 年底，全省基本建立功能明确、网络健全、城乡一体、惠及全民的公共体育服务体系。第四阶段：到 2017 年底，全省各市、县（市、区）全部建成省级公共体育服务体系示范区，做到长效化推进、科学化发展。

（三）体育公共服务多元协同供给不同主体作用分析

在市场经济体系下，供给主体呈现出多样化特征，政府、企业组织与非营利组织成为体育公共服务生产与提供的主体，明确体育公共服务多元供给主体的功能边界和协作机理利于克服政府单一供给的困境。国家体育总局支持江苏省积极拓展体育公共服务内涵，推进城乡体育公共服务发展一体化，促进区域体育公共服务协调发展，加强青少年、老年人、残疾人、进城务工人员等群体的体育公共服务，充分发挥政府、市场和社会的作用，构建多元化体育公共服务供给模式，实现政府、市场和社会组织供给的互补、竞争与有序。

政府在体育公共服务的提供中必须承担责任，国家体育总局高度重视推进这项工作，江苏省、市、县三位一体，密切合作推进工作。根据《职责任务分工方案》，相关部门在财政税收、金融、土地等方面给予政策支持，提升社会体育组织服务能力。各级政府积极履行公共体育服务职责，健全体育公共服务管理机制，加强统筹与协调，进一步明确和落实省、市、县（区、市）、乡镇政府的体育管理责任，分级履行体育公共服务职能，形成"规划重心在省级、管理重心在市县、服务重心在基层"的体育公共服务管理构架。社会组织在体育公共服务中依托自身特点和优势，主动承担体育公共服务工作。地方政府通过体育公共服务职能转移方案的制订，采取直接提供、委托提供或购买服务等方式，逐步实现行政部门和社会体育组织的良性互动。企业主体积极参与体育公共服务供给，大力发展体育公共服务产业，推进体育公共服务领域的产业化经营。

（四）健全保障机制

江苏省省政府办公厅通过《关于推进公共体育服务体系示范区建设的实施意见》的制订和"职责任务分工方案"的印发，落实不同的部门和人员的职责，保障经费投入，并通过联络员制度落实责任分工；在全省统一部署下，各省辖市结合实际，精心制订实施计划，落实工作责任，层层推进示范区建设。在县级层面，苏南县（市、区）力争率先建成更高水平的体育公共服务体系，在全省乃至全国起到良好的引领作用。苏中、苏北县（市、区）奋勇争先，全省共有49个县（市、区）成功创建成第一批省级示范区，江苏省政府体育部门出台了市级、县级两级指标体系（1.0版和2.0版），从组织管理、经费投入、服务提供、服务效益、社会评价五个方面考核江苏体育公共服务发展实践，强化县域体育公共服务职能，重点推进城乡一体、区域相对均衡、人群体育公共服务全覆盖，见表6-2～表6-5。《江苏省体育设施向社会开放管理办法》以省长令的形式印发，为体育设施向社会开放提供了有力法制保障。

表6-2　江苏省公共体育服务体系示范区指标体系（市级）——1.0版

指标		序号	观测点	单位	权重
一级指标	二级指标				
组织管理 (0.159)	政府机构 (0.375)	1	政府牵头成立本级示范区建设工作机构数量	个	0.167
		2	政府牵头成立本级示范区建设工作机构覆盖率	%	0.321
		3	公共体育服务的从业人员数	人	0.172
		4	公共体育服务的从业人员数占本地常住人口数比例	%	0.340
	社会机构 (0.252)	5	提供公共体育服务的企业单位数量	个	0.223
		6	提供公共体育服务的事业单位数量	个	0.249
		7	提供公共体育服务的社会体育组织数量	个	0.281
		8	国家高水平体育后备人才基地创建数量	个	0.247
	政策法规 (0.373)	9	公共体育服务的"三纳入"	—	0.167
		10	示范区建设的《实施意见》	—	0.321
		11	公共体育服务购买、体育组织发展的相关政策	—	0.347
		12	新建小区健身场地保障政策	—	0.165
经费投入 (0.171)	政府财政投入 (0.647)	13	公共体育服务预算额	万元	0.182
		14	公共体育服务预算额在财政总预算中比例	%	0.181
		15	公共体育服务预算实际完成率	%	0.091
		16	年公共体育服务经费投入增长率	%	0.101
		17	年人均公共体育服务支出	元/人	0.175
		18	体彩公益金本级留成用于公共体育服务经费	万元	0.093
		19	体彩公益金本级留成用于公共体育服务的经费比例	%	0.177
	社会资本投入 (0.353)	20	社会资本投入总量	万元	0.642
		21	社会资本与财政投入比率	%	0.358

续表

指标		序号	观测点	单位	权重
一级指标	二级指标				
服务运行 (0.401)	场地设施 (0.376)	22	已有公共体育场地面积	平方米	0.063
		23	人均公共体育场地面积	平方米/人	0.127
		24	人均年新增公共体育场地面积	平方米/人	0.061
		25	学校场地设施的社会开放率	%	0.058
		26	城市社区"10分钟体育健身圈"建成率	%	0.143
		27	标准化健身步道公里数	千米	0.149
		28	市级"两个中心"建成率	%	0.057
		29	县(市、区)"新四个一工程"建成率	%	0.065
		30	乡镇(街道)"三室一场一路径"建成率	%	0.062
		31	行政村(社区)"两室一场一路径"建成率	%	0.059
		32	公共体育设施管理维护	—	0.156
	活动开展 (0.174)	33	年度承办国家级及以上竞技体育赛事次数	次	0.143
		34	年度承办省级竞技体育赛事次数	次	0.147
		35	年度承办省级及以上群众性体育活动次数	次	0.283
		36	年度开展群众性体育活动次数	次	0.291
		37	年度开展本级及以上特殊人群体育活动次数	次	0.136
	健身指导 (0.248)	38	晨晚练健身站点数量	个	0.091
		39	每万人拥有晨晚练健身站点数量	个	0.087
		40	社会体育指导员数量	人	0.098
		41	每万人拥有社会体育指导员数量	人	0.107
		42	3A级以上体育社团数量	个	0.115
		43	每万人拥有体育社团数量	个	0.204
		44	体质测定与运动健身指导机构数量	个	0.101
		45	年接受体质测定人次	人	0.197
	运动康复 (0.077)	46	运动康复机构数量	个	0.357
		47	年接受运动治疗人次	人	0.363
		48	年接受运动疗法的特殊人群人次	人	0.280

指标		序号	观测点	单位	权重
一级指标	二级指标				
服务运行 (0.401)	信息服务 (0.125)	49	地方性公共体育服务网站建设	—	0.197
		50	地方性公共体育信息服务应用软件建设	—	0.201
		51	基础数据库建设	—	0.175
		52	地方主流媒体体育宣传频次	次/年	0.235
		53	年开展体育健身讲座次数	次	0.192
服务效益 (0.152)	经济效益 (0.467)	54	年体育产业增加值	万元	0.263
		55	年体育服务业增加值在体育产业增加值中比例	%	0.293
		56	年体育产业营业收入	万元	0.134
		57	年体育产业营业收入增长率	%	0.310
	社会效益 (0.533)	58	经常参加体育锻炼的人口比例	%	0.375
		59	《国民体质监测标准》总体合格达标率	%	0.394
		60	《国家学生体质健康标准》总体合格达标率	%	0.231
群众满意 (0.117)	满意度 调查 (1)	61	场地设施满意度	%	0.257
		62	活动开展满意度	%	0.242
		63	健身指导满意度	%	0.247
		64	信息服务满意度	%	0.254

资料来源：江苏省公共体育服务体系示范区创建办法（试行）［EB/OL］. http：//www. suzhou. gov. cn/zt/szsggtyfwtxsfqjs/zcwj_13058/zcyj/201606/t20160630_738887. shtml.

表 6 – 3　江苏省公共体育服务体系示范区指标体系（县级）——1.0 版

指标		序号	观测点	单位	权重
一级指标	二级指标				
组织管理 (0.147)	政府机构 (0.378)	1	政府牵头成立本级示范区建设工作机构数量	个	0.167
		2	政府牵头成立本级示范区建设工作机构覆盖率	%	0.321
		3	公共体育服务的从业人员数	人	0.172
		4	公共体育服务的从业人员数占本地常住人口数比例	%	0.340
	社会机构 (0.273)	5	提供公共体育服务的企业单位数量	个	0.223
		6	提供公共体育服务的事业单位数量	个	0.249
		7	提供公共体育服务的社会体育组织数量	个	0.281
		8	省高水平体育后备人才单项基地创建数	个	0.247

续表

指标		序号	观测点	单位	权重
一级指标	二级指标				
组织管理 (0.147)	政策法规 (0.349)	9	公共体育服务的"三纳入"	—	0.388
		10	示范区建设的《实施意见》	—	0.421
		11	公共体育服务购买、体育组织发展的相关政策	—	0.191
经费投入 (0.172)	政府财政 投入 (0.637)	12	公共体育服务预算额	万元	0.093
		13	公共体育服务预算额在财政总预算中比例	%	0.213
		14	公共体育服务预算实际完成率	%	0.107
		15	年公共体育服务经费投入增长率	%	0.092
		16	年人均公共体育服务支出	元/人	0.221
		17	体彩公益金本级留成用于公共体育服务经费	万元	0.095
		18	体彩公益金本级留成用于公共体育服务的经费比例	%	0.179
	社会资本 投入 (0.363)	19	社会资本投入总量	万元	0.642
		20	社会资本与财政投入比率	%	0.358
服务运行 (0.418)	场地设施 (0.381)	21	已有公共体育场地面积	平方米	0.063
		22	人均公共体育场地面积	平方 米/人	0.127
		23	人均年新增公共体育场地面积	平方 米/人	0.059
		24	学校场地设施的社会开放率	%	0.131
		25	城市社区"10分钟体育健身圈"建成率	%	0.123
		26	标准化健身步道公里数	千米	0.117
		27	县（区、市）"新四个一工程"建成率	%	0.121
		28	乡镇（街道）"三室一场一路径"建成率	%	0.064
		29	行政村（社区）"两室一场一路径"建成率	%	0.061
		30	公共体育设施管理维护	—	0.134
	活动开展 (0.187)	31	年度承办省级及以上竞技体育赛事次数	次	0.247
		32	年度承办市级及以上群众性体育活动次数	次	0.261
		33	年度开展群众性体育活动次数	次	0.357
		34	年度开展本级及以上特殊人群体育活动次数	次	0.135

指标		序号	观测点	单位	权重
一级指标	二级指标				
服务运行 (0.418)	健身指导 (0.263)	35	晨晚练健身站点数量	个	0.091
		36	每万人拥有晨晚练健身站点数量	个	0.087
		37	社会体育指导员数量	人	0.092
		38	每万人拥有社会体育指导员数量	人	0.181
		39	3A级以上体育社团数量	个	0.085
		40	2A级体育社团数量	个	0.093
		41	每万人拥有体育社团数量	个	0.191
		42	体质测定与运动健身指导机构数量	个	0.087
		43	年接受体质测定人次	人	0.093
	运动康复 (0.067)	44	运动康复机构数量	个	0.357
		45	年接受运动治疗人次	人	0.363
		46	年接受运动疗法的特殊人群人次	人	0.280
	信息服务 (0.102)	47	全民健身电子地图覆盖率	%	0.531
		48	地方主流媒体体育宣传频次	次	0.242
		49	年开展体育健身讲座次数	次/年	0.227
服务效益 (0.145)	经济效益 (0.467)	50	年体育产业增加值	万元	0.263
		51	年体育服务业增加值在体育产业增加值中比例	%	0.293
		52	年体育产业营业收入	万元	0.134
		53	年体育产业营业收入增长率	%	0.310
	社会效益 (0.533)	54	经常参加体育锻炼的人口比例	%	0.375
		55	《国民体质监测标准》总体合格达标率	%	0.394
		56	《国家学生体质健康标准》总体合格达标率	%	0.231
群众满意 (0.118)	满意度调查 (1)	57	场地设施满意度	%	0.257
		58	活动开展满意度	%	0.242
		59	健身指导满意度	%	0.247
		60	信息服务满意度	%	0.254

资料来源：江苏省体育局。

表 6 – 4　　　　江苏省公共体育服务指标体系（市级）——2.0 版

指标		序号	观测点	单位	权重
一级指标	二级指标				
组织管理 0.21	服务机构 0.48	1	政府全民健身工作领导协调机构	—	0.75
		2	独立法人的公共体育服务单位数量	个	0.25
	政策保障 0.52	3	《全民健身实施计划》施行率	%	0.2
		4	公共体育规划纳入"多规合一"	—	0.23
		5	推行公共体育服务区域协调发展政策	—	0.14
		6	推行公共体育服务城乡一体化政策	—	0.13
		7	公共体育服务政策个数	个	0.14
		8	当年政府体育民生实事项目数	个	0.16
经费投入 0.17	财政投入 0.68	9	人均公共体育服务经费	元	0.66
		10	人均公共体育服务经费增长率	%	0.34
	社会投入 0.32	11	人均社会资本投入	元	0.57
		12	社会资本投入与财政预算比率	%	0.43
服务提供 0.31	社会组织 0.19	13	社会体育组织总数	个	0.49
		14	3A 级以上体育社团比例	%	0.3
		15	城区体育健身俱乐部数量	个	0.21
	体育设施 0.33	16	人均公共体育场地面积	平方米	0.22
		17	规模以上体育公园个数	个	0.09
		18	城乡社区体育公园覆盖率	%	0.12
		19	万人拥有健身步道公里数	千米	0.12
		20	乡镇（街道）全民健身中心和多功能运动场覆盖率	%	0.14
		21	行政村（社区）体育活动室和多功能运动场覆盖率	%	0.15
		22	学校体育设施向社会开放率	%	0.09
		23	公共体育设施年接待人次	人次	0.07
	赛事举办 0.13	24	年承办省级以上体育赛事次数	次	0.45
		25	年开展本级体育赛事次数	次	0.55
	活动开展 0.16	26	年承办省级以上体育活动次数	次	0.3
		27	年开展本级体育活动次数	次	0.7

续表

指标		序号	观测点	单位	权重
一级指标	二级指标				
服务提供 0.31	健身指导 0.13	28	省级体质测定与运动健身指导站覆盖率	%	0.31
		29	运动康复机构数量	个	0.2
		30	万人拥有社会体育指导员数量	人	0.34
		31	公共体育信息和媒体服务平台数量	个	0.15
	文化交流 0.06	32	公共体育文化设施数量	个	0.68
		33	省级以上体育类非遗项目和传统体育项目数量	个	0.18
		34	与境外体育文化活动交流场次	场次	0.14
服务效益 0.23	经济效益 0.44	35	省级体育服务综合体个数	个	0.16
		36	省级以上体育健康特色小镇个数	个	0.17
		37	人均体育产业生产总值	元	0.27
		38	体育服务业增加值占体育产业增加值比例	%	0.15
		39	人均体育消费	元	0.14
		40	省级以上体育类专项资金扶持项目数	个	0.11
	社会效益 0.56	41	国家运动健康城市创建	—	0.09
		42	国家全民健身模范县个数	个	0.07
		43	国家级以上体育项目基地数量	个	0.07
		44	每周参加 1 次及以上体育锻炼的人数比例	%	0.13
		45	经常参加体育锻炼人口比例	%	0.19
		46	有组织参加体育锻炼人数比例	%	0.14
		47	居民《国家体育锻炼标准》合格率	%	0.11
		48	居民《国民体质监测标准》合格率	%	0.1
		49	学生《国家学生体质健康标准》合格率	%	0.1
社会评价 0.08	群众满意度（1）	50	公共体育服务满意度	%	1

资料来源：江苏省体育局。

表 6－5　　　　江苏省公共体育服务指标体系（县级）——2.0 版

指标		序号	观测点	单位	权重
一级指标	二级指标				
组织管理 0.21	服务机构 0.48	1	政府全民健身工作领导协调机构	—	0.75
		2	独立法人的公共体育服务单位数量	个	0.25
	政策保障 0.52	3	《全民健身实施计划》施行	—	0.2
		4	公共体育规划纳入"多规合一"	—	0.23
		5	推行公共体育服务区域协调发展政策	—	0.14
		6	推行公共体育服务城乡一体化政策	—	0.13
		7	公共体育服务政策个数	个	0.14
		8	当年政府体育民生实事项目数	个	0.16
经费投入 0.17	财政投入 0.68	9	人均公共体育服务经费	元	0.66
		10	人均公共体育服务经费增长率	%	0.34
	社会投入 0.32	11	人均社会资本投入	元	0.57
		12	社会资本投入与财政预算比率	%	0.43
服务提供 0.31	社会组织 0.19	13	社会体育组织总数	个	0.49
		14	2A级以上体育社团比例	%	0.3
		15	体育健身俱乐部数量	个	0.21
	体育设施 0.33	16	人均公共体育场地面积	平方米	0.22
		17	规模以上体育公园个数	个	0.09
		18	城乡社区体育公园覆盖率	%	0.12
		19	万人拥有健身步道公里数	千米	0.12
		20	乡镇（街道）全民健身中心和多功能运动场覆盖率	%	0.14
		21	行政村（社区）体育活动室和多功能运动场覆盖率	%	0.15
		22	学校体育设施向社会开放率	%	0.09
		23	公共体育设施年接待人次	人次	0.07
	赛事举办 0.13	24	年承办市级以上体育赛事次数	次	0.45
		25	年开展本级体育赛事次数	次	0.55
	活动开展 0.16	26	年承办市级以上体育活动次数	次	0.3
		27	年开展本级体育活动次数	次	0.7

续表

指标		序号	观测点	单位	权重
一级指标	二级指标				
服务提供 0.31	健身指导 0.13	28	省级体质测定与运动健身指导站个数	个	0.31
		29	运动康复机构数量	个	0.2
		30	万人拥有社会体育指导员数量	人	0.34
		31	公共体育信息和媒体服务平台数量	个	0.15
	文化交流 0.06	32	公共体育文化设施数量	个	0.68
		33	市级以上体育类非遗项目和传统体育项目数量	个	0.18
		34	与境外体育文化活动交流场次	场次	0.14
服务效益 0.23	经济效益 0.44	35	省级体育服务综合体个数	个	0.16
		36	省级以上体育健康特色小镇个数	个	0.17
		37	人均体育产业生产总值	元	0.27
		38	体育服务业增加值占体育产业增加值比例	%	0.15
		39	人均体育消费	元	0.14
		40	市级以上体育类专项资金扶持项目数	个	0.11
	社会效益 0.56	41	国家全民健身模范县创建	—	0.07
		42	省级以上体育项目基地数量	个	0.07
		43	每周参加1次及以上体育锻炼的人数比例	%	0.13
		44	经常参加体育锻炼人口比例	%	0.19
		45	有组织参加体育锻炼人数比例	%	0.14
		46	居民《国家体育锻炼标准》合格率	%	0.14
		47	居民《国民体质监测标准》合格率	%	0.16
		48	学生《国家学生体质健康标准》合格率	%	0.1
社会评价 0.08	群众满意度（1）	49	公共体育服务满意度	%	1

资料来源：江苏省体育局。

　　与此同时，各级政府要将体育公共服务事业经费列入年度财政预算，并随着本级财政经常性收入的增幅适度增加，各地大型公共体育设施建设应列入专项建设经费。落实各级政府分项目、按比例承担的体育公共服务经费分担机制，建立以政府投入为主导的体育公共服务财政保障机制。在基层合理配置基层专兼职体育公共服务人员，在所有乡镇（街道）设置体育公共服务岗位，聘请专人开展工作，行政村、社区普遍配备体育工作协调员，完善人才保障机制。加强社会体育指导员队伍建设，定期开展技能培训，提高一线社会体育指导员综合素质，特别是加强对面向基层、服务群众的专兼职体育公共服务人才队伍建设。

二、常州市体育公共服务多元供给主体协同创新实践分析

《"十三五"推进基本公共服务均等化规划》提出要推进政府购买公共服务，能由政府购买服务提供的，政府不再直接承办，而是交由具备条件、信誉良好的社会组织、机构、事业单位和企业等承担。① 制定实施政府购买公共服务指导性目录，确定政府购买公共服务的种类、性质和内容，规范政府购买公共体育服务的流程，加强政府财政预算管理。近年来，随着体育公共服务需求的迅速增长，体育行政部门依靠现有的资源难以满足公众需求。通过政府购买体育公共服务成为公共体育服务多元化供给的实现途径之一，对于解决单一供给主体与社会公众日益多样化体育需求之间矛盾和保持供给高效具有重要作用，但购买过程中的标准问题仍然存在，标准缺失的问题依然明显。对此，20 世纪 90 年代中期以来，我国部分地方政府开始探索政府购买服务，并相继出台了地方性规章。

（一）案例介绍

常州市政府按照"买什么——百姓说了算""买谁的——第三方说了算""如何实施——承接主体说了算""如何评价——效果说了算"的原则，实施政府购买体育公共服务，支持社会组织、企业参与和承办各类赛事和健身活动，2014 和 2015 两年政府投入 340 万元，吸引社会资本超过 500 万元。

常州市是国家体育总局—江苏省体育局合作协议签署地，常州市政府在 2013 年出台了《公共体育服务体系建设三年行动方案（2014～2016 年）》，积极构建"政府主导、部门协同、全社会共同参与"的工作机制。2013 年底，常州市在全国率先出台《关于购买公共体育服务的实施办法》，首批购买的 18 个项目公布。常州市体育局向扬子晚报、市足球协会等 18 家单位购买公共体育服务。常州市业余足球比赛、全民健身徒步大会、环太湖自行车千人骑行活动等 22 个公共体育服务项目被纳入 2014 年市政府购买范围。购买项目公布后，共有 45 家单位通过初步审核参与竞争。除健身路径建设等 4 个项目按有关规定进行政府采购外，其他 18 项全民健身赛事活动全部由竞争中脱颖而出的社会组织和社会力量承接，提升了公共体育服务的供给效

---

① 国务院印发《"十三五"推进基本公共服务均等化规划》［EB/OL］. http：//www. xinhua-net. com/politics/2017－03/01/c_1120551860. html.

率，促进了公共体育服务水平的提高。

2014～2016 年，购买项目共计 83 项，吸引社会资金超过 300 万元。
2017 年，常州市政府通过采购、支付资金购买体育公共服务，服务费用全
部由财政经费承担，体育彩票公益金是政府购买体育公共服务的主要资金来
源。政府购买体育公共服务项目赛事体系，具体项目和承接单位及承接单位
的主体性质如表 6-6 所示。常州市政府将购买过程、评价结果进行公示并
受社会监督。有失信行为的社会组织将会被纳入该单位诚信档案，两年内不
得再申报购买公共服务项目。2017 年，第三方考核机制实现了财政资金的
高效规范化使用。

表 6-6 　　　　　　　　　2017 年常州市政府购买体育公共服务项目

序号	项目	承接单位	承接单位性质
1	常州市足球俱乐部联赛	常州市足球协会	非营利性社会组织
2	常州市篮球俱乐部联赛	常州奥体场馆管理有限公司	有限公司
3	常州市 5 人制足球比赛	常州喜悦足球俱乐部有限公司	有限公司
4	常州市 3 人制篮球比赛	常州奥体少体校场馆管理有限公司	有限公司
5	常州市羽毛球比赛	常州奥体场馆管理有限公司	有限公司
6	常州市乒乓球比赛	常州市乒乓球协会	非营利性社会组织
7	常州市网球比赛	常州奥体场馆管理有限公司	有限公司
8	常州市健步走活动	常州龙城磨坊户外运动俱乐部	非营利性社会组织
9	常州市健身气功交流展示活动	常州市天宁区青龙街道健身气功协会	非营利性社会组织
10	常州市传统武术展示活动	常州市太极拳运动协会	非营利性社会组织
11	常州市中老年人健身秧歌展示活动	常州市老年人体育协会	非营利性社会组织
12	常州市排球比赛	常州市排球运动协会	非营利性社会组织
13	常州市电子竞技比赛	常州市电子竞技运动协会	非营利性社会组织
14	常州市飞镖比赛	常州市飞镖运动协会	非营利性社会组织
15	常州市健身健美比赛	常州市健身健美运动协会	非营利性社会组织
16	常州市"无车日"自行车骑行比赛	常州捷安特自行车运动俱乐部	非营利性社会组织
17	常州市门球比赛	常州市门球运动协会	非营利性社会组织
18	常州市游泳比赛	常州奥体春江场馆管理有限公司	有限公司

续表

序号	项目	承接单位	承接单位性质
19	常州市体育舞蹈比赛	常州市体育舞蹈运动协会	非营利性社会组织
20	常州市跆拳道比赛	常州市跆拳道运动协会	非营利性社会组织
21	常州市台球比赛	常州市台球协会	非营利性社会组织
22	常州市广场舞比赛	常州市社会体育指导员协会 常州市体育舞蹈协会	非营利性社会组织
23	常州市保龄球比赛	常州市佳得利保龄球馆	个人独资企业
24	常州市象棋比赛	常州市弈天棋院	非营利性社会组织
25	常州市围棋比赛	常州市棋类协会	非营利性社会组织
26	常州市国际象棋比赛	常州市国际象棋协会	非营利性社会组织
27	常州市钓鱼比赛	常州市钓鱼协会	非营利性社会组织
28	常州市舞龙舞狮比赛	常州市舞龙舞狮运动协会	非营利性社会组织
29	常州市健身操（舞）比赛	常州市体育舞蹈运动协会	非营利性社会组织
30	常州市扑克牌"掼蛋"比赛	常州市弈天棋院	非营利性社会组织
31	常州市中老年气排球比赛	常州市老年人体育协会	非营利性社会组织
32	常州市社会体育指导员培训服务	常州市社会体育指导员协会	非营利性社会组织
33	第三方绩效考核采购要求	常州弘普体育文化有限公司	有限公司
34	常州市中小学校园足球示范校课后培训及足球公开课服务	常州乐天体育活动咨询有限公司	有限公司

资料来源：根据常州市体育局网站公开资料整理所得。

　　我国财政部、民政部、工商总局联合制定的《政府购买服务管理办法（暂行）》第六条规定：承接政府购买服务的主体（以下简称"承接主体"），包括在登记管理部门登记或经国务院批准免予登记的社会组织、按事业单位分类改革应划入公益二类或转为企业的事业单位，依法在工商管理或行业主管部门登记成立的企业、机构等社会力量。其中，社会组织选择流程见图6-5，包括：（1）公布购买服务清单；（2）向社会公开招标；（3）对社会组织资质审查；（4）评估竞标方案；（5）选择组织；（6）公示中标组织；（7）签订合同，购买服务。

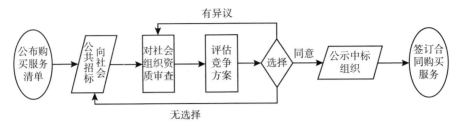

图6-5 政府对社会组织选择的流程

资料来源：根据相关研究资料整理所得。

（二）协同关系现况及其困境分析

1. 协同关系分析

体育公共服务供给中存在着多重的委托代理关系，而实践中的公共体育服务供给分工则更为复杂。服务的规划者可以是政府但不限于政府，其角色主要包括资金拨付、制定规则和监督管理。服务的生产者既包括服务机构也包括专业人士，其职能主要包括生产服务和管理监督。而服务对象不仅包括公民，还包括作为市场主体的企业和社会主体的社会组织。体育公共服务供给分工中，政府要充分发挥其公共服务职能和财政责任，通过发挥公共体育服务规划者和生产者的专业优势，有效降低交易成本，促进政府与市场、社会之间的良性分工协作，构建公共体育服务供给主体的合作网络。从某种程度上来说，公共体育服务的供给机制是公共体育服务供给分工的表现形式。[1] 政府部门、市场组织和非营利组织是公共体育服务的三大供给主体。其中，政府部门主要包括国家体育总局相关部门和各省（自治区、直辖市）体育局等部门，社会组织包括行业协会、基金会以及社会科研院所等，市场组织则包含相关的体育企业。政府公共体育服务提供方式主要包括两种：一种是直接提供，即公共体育服务的生产和供给全面由政府负责；另一种是政府通过签约的形式，由企业或者非营利组织来提供。公共体育服务供给分工通过增加供给者来弥补政府直接生产的局限性，成本信息更易被出资者获悉，有利于解决公共体育服务评价的难题；同样，体育公共服务生产者的增加可以减少总体的服务预算，有利于进一步限制体育公共服务生产机构的垄断性权力。体育公共服务的供给分工包含了资金拨付和服务生产，并注重多元主体间的协作互动。

2017年，常州市政府购买体育公共服务项目34项，其中，主体性质为协会及社会性俱乐部的有27项，占比约为79%，主体性质为企业的有7

---

[1] 吴玉霞. 公共服务分工与合作网络的理论与实证研究［D］. 浙江大学博士论文，2011.

家，占比约为 21%，其中常州奥体场馆管理有限公司承办了 3 项赛事，赛事涉及篮球、羽毛球与网球比赛。政府购买服务进一步把政府从生产者的职能和角色弱化，注于市场环境和市场秩序维护，推动政府职能从"大而全"向"小而能"转变。

政府购买服务拓展了体育公共服务多元供给主体供给服务的模式，可以更好地满足新形势下多样化、个性化、专业化的公共服务需求，有效发挥财政资金的杠杆作用，动员社会力量，构建多层次、多方式、多元化的体育公共服务供给体系。通过政府购买服务，可以使政府集中精力做好公共服务的政策规划、标准制定、资金预算、绩效管理、法律保障等方面的工作，提高公共服务的公平性和公正性；同时也可以引入竞争机制，降低政府行政成本，提高体育公共服务的质量。近些年来，常州市政府不断完善"政府主导、部门协同、全社会共同参与"的工作机制，全面建设城乡一体、普惠均等的公共体育服务体系示范区。从完善公共体育设施、健全社会体育组织、丰富全民健身活动、提升健身服务水平四个方面着手，基本建成了市、辖市、乡镇、行政村、自然村五级公共体育设施网络。常州市坚持问题导向和需求导向，把公共体育服务体系建设与城市土地出让、公园绿地建设、城市慢行系统和生态绿道建设相结合，与养老、旅游、文化、卫生等领域相融合。常州市政府每年向各辖市（区）下发公共体育服务体系建设目标任务书，实行目标考核。市全民健身工作指导委员会 41 个成员单位各司其职，协同配合，形成合力。注重社会体育组织建设和发展，全市 60 个镇（街道）实现体育社团"3＋2"全覆盖，并向基层社区延伸。坚持"全民健身全民办""谁投资、谁受益"的思路，鼓励社会力量采取捐助、赞助、合作、股份制等多种形式，参与兴建和管理体育设施。

2. 协同困境分析

政府购买服务作为提供体育公共服务的一种新方式，有利于调动社会组织和市场组织的参与积极性，提高公共体育服务供给的质量和效率。随着体育公共服务供给实践的发展，条款规定越来越细化。政府体育行政部门是向社会力量购买公共服务的主体，而承接主体须依法在行政部门登记成立的社会组织和在工商管理或行业主管部门登记成立的企业、机构和社会力量。[①]承接主体需要内部治理结构、财务会计和资产管理制度的健全，社会和商业信誉良好。从购买主体和承接主体来看，购买主体指行政管理事业单位，而承接主体为具有独立承担民事责任的社会组织和企业、机构等，社会组织按

---

① 伊强，朱晓红，刘向晖. 社会组织承接政府购买服务的资质条件——基于地方政策文本的分析［J］. 中国非营利评论，2014（1）：11－23.

照合同履行义务，独立实施，按期完成，购买主体督促项目实施和考核年度绩效，建立社会组织信用记录，并接受财政部门监管。

（1）政府购买体育公共服务中的定量指标多从投入资金、人员、参与机构等方面进行，相对忽视具体的实施效果、效益和效率评价，而这易导致政府购买体育公共服务绩效评估流于形式、缺乏执行力。不可否认，对承担服务项目的绩效考核是一个专业和值得关注的问题，一些非营利组织或私营企业由于长期受到政府资助，产生了官僚化倾向，工作效率有所降低，违背了服务外包的初衷。①

（2）体育公共服务本身的特性容易形成监督评价工作的难度，成本价格计算、服务过程的监控和质量标准的确定等方面存在着较大困难。为了确保公共体育服务供给的质量，必须实施有效的质量管理，要秉承全面质量管理理念，以顾客满意为导向，通过第三方认证，对政府体育公共服务质量进行专业化认证。

（3）政府按照"虚拟市场"的形式，直接向这些公共体育事业单位购买体育公共服务，极易导致体育公共服务供给出现"有服务、无需求"和"有支出、无服务"的行政性嵌入现象，造成政府购买体育公共服务的低效率。一是部分地区事中和事后监管缺失严重，政府购买的体育公共服务不能保质保量提供；二是事中和事后监管多采用行政监管手段，无第三方评估和监督机构参与，极易滋生腐败。加之相关立法不完善，政府购买体育公共服务的行为规则难以奏效。

（4）常州市政府购买社会组织的体育公共服务已成为常态，并逐步规范化、制度化。但政府购买的参与主体主要是企业，社会组织作为参与主体的地位往往被忽视。社会组织尚处于比较弱小的阶段，而政府主办服务机构、事业单位普遍强大；在公共服务社会化的过程中，事业机构实际趋向了企业化的道路，占据较好的公共资源和市场资源，导致有财政资源支持的事业单位与完全社会运营的社会组织在运营成本、政策倾向等方面，处于不对等地位。不断拓宽社会组织参与购买服务的途径，应该被明确把社会组织纳入公共服务购买的对象，同时，为社会组织参与公共服务购买竞争提供更加公平的政策环境。非营利组织和私营企业在常州市购买体育公共服务的过程中是共存的。当然，非营利组织仍然数量众多，政府所不能涉及和企业所不愿涉及的体育公共服务领域正是非营利组织的优势所在，非营利组织本身所拥有的志愿精神以及对体育公共服务的管理、运行和日常活动的积极参与，

---

① 张汝立，陈书洁. 西方发达国家政府购买社会公共服务的经验和教训［J］. 中国行政管理，2010（11）：98 – 102.

使之更易于了解基层的实际需求，更好地满足不同社会阶层的多元化需求，成为政府服务项目的主要承接主体。常州市政府购买体育公共服务的实践表明，"政府主导、部门联动、全社会共同参与"的工作机制的完善，社会力量参与提供体育公共服务热情的激发，有效推动了社会体育组织发展。

（三）完善策略

1. 明确购买方式和项目实施

萨瓦斯认为，提供公共服务主要有以下9种途径：政府服务、政府间协议、政府出售、合同承包、补助、特许经营、自由市场、志愿服务和自我服务。① 从政府和社会资本合作来看，政府可以通过投资补助、基金注资等多种方式予以支持。政府购买体育公共服务的方式主要包括公开招标、邀请招标、竞争性磋商、竞争性谈判等多种。社会组织按照合同约定履行服务，并接受相关部门及社会监督。社会组织应按照项目资金管理要求，单独核算，专款专用。体育主管部门会同有关方面组成购买公共体育服务领导小组，通过完善工作制度确保工作开展的规范有序。针对政府购买体育公共服务，国家及地方政府仍是缺乏框架和标准。这需要给政府部门一个可以评估是否要向企业或社会组织购买公共体育服务的标准。体育公共服务的成本、体育公共服务的质量、引入竞争的程度、支持社会组织的情况以及合法性等五个维度是政府购买体育公共服务的重要判断依据。其中，成本标准是衡量购买行为的核心指标，指政府购买体育公共服务能否节约供给成本，当然，并不是讲购买价格越低越好，仍然需要防止中标单位降低产品和服务质量现象的产生。

2. 科学进行监督管理和绩效评价

党的十八大以来，为加强和创新社会管理，改进政府提供服务的方式，国务院办公厅出台了《关于政府向社会力量购买服务的指导意见》，提出要加强政府向社会力量购买服务的绩效管理，严格绩效评价机制，对购买服务项目数量、质量和资金使用绩效等进行考核评价。评价结果向社会公布，并作为以后年度编制政府向社会力量购买服务预算和选择政府购买服务承接主体的重要参考依据。财政部、民政部和工商总局联合出台的《政府购买服务管理办法（暂行)》也指出，要按照过程评价与结果评价、短期效果评价与长远效果评价、社会效益评价与经济效益评价相结合的原则，对购买服务项目数量、质量和资金使用绩效等进行考核评价。在国务院和部委文件的指导和要求下，我国政府购买服务类项目的绩效评价工作得到大力推进。随着

---

① 邓念国. 西方国家社会保障的民营化：新制度主义的视角［D]. 上海交通大学，2008.

社会经济的快速发展，不仅要求降低服务价格，同时要求服务提供方保质保量完成任务。当然，这依赖于足够数量服务竞争者的存在和对服务提供方的明确要求与严格监管。

竞争者不足会形成对供方压力不够和动力不足问题，导致服务效率和质量下降。但随着合同的实际运行，初期投标方数量较多并非必然带来服务提供的高效率，甚至有可能危及原本服务提供的效率目标。这就需要规范项目遴选、信息发布、组织购买、项目监管、绩效评价等流程，加强政府购买公共体育服务的财政预算管理。① 一直以来，我国体育公共服务的监管权分散在众多的政府部门手中，主管部门与社会组织存在着隶属联系，利益的复杂性使得监管和评价工作不力。对此，应大力推进政府信息公开，提高各级体育行政部门职责履行、权力运行的透明度，为新闻媒体、行业组织、利益相关主体和广大群众共同参与监督创造条件，促进社会共治共管。完善体育统计制度、标准和体系，为科学决策提供依据。

3. 促进政社分开、事企分离

加快推进简政放权、管办分离、放管结合、优化服务，强化规划制定、政策调节、市场监管、公共服务等职能，切实优化体育行政机构设置和职能配置，进一步理顺体育行政部门与事业单位之间关系，修订完善行政部门和事业单位职能，科学配置行政权力事项。加大体育立法和政策研究力度，形成比较完善的体育政策法规体系。大力推进政府向社会组织购买公共服务，完善购买服务内容、标准、方式和程序。充分发挥市场在资源配置中的决定性作用，促进体育领域资源全面开放，鼓励引导社会力量参与体育发展。推动体育公共服务供给侧改革，采用公共私营合作制（PPP 模式）、政府购买服务、投资补助等多种方式，提高体育公共服务能力和水平，促进体育消费。坚持需求导向和问题导向，不断完善重点区域、重点人群、重点项目服务供给的配套政策。促进体育与文化、国土、财政、教育、旅游、医疗、统计等部门的统筹协调，做好体育公共服务供给政策与经济、社会、民生、产业等重大改革和政策的衔接。研究制定并不断完善《政府购买体育公共服务项目验收标准》，加强对政府购买体育公共服务的过程监管。

4. 建立政府购买体育公共服务的价格动态调整机制

根据承接主体的服务内容和质量，确立补贴范围和空间。分类制定内容明确、操作性强、便于考核的政府购买公共文化服务标准，方便购买主体掌握和自查。建立健全政府购买的行政监督、法律监督、审计监督、社会监

① 国务院关于印发"十三五"推进基本公共服务均等化规划的通知 [J]. http://www.scio.gov.cn/xwfbh/xwbfbh/wqfbh/35861/36367/xgzc36373/Document/1544135/1544135_1.htm.

督、纪检监督、舆论监督等制度，完善由购买主体和公共体育服务对象共同参与的事前、事中和事后监管体系。加强对公共体育服务提供全过程的跟踪监管，严格检查、验收服务成果，加强对政府购买公共体育服务项目的满意度评价，将评价结果向社会公布。服务质量严重不达标者拉入"黑名单"。严格遵守财政财务管理规定，加强对政府向社会力量购买公共体育服务资金的监管，相关部门按照职能分工将承接政府购买公共体育服务行为纳入监管体系。

5. 加快体育公共服务相关领域立法

不断完善政策体系和法律制度，牢牢把握住推进体育公共服务立法的有利时机，以制定体育公共服务保障法为突破口，积极推进体育公共服务领域立法进程，把政府购买体育公共服务以法律的形式明确和约束起来。推动国家和各地政府向社会力量购买体育公共服务标准的制定，保证相关购买活动有据可循。政府购买体育公共服务作为政府管理创新的手段，需要遵循行政法原则和精神，进而明确购买主体及其购买权限的合法性、购买范围的合法性、购买程序的合法性与服务责任的合法性。政府必须深化管理服务改革，着力探索突破现行"双重管理"模式，逐步使得社会组织地位法人化，成为经济自立、工作自主、行为自律、治理自治的组织。而社会组织地位法人化的根本出路是政府改革和转变职能。

本 章 小 结

在市场经济体制下，政府部门、市场组织与社会组织成为我国体育公共服务的生产与提供主体。效率和公平成为体育公共服务多元供给主体协同创新必须遵循的两大原则。转型时期我国体育公共服务存在着需求深刻变化与供给严重不适应的问题，体育公共服务发展面临体育公共服务体制改革发展的严重滞后、体育公共服务职能立法的滞后、其他体育公共服务供给主体作为难以有效发挥以及供给主体多元却未协同等方面的现实困境。像其他公共服务一样，体育公共服务提供方式除了非排他性和非竞争性等特性外，"外部性、同质性、可度量性"也是服务规划者和生产者选择的基本决策点，进而形成体育公共服务不同的供给方式。

体育公共服务本质上是体育公共服务产品需求表达与供给有效满足的问题，供给是体育公共服务体系的核心构成，聚焦于服务需求的满足。体育公共服务供给是由政府、市场与第三部门等不同角色所组成的复杂合作网络。政府应着力构建体育公共服务多元供给主体之间的对话合作机制，促进权力分享，建立起共同承担风险的体育公共服务供给联合体；应通过机制建构提高私人部门的社会声誉、加大政府补偿力度、对社会体育组织提供财政资金支持等，激励其参与体育公共服务供给，满足公共利益；进一步完善体育公共服务的市场价格形成机制，约束各市场主体利益最大化的冲动，保证每个市场主体公平地享有权利。

目前，我国体育公共服务统一完善的联动机制尚未建立，各项规章制度并不健全，缺乏统一的政策体系，造成基本体育公共服务缺乏定位、规范和管理，各部门间的任务分工不明确，部门间协调较为困难，这需要体育、教育、财政等政府相关部门建立完善的统筹协调机制。同时，要积极引导社会力量参与体育公共服务供给，加强政府与社会资本的合作，实现供给方式的多样化，提升体育公共服务供给的效率，保障体育公共服务供给公平，实现体育公共服务供给主体多元化和供给竞争化，满足社会公众的迫切需求。体育公共服务供给中的政府、社会组织和市场组织都需要进行相应的制度安排和运行机制设计，以保证体育公共服务提供的质量和效率。

中国体育公共服务协同运行机制包括多元主体协同需求表达机制、多元供给主体协同决策机制、多元供给主体协同生产机制、多元供给主体协同绩效评估机制；而中国体育公共服务多元供给主体协同辅助机制主要包括体育公共服务多元供给主体信息共享机制、多元供给主体信任合作机制、多元供给主体激励约束机制和多元供给主体监督问责机制。体育公共服务的供给分工不仅包含了体育公共服务的资金拨付和服务生产，更强调多元供给主体的参与，强调多元供给主体之间边界的专业化和协作关系。市场企业组织特有的竞争机制有利于供给效率的提高，而社会组织本身所拥有的志愿精神以及积极参与，保证了运行的高效率，有利于不同社会阶层的多元化需求的满足。社会组织应当成为政府服务项目的承接主体。针对体育公共服务本身特性易导致监督评估工作、成本价格计算以及服务过程的监控和质量标准难以确定等困难，必须保持政府对合作方运作的监督和管理，并通过合同确定的标准加强执行能力。国家体育总局—江苏省公共体育服务体系示范区以及江苏省常州市公共体育服务示范区创建过程中，不同的体育公共服务供给主体有效协同，共同推进了公共体育服务示范区的建设，保障和改善了民生。

第七章

结论与展望

第一节　结论与建议

一、结论

（1）我国体育事业财政投入的规模从"一五"时期到"十二五"时期总体额度在逐渐增加，特别是从"六五"时期的25.68亿元上升到"十二五"时期的1758亿元，增长了近70倍。然而，同时期的政府财政支出由"六五"时期的7483.18亿元上升为"十二五"时期的703076亿元，额度提升了近百倍，反映了我国体育事业财政支出在国家财政支出占比的降低。同时，体育事业与教育、科学技术，卫生等领域财政支出总额相差较大，在财政支出中的占比相对薄弱，相对规模较小。

（2）我国体育事业财政支出一直以来存在着结构失衡的问题。从区域结构上来看，东部地区体育事业财政支出高于中西部经济欠发达地区，这也导致了中西部落后地区公共体育服务设施建设滞后。东部地区的北京、上海、天津、浙江、海南等省份以及西部的西藏、宁夏、新疆、青海等省份的人均体育事业财政支出额度远高于中部的河南等省份。而在"十二五"时期，除东部体育事业人均财政支出额度高于全国平均值外，西部、中部和东北部三个区域的平均值均低于全国平均数值，表明我国体育事业发展仍然需要各级政府加大投入，特别需要引起经济欠发达地区各级政府的重视。

（3）我国有16个省份体育公共服务财政投入存在冗余现象，人均体育公共服务财政投入金额和人均体育公共服务财政投入占公共财政支出比例均存在不同程度的冗余；而体育公共服务产出不足的问题更为严重，产出不足的省份占全国的64.5%，指标主要集中在人均场地设施面积、社会体育指导员人数和年度每万人参加国民体质监测人数。这三个产出指标是各省份体育公共服务事业改进空间最大的指标。而我国 31 个省份需要根据自身存在的不足，合理配置体育公共服务财政资源，减少投入冗余和产出不足等相关问题，提高资源生产效率。

（4）我国 31 个省份体育公共服务有 8 个省份呈现出技术—规模共同推动型、8 个省份是技术创新型、5 个省份属于规模驱动型，其他 10 个省份为传统双低效型。针对技术创新型的省份，体育公共服务供给规模尚不足以满足居民的实际需求，需要加大其财政投入；规模驱动型的省份则需要提高体育公共服务财政的管理和生产技术水平，而传统双低效型意味着各省份体育公共服务财政支出纯技术效率和规模效率均处于比较落后的状态，这 10 个省份需要从技术水平和规模结构两个方面入手，提升体育公共服务财政支出效率。

（5）我国 31 个省级政府 2011～2015 年体育公共服务财政综合效率稳定性较差，离散程度较大，各地区体育公共服务财政效率差距较大。31 个省份体育公共服务全要素生产率、综合效率变化值、技术变化相对较差，纯技术效率变化和规模效率变化的稳定性相比较于其他指标，差距相对较小。中国 31 个省份间体育公共服务效率差异巨大，且效率水平会受到经济发展、财政支出结构、公众受教育水平和社会发展等因素的影响，其中，财政分权情况、人均 GDP 两个指标对体育公共服务财政效率产生正向作用，人口密度和大专文化程度以上人口占比和体育公共服务财政效率负相关，仅有大专文化程度以上人口占比与体育公共服务财政效率具有显著相关性，我国体育公共服务事业发展需要致力于改善可控因素，以有益于体育公共服务效率的提升。

（6）从我国体育公共服务资源配置地区差异明显，地方财政预算支出的泰尔指数在 2011、2012 年达到最大值（0.0026），最小值（0.0023）出现在 2015 年，平均值为 0.0025；体育事业财政支出的泰尔指数最大值（0.0056）出现在 2013 年，最小值（0.0042）出现在 2011 年，平均值为 0.0047；社会体育组织数量泰尔系数最大值（0.0038）出现在 2011 年，最小值（0.0015）出现在 2014 年，平均值为 0.0014；社会体育指导员数泰尔指数最大值（0.0149）出现在 2013 年，最小值（0.0016）出现在 2015 年，平均值为 0.0058；国民体质监测人数泰尔指数最大值（0.0117）出现在 2012 年，最小值（0.0036）出现在 2013 年；平均值为 0.0082；国民体质监测站点泰尔指数最大值（0.0346）出现在 2011 年，最小值（-0.1247）出现在 2014 年，平均值为 -0.0140；体育场地设施面积泰尔指数最大值（0.0238）出现在 2011 年，最小值（0.0100）出现在 2015 年，平均值为

0.0172。

（7）从区域体育公共服务财政预算支出泰尔指数来看，中部地区的均衡状况较稳定，东部地区存在偶尔的大幅波动，西部地区资源配置均衡性较差；从体育公共服务经费投入泰尔指数的地区分解看，西部地区的泰尔指数数值最小，西部各省份间体育公共服务经费投入配置相对均衡。东部地区泰尔指数数值最大，说明东部区域内各省份间体育公共服务经费支出配置均衡性较差；从社会体育组织泰尔指数的地区分解看，西部地区虽有大幅波动的过程，但是波动过后又逐渐下降的趋势，说明西部地区内部的不均衡状况也在逐渐改善；从社会体育指导员泰尔指数的地区分解看，东部地区经历了大幅上升和下降的过程，中部、西部地区波动幅度较小，且东部、中部、西部三个地区都有逐渐减少的趋势，说明三个地区内部的不平衡状态都在逐步改善；从国民体质监测站点泰尔指数的地区分解看，西部地区波动幅度较大，且整体呈减少趋势，说明西部地区内部的不均衡状况在不断改善，国民体质监测点的配置均衡性不断提高，东部和中部的地区波动较小；从国民体质监测人数泰尔指数的地区分解看，中部地区先小幅下降、后大幅上升、再大幅下降，东部和西部地区一直呈下降趋势，说明东部和西部地区内部省份之间的国民体质监测人数配置均衡性在逐渐改善；从体育场地设施面积泰尔指数的地区分解看，西部地区高于东部地区，东部地区高于中部地区。由此可知，中部地区各省份间的资源配置相对较公平，虽然东部、西部较中部地区高，但是也有明显的下降趋势，说明东部和西部区域内各省份之间的不均衡状态在逐渐改善。

（8）我国体育公共服务 2011～2015 年的社会体育组织泰尔指数为 0.0024，均衡性在测度指标中最好，人均场地设施面积泰尔指数为 0.0172，泰尔指数数值最高，配置的均衡性水平相对为最低。配置均衡性排在第二至第六位的指标依次为省级政府一般预算支出（0.0025）、体育公共服务经费投入（0.0047）、社会体育指导员（0.0058）、国民体质监测人数（0.0082）和国民体质监测站点个数（−0.0140）。

（9）随着经济领域和社会领域自组织力量的发展，政府部门、市场组织与社会组织成为我国体育公共服务的生产与提供主体，效率和公平成为体育公共服务多元供给主体协同创新必须遵循的两大基本原则。

（10）转型时期我国体育公共服务存在着需求深刻变化与供给严重不适应的问题，我国体育公共服务发展面临体育公共服务体制改革发展严重滞后、体育公共服务职能立法滞后、其他体育公共服务供给主体作为难以有效发挥以及供给主体多元却未协同等方面的现实困境。

（11）体育公共服务具有的外部性、同质性、可度量性也是体育公共服务提供方式中区分服务规划者和生产者选择的基本决策点，进而形成体育公共服务不同的供给方式。

（12）单个供给主体无法完全准确反映公众需要偏好和现实的利益诉求，会因其自身的价值判断而造成供给结果与需求目标的不一致。体育公共服务供给是由政府、市场与第三部门等不同角色所组成的复杂合作网络。

（13）我国体育公共服务统一完善的联动机制尚未建立，各项规章制度并不健全，缺乏统一的政策体系，造成基本体育公共服务缺乏定位、规范和管理，各部门间的任务分工不明确，部门间协调较为困难，这需要各相关政府部门建立完善的统筹协调机制，推进体育公共服务均等化。

（14）要积极引导社会力量参与体育公共服务供给，加强政府与社会资本的合作，实现供给方式的多样化，提升体育公共服务供给的效率，保障体育公共服务供给公平，实现体育公共服务供给主体多元化和供给竞争化，满足社会公众的迫切需求。

（15）中国体育公共服务需要构建体育公共服务多元供给主体协同运作的优势互补机制、竞争机制、决策机制、激励约束机制与监督机制，探讨多元供给主体协同创新的保障机制。政府、社会组织和市场组织都需要进行相应的制度安排和运行机制设计，以保证体育公共服务提供的质量和效率。

（16）中国体育公共服务协同运行机制包括多元主体协同需求表达机制、多元供给主体协同决策机制、多元供给主体协同生产机制以及多元供给主体协同绩效评估机制；中国体育公共服务多元供给主体协同辅助机制主要包括多元供给主体信息共享机制、多元供给主体信任合作机制、多元供给主体激励约束机制、多元供给主体监督问责机制。

（17）体育公共服务的供给分工不仅包含了体育公共服务的资金拨付和服务生产，更强调多元供给主体的参与以及多元供给主体的专业化和主体之间的协作关系。市场企业组织特有的竞争机制有利于供给效率的提高，而非营利组织本身所拥有的志愿精神以及积极参与，保持了运行的高效率，有利于不同社会阶层的多元化需求的满足。

二、建议

（1）我国体育事业的财政投入首先需要重点保证基本体育公共服务需求；其次要优先保证并弥补区域之间的差异，均衡布局、合理配置公共体育资源。需要转变观念，在体育事业财政支出的款项中，适当增加群众体育事业财政支出的权重和体育场馆设施建设资金的比重，进一步提升体育公共服务供给的水平。

（2）加大财政转移支付力度，加大对落后地区的转移支付力度，缓解地区间、城乡间体育公共服务体系建设的不平衡，促进基本公共体育服务的均等化进程，需要从纵向和横向两个维度加强转移支付。纵向上需要确保中央财政收入的增量在中西部地区和农村地区体育公共服务产品供给的必要经费。横向上，继续完善东部较发达的省份对西部省份地区体育公共服务建设的支持。

（3）政府在保证体育事业财政投入方式的同时，要积极探索转变财政的传统投入方式，提高资金投入的效率。政府可以改变某些体育事业项目（群众体育和体育场馆等）直接兴办、直接生产的方式，采取政府购买等方式。

（4）我国在提升经济发展水平的同时，需要高度重视体育公共服务事业的发展，为体育公共服务水平的提升提供财政资金保障。并需要建立体育公共服务财政支出的稳定增长机制，提升体育公共服务财政支出的管理水平，提高体育公共服务财政支出效率。还需要针对体育公共服务项目内容的需求情况，出台扶持体育公共服务发展的相关政策，推动体育公共服务财政支出规模科学化、合理化，提升体育公共服务财政资源配置能力和管理能力水平。

（5）适当调整中央与地方在体育公共服务中财政投入的结构，加大地方政府对体育公共服务的财权，提升地方政府体育公共服务财政投入的比重。坚持以为人民服务为导向，加强体育公共服务财政支出网络效应和组织效应发挥，实现体育公共服务事业财政支出的规模效应。需要特别指出的是，各地政府需要重视公民文化教育水平的提升，增强公民体育权利的意识，提高公民参与体育公共服务的积极性和主动性。

（6）各个省份要科学、合理地控制投入规模，建立健全体育公共服务财政支出预算制度，完善地方政府体育公共服务资金管理机制，避免财政支出纯技术效率的低效。针对我国各地区间体育公共服务技术效率扩散的现象，各省份应该加强交流和学习，充分吸收彼此的技术溢出，实现各省份间的技术收敛，提升技术效率。

（7）我国各省份体育公共服务效率评价仅从数量维度进行考虑和分析，并未涉及体育公共服务的质量以及价格等维度，这就需要继续深化我国体育公共服务体制改革，进一步提高我国体育公共服务供给质量，促进我国及各地区体育公共服务事业的快速发展。

（8）体育公共服务多元化的服务需求不仅要求政府摒弃以往等级制的公共服务提供结构，推动此结构向扁平化和网络化的方向发展，还要求政府通过职能转变，发挥社会组织和私营部门的作用以满足公共服务的个性化需求。

（9）政府应着力构建体育公共服务供给多元主体之间的对话合作机制，促进权力分享，建立起共同承担风险的体育公共服务供给联合体；政府应通过机制建设提高私人部门的社会声誉、加大政府补偿力度、对社会组织提供财政资金支持等，激励多元主体参与体育公共服务供给，满足公共利益；进一步完善体育公共服务的市场价格形成机制，约束各市场主体利益最大化的冲动，保证每个公民公平享有权利。

（10）针对体育公共服务本身特性易导致监督评估工作、成本价格计算以及服务过程的监控和质量标准难以确定等困难，必须保持政府对合作方运作的监督和管理，并通过合同确定的标准加强执行能力。

第二节　研究不足和研究展望

本书研究存在的主要不足及未来深入研究的考虑如下。

（1）体育公共服务多元供给主体的作用定位有所探讨，但体育公共服务多元主体网络治理的结构与机制研究有待进一步深入。

就收集资料来讲，本书事实部分的资料主要是通过访谈、观察、收集相关部门内部资料与其他公开文献的方式获得，部分访谈的深入性仍然不够，有些案例由于一手数据难以全面获得，只能部分借鉴新闻报道或其他学术论文，且针对体育公共服务总体供给情况的量化指标不足，导致体育公共服务细化数据分析方面不足，也影响了对问题分析的细致程度。

就研究内容来看，无论体育公共服务理论研究层面还是在国家实践运作层面，有效评价政府和其他供给主体供给效率和公平性都存在难度，只能从政府财政支出层面进行评价分析。如何紧密结合体育公共服务实践发展，有效把握公众的体育公共服务需求，深入剖析体育公共服务需求机制仍然存在着不足。此外，体育公共服务的供给分工不仅包含体育公共服务的资金拨付和服务生产，如何促进多元供给主体的参与以及明确多元供给主体之间边界的专业化和协作关系仍然存在困难。有效地对社会体育组织、市场组织以及政府部门在体育公共服务供给中的作用及其边界进行实践区分及有效互动仍有难度，体育公共服务多元供给主体协同创新涉及政府内外部不同主体间的竞争、合作与协调问题，这些不同主体参与协同供给的动力机制不同，协同主体的地位、协同服务的内容存在差异，促进协同的手段和方式也有所不同，这种协同主体的多元化和协同关系的复杂性，给理论研究带来了严峻的挑战。

（2）研究成果仍然需要与体育公共服务事业发展相结合，需要进一步的实践检验。

本书只是初步构建了一个相对完整的体育公共服务多元主体协同创新的理论体系和内容框架，并对若干问题进行了分析和实证，并对江苏省—国家体育总局公共体育服务示范区、常州市体育公共服务发展实践等进行了案例分析，从纵向上对体育公共服务供给进行了思考，但国家、地方和基层在治理侧重上存在着差异性，各层级政府部门之间治理差异巨大，案例研究的代表性尚待检验。

中国体育公共服务协同运行机制和中国体育公共服务多元供给主体协同辅助机制有效协作是本书重点研究的另一问题。完善政府、社会组织和市场组织在体育公共服务实践中协同的制度安排和运行机制，有效把握每一种机制深层次的内涵以及各机制在发展中的作用定位也是值得深入研究的重要问题。未来研究中，优化、改进并形成一个目标一致、能够有效协作与共享、高度重视并有效满足社会公众需求、将社会各方力量有效吸引参与建设和服务的组织管理模式，是提高体育公共服务效能和实现体育公共服务目标的关键所在。如何出台配套的政策法规、进一步调整体育公共服务组织结构与运行机制、有效引入社会资本和培育社会组织、强化网络信息技术运用和网络空间治理等方面仍然非常值得研究。期待更多的学者与我们一起参与到体育公共服务网络治理研究当中来，更期待体育公共服务的实践者能在工作中不断探索，进而有效地推动我国体育公共服务事业的发展。

参 考 文 献

［1］安宇，沈山．日本和韩国的"文化立国"战略及其对我国的借鉴［J］．世界经济与政治论坛，2005（4）：115－117.

［2］曹可强，俞琳．论体育公共服务供给主体的多元化［J］．体育学刊，2010（10）：22－25.

［3］曾宝根．当代中国公共服务市场化论析［D］．华中师范大学，2005.

［4］陈斌，韩会君．公共体育服务概念的科学认识——基于术语学的视阈［J］．广州体育学院学报，2015（2）：7－11.

［5］陈昌盛，蔡跃洲．中国政府公共服务：体制变迁与地区综合评估［M］．北京：中国社会科学出版社，2007：25.

［6］陈丛刊，卢文云等．英国公共体育服务供给体系建设的经验与启示［J］．成都体育学院学报，2012（1）：28－32.

［7］陈广胜．走向善治［M］．浙江大学出版社，2007：99，101.

［8］陈家起，邵奇．公民参与公共体育服务的现实困境与路径选择［J］．体育成人教育学刊，2015（2）：1－4.

［9］陈水生．公共服务需求管理：服务型政府建设的新议程［J］．江苏行政学院学报，2017（1）：109－115.

［10］陈振明．公共服务导论［M］．北京大学出版社，2011.

［11］成刚．数据包络分析方法与 MaxDEA 软件［M］．北京知识产权出版社．2014：26.

［12］戴健．中国公共体育服务发展报告［M］．社会科学文献出版社，2013.

［13］［美］戴维·奥斯本，特德·盖布勒．改革政府：企业家精神如何改革着公共部门［M］．周敦仁，译．上海译文出版社，1996：17－33.

［14］戴文忠，栾开封．中国与英国、瑞典体育管理体制比较［J］．体育文史，1999（1）：19.

［15］邓念国．西方国家社会保障的民营化：新制度主义的视角［D］．上海交通大学，2008.

[16] [美] E. S. 萨瓦斯. 民营化与公私部门的伙伴关系 [M]. 周志忍等, 译. 北京: 中国人民大学出版社, 2002.

[17] 范逢春. 农村公共服务多元主体协同治理机制研究 [M]. 人民出版社, 2014.

[18] 方堃. 当代中国新型农村公共服务体系研究 [M]. 中国社会科学出版社, 2010: 18.

[19] 古立峰, 刘畅等. 体育法治论 [M]. 成都: 四川科学技术出版社, 2008: 137.

[20] [法] 古斯塔夫·佩泽尔. 法国行政学 (第十九版) [M]. 廖明坤, 译. 国家行政学院出版社, 2002: 14.

[21] 郭惠平. 对和谐社会我国公共体育服务社会化改革的再思考 [C]. 第8届全国体育科学大会论文摘要汇编 (一), 2007: 110.

[22] 郭俊, 高璇. 着力推进基本公共服务均等化 [N]. 经济日报, 2013 - 10 - 25.

[23] 国家体育总局体育经济司. 中国体育事业统计年鉴 2011—2015 [Z]: 225 - 249.

[24] 国家体育总局政法司. 体育发展 "十三五" 规划 [EB/OL]. http: //www. sport. gov. cn/n10503/c722960/content. html. 2017 - 11 - 27.

[25] 郝海亭. 自治: 公共体育服务的 "公平、效率" 供给方式 [J]. 广州体育学院学报, 2010 (2): 12 - 15.

[26] 何金廖, 张修枫, 陈剑峰. 体育与城市: 德国城市绿色空间与大众体育综合发展策略 [J]. 国际城市规划, 2017 (5): 44 - 48.

[27] 贺达水, 梁希震等. 惠及穷人的服务: 以制度改革强化责任关系 [J]. 管理世界, 2004 (8): 148 - 150.

[28] 赫尔曼·哈肯. 协同学 [M]. 上海世纪出版社, 2005.

[29] 侯海波. 德国大众体育发展现状及成功经验探析 [J]. 山东体育科技, 2014 (3): 95 - 99.

[30] 侯海波. 德国体育运动奖章体制简介 [J]. 中外群体信息, 2009 (3): 11 - 24.

[31] 侯海波. 德国体育场馆巡视 [J]. 环球体育市场, 2009 (1): 61.

[32] 胡仙芝. 论政治文明建设视野下的政府治理文明目标及其路径 [J]. 北京联合大学学报, 2008 (3): 50 - 56.

[33] 花楷, 刘志云. 协同治理: 县级政府体育公共服务供给 "碎片

化"与消解 [J]. 天津体育学院学报, 2016 (6): 485 – 490.

[34] 黄耀南. 浅析公共服务主体多元化 [J]. 南方论坛, 2008 (1): 52 – 53.

[35] 贾先国. 工程项目施工精细化管理探讨 [J]. 西安建筑科技大学学报 (社会科学版), 2009 (4): 26 – 29.

[36] 景俊杰. 新世纪日本体育政策运行 [M]. 中西书局, 2014: 193 – 194.

[37] [法] 莱昂·狄骥. 公法的变迁 [M]. 辽海出版社, 1999: 7.

[38] 赖先进. 论政府跨部门协同治理 [M]. 北京: 北京大学出版社, 2015: 26 – 27.

[39] 蓝国彬. 实现城乡公共体育服务均等化的路径思考 [J]. 体育与科学, 2010 (2): 9 – 13.

[40] 李春. 新中国成立以来公共服务模式转型分析 [J]. 中共天津市委党校学报, 2010 (2): 77 – 80.

[41] 李凤芝, 索烨, 刘玉. 美国公共体育服务社会化改革及启示研究 [J]. 沈阳体育学院学报, 2016 (2): 19 – 25.

[42] 李洪佳. 公共服务多元主体合作供给的调整与优化 [J]. 理论与现代化, 2016 (2): 52 – 57.

[43] 李军鹏. 公共服务学——政府公共服务的理论与实践 [M]. 国家行政学院出版社, 2007: 9.

[44] 李丽, 张林. 体育公共服务: 体育事业发展对公共财政保障的需求 [J]. 体育科学, 2010 (6): 53 – 57.

[45] 李丽. 我国体育事业发展的公共财政保障研究 [M]. 武汉大学出版社, 2015.

[46] 李琳, 陈薇, 李鑫等. 俄罗斯 2020 年前体育发展战略研究 [J]. 上海体育学院学报, 2012 (1): 1 – 4.

[47] 李庆雷. 基于新公共服务理论的中国国家公园管理创新研究 [J]. 旅游研究, 2010 (4): 80 – 85.

[48] 李爽. 旅游公共服务体系建构 [M]. 经济管理出版社, 2013.

[49] 李松龄, 生延超. 技术差距、技术溢出与后发地区技术收敛 [J]. 河北经贸大学学报, 2007 (4): 5 – 10.

[50] 李向东. 中国与德国体育管理体制的比较研究 [J]. 体育文化导刊, 2005 (5): 53 – 55.

[51] 李雪颖. 青少年锻炼强度有待提高 [N]. 中国体育报, 2014.

[52] 李亦兵，孙晓晴. 我国基本医疗卫生服务均等化与经济增长的实证研究——基于向量自回归模型 [J]. 价格理论与实践，2016 (11)：146 - 149.

[53] 林显鹏，刘云发. 国外社区体育中心的建设标准与运营管理研究——兼论我国体育场馆建设与发展思路 [J]. 体育科学，2005 (12)：12 - 16, 27.

[54] 刘波. 德国体育俱乐部建制探析 [J]. 体育与科学，2007 (3)：57 - 60, 64.

[55] 刘波. 德国体育体制研究对进一步完善我国体育体制的启示 [J]. 北京体育大学学报，2011 (11)：5 - 9, 14.

[56] 刘芳. 中外公共体育服务体系构建比较研究 [J]. 山东体育科技，2015 (1)：26 - 30.

[57] 刘国永，杨桦. 中国群众体育发展报告 [M]. 北京：社会科学文献出版社，2014：8 - 9.

[58] 刘金程，李明刚. 从政策到制度：元创新视角下的"基本公共服务均等化"[J]. 新视野，2008 (3)：49 - 51.

[59] 刘亮. 我国体育公共服务的概念溯源与再认识 [J]. 体育学刊，2011 (3)：34 - 40.

[60] 刘涛. 社会资本视野下的服务型政府建构 [J]. 行政论坛，2009 (4)：24 - 27.

[61] 刘同众，戴宏贵. 日、美社区体育建设与管理的探究与启示 [J]. 西安体育学院学报，2013 (4)：397 - 401

[62] 刘欣. 日本体育设施建设与管理的启示 [J]. 体育科研，2009 (5)：31 - 33.

[63] 刘雪松，刘蕊，袁春梅. 东京奥运会前后日本群众体育发展研究 [J]. 成都体育学院学报，2009 (8)：21 - 24.

[64] 刘艳丽，苗大培. 社会资本与社区体育公共服务 [J]. 体育学刊，2005 (3)：35 - 38.

[65] 刘玉. 发达国家体育公共服务社会化改革经验及启示 [J]. 成都体育学院学报，2011 (3)：294 - 300.

[66] 刘玉. 发达国家体育公共服务社会化改革实践及启示 [J]. 成都体育学院学报，2011 (3)：1 - 5.

[67] 刘玉. 改革开放 30 年我国体育公共服务供给模式转型与现实选择 [J]. 体育科学，2013 (2)：11 - 21.

［68］刘玉.体育公共服务市场化改革——发达国家经验及借鉴［J］. 北京体育大学学报, 2012 (11): 6 - 10.

［69］鲁毅.德国体育管理体制及其对我国体育发展的启示［J］. 广州体育学院学报, 2016 (4): 1 - 4.

［70］罗伯特 B. 登哈特.新公共服务——服务而不是掌舵［M］. 中国人民大学出版社, 2004: 22.

［71］吕芳, 潘小娟.基于公民互助的协同生产——公共服务供给的一种新模式［J］. 北京行政学院学报, 2014 (6): 103 - 107.

［72］吕树庭, 王菁.体育公共服务, 还是公共体育服务——概念间关系的梳理与辨析［J］. 广州体育学院学报, 2016 (1): 1 - 6.

［73］马忠利, 陈浩等.俄罗斯 2006～2015 年体育发展规划及对我国的启示［J］. 肇庆学院学报, 2014 (2): 76 - 80.

［74］马忠利, 陈浩等.中、俄 2015 年前公共体育设施建设规划研究［J］. 西安体育学院学报, 2014 (3): 295 - 299.

［75］马忠利, 叶华聪, 陈浩.苏联解体后俄罗斯体育政策的演进及启示［J］. 上海体育学院学报, 2014 (1): 12 - 17.

［76］马忠利等.俄罗斯《体育与旅游中小企业发展纲要》之新举措及启示［J］. 上海体育学院学报, 2012 (6): 26.

［77］蒲伦昌, 朱立恩.服务质量体系的建立与运行——ISO9004 - 2 标准的实施［M］. 中国计量出版社, 1994.

［78］戚湧, 张明, 李太生.基于 Malmquist 指数的江苏创新资源整合共享效率评价［J］. 中国软科学, 2013 (10): 101 - 110.

［79］齐立斌.俄罗斯总统体育委员会研究［J］. 体育文化导刊, 2014 (2): 23 - 26.

［80］齐艳芬.多元协同网络视角下的城市公共服务供给［M］. 天津大学出版社, 2017: 109.

［81］［美］乔治·弗雷德里克森.公共行政精神［M］. 丁煌, 译, 中国人民大学出版社, 2003: 28, 46.

［82］［日］日本 SSF 笹川体育财团.《スポーツ白書》［M］. 日本: 株式会社かいせい, 2006: 52.

［83］［日］日本体育协会.総合型地域スポーックラ［EB/OL］. http://www. japan-sports or. jp.

［84］［日］日本体育指导实务研究会监修.体育振兴基本计划.体育指导实务必携［M］. 东京: 行政出版社, 2002.

[85] [美] 萨瓦斯. 民营化与公司部门的伙伴关系 [M]. 周志忍, 译. 北京: 中国人民大学出版社, 2002: 68.

[86] 鄯爱红. 公共服务的伦理内涵与价值 [J]. 中国特色社会主义研究, 2006 (4): 73 - 77.

[87] 邵伟钰. 基于 DEA 模型的群众体育财政投入绩效分析 [J]. 体育科学, 2014 (9): 11 - 16, 22.

[88] 沈荣华. 政府间公共服务职责分工 [M]. 国家行政学院出版社, 2007: 98.

[89] 石亚军, 施正文. 建立现代财政制度与推进现代政府治理 [J]. 中国行政管理, 2014 (4): 11 - 16.

[90] 石佑息, 杨治坤. 论行政体制改革与善治 [J]. 江汉大学学报 (社会科学版), 2009 (1): 55 - 60.

[91] 孙金荣. 日本大众体育的进展状况及其振兴政策的研究 [J]. 武汉体育学院学报, 2003 (1): 8 - 11.

[92] 孙其军, 郭焕龙. 北京 CBD 公共服务体系建设的思考——基于 "新公共服务" 的视角 [J]. 中国特色社会主义研究, 2011 (1): 86 - 90.

[93] 孙晓莉. 中外公共服务体制比较研究 [M]. 国家行政学院出版社, 2007: 3, 11.

[94] 谭晶, 王正然. 美国大众体育健身服务业发展研究及其启示 [J]. 南京体育学院学报 (社会科学版), 2010 (5): 73 - 75.

[95] 汤际澜. 我国基本公共体育服务均等化研究 [D]. 苏州大学研究生学位论文, 2011: 152.

[96] 汤际澜. 英国公共服务改革和体育政策变迁 [J]. 南京体育学院学报 (社会科学版), 2010 (4): 43 - 47.

[97] 唐忠义, 顾杰, 张英. 我国公共服务监督机制问题的调查与分析 [J]. 中国行政管理, 2013 (1): 19 - 23.

[98] 田永贤. 公共服务供给的组织间合作网络 [J]. 东南学术, 2008 (1): 88 - 94.

[99] 汪锦军. 构建公共服务的协同机制: 一个界定性框架 [J]. 中国行政管理, 2012 (1): 18 - 22.

[100] 汪锦军. 政府与非政府组织公共性之比较 [J]. 浙江学刊, 2004 (6): 78 - 81.

[101] 汪来杰. 公共服务: 西方理论与中国选择 [M]. 郑州: 河南人民出版社, 2007.

[102] 王才兴. 体育公共服务国际比较及启示 [J]. 体育科研, 2008 (1): 27-31.

[103] 王聪, 李成智. "包容性增长" 理论视角下的政府体制改革研究 [J]. 河南社会科学, 2013 (6): 33-34.

[104] 王德迅. 日本规制改革评析 [J]. 亚非纵横, 2008 (2): 56-62.

[105] 王家宏. 我国公共体育服务体系的内涵特征与价值取向 [J]. 成都体育学院学报, 2014 (1): 7-11.

[106] 王家宏. 我国公共体育服务体系研究 [M]. 苏州: 苏州大学出版社, 2016: 5.

[107] 王磊, 司虎克, 张业安. 以奥运战略引领大众体育发展的实践与启示——基于伦敦奥运会英国体育政策的思考 [J]. 体育科学, 2013 (6): 23-30.

[108] 王伟. 基于 DEA 模型的山东省基本公共卫生服务效率评价 [J]. 中国行政管理, 2014 (12): 86-89.

[109] 王银梅, 朱耘婵. 基于面板数据的地方政府公共文化支出效率研究 [J]. 经济问题, 2015 (6): 35-40.

[110] 王占坤, 吴兰花等. 地方政府购买公共体育服务的成效、困境及化解对策 [J]. 天津体育学院学报, 2014 (5): 409-414.

[111] 魏婉怡. 困境与破解: 现阶段我国社区体育发展的多元审视 [J]. 北京体育大学学报, 2017 (12): 14-19.

[112] 吴春梅, 翟军亮. 协商民主与农村公共服务供给决策民主化 [J]. 理论与改革, 2011 (4): 73-76.

[113] 吴玉霞, 郁建兴. 服务型视野中的公共服务分工 [J]. 浙江社会科学, 2011 (12): 68-74.

[114] 吴玉霞. 公共服务分工与合作网络的理论与实证研究 [D]. 浙江大学博士论文, 2011.

[115] 夏玉珍, 杨永伟. 公共服务供给机制创新——基于网络化治理的解释框架 [J]. 学习与实践, 2014 (4): 61-68.

[116] 肖林鹏, 李宗浩, 杨晓晨等. 论我国公共体育服务的供给困境 [J]. 山东体育学院学报, 2008 (8): 1-4.

[117] 谢叶寿, 阿英嘎. 英国政府购买公共体育服务的实践与启示 [J]. 体育与科学, 2016 (2): 66-70.

[118] 杨林, 许敬轩. 基于 DEA 模型的山东省公共服务财政效率评价

研究［J］. 中国海洋大学学报（社会科学版），2013（4）：46－51.

［119］杨平. 俄罗斯群众体育发展战略研究［J］. 体育文化导刊，2013（6）：38－41.

［120］姚颂平. 依法治体——俄罗斯联邦体育改革与启示［J］. 上海体育学院学报，2015（2）：1－4.

［121］叶响裙. 公共服务多元主体供给：理论与实践［M］. 社会科学文献出版社，2014：31.

［122］叶响裙. 政府购买服务中"政社合作"关系的构建［J］. 新视野，2014（3）：29－33.

［123］伊强，朱晓红，刘向晖. 社会组织承接政府购买服务的资质条件——基于地方政策文本的分析［J］. 中国非营利评论，2014（1）：11－23.

［124］易剑东. 中国体育公共服务研究［J］. 体育学刊，2012（2）：1－10.

［125］俞琳. 非营利性组织在体育公共服务中的作用［J］. 体育科研，2008（2）：25－27.

［126］俞祖成. 日本政府购买服务制度及启示［J］. 国家行政学院学报，2016（1）：73－77.

［127］郁建兴，吴玉霞. 公共服务供给机制创新：一个新的分析框架［J］. 学术月刊，2009（12）：12－18.

［128］张敏敏，王高玲，王彬夫. 基于基尼系数和泰尔指数的新医改后江苏省卫生资源配置公平性研究［J］. 广西医学，2015（10）：1452－1456.

［129］张汝立，陈书洁. 西方发达国家政府购买社会公共服务的经验和教训［J］. 中国行政管理，2010（11）：98－102.

［130］张菀洺. 政府公共服务供给的责任边界与制度安排［J］. 学术研究，2008（5）：50－54.

［131］赵爱国. 德国体育场地设施建设与运营管理及其对我国的启示［J］. 体育工作情况，2012（16）：15－20.

［132］赵佳佳. 我国文化事业财政支出效率及影响因素［J］. 地方财政研究，2014（8）：54－60.

［133］赵静. 第三部门的功能异化及其矫正［D］. 湖南师范大学研究生学位论文，2011：1.

［134］赵伟，马瑞永等. 全要素生产率变动的分解［J］. 统计年鉴，

2005（7）：37 – 42.

[135] 赵子建. 公共服务供给方式研究述评 [J]. 中共天津市委党校学报，2009（1）：80 – 85.

[136] 郑佳. 中国基本公共服务均等化政策协同研究 [D]. 吉林大学博士学位论文，2000.

[137] 周爱光. 从体育公共服务的概念审视政府的地位和作用 [J]. 体育科学，2012（5）：64 – 70.

[138] 周传志. 当代美国体育发展的特点及其启示 [J] 体育文化导刊，2006（4）：78 – 80.

[139] 周兰君. 美国大众体育管理方式管窥 [J]. 体育学刊，2010（9）：46 – 49.

[140] 周涛，张凤华，苏振南. 美英日城市社区体育公共服务建设经验及其对我国的启示 [J]. 体育与科学，2012（4）：69 – 74.

[141] [日] 总务厅行政监察局. 体育振兴对策的现状和问题 [M]. 大藏省印刷局，1990：65.

[142] Adam Lewis, Jonathan Taylor. Sport：law and practice [M]. London：Reed Elsevier（UK）Ltd, 2008：13.

[143] B Houlihan A White. The politics of sports development：Development of sport or development through sport? [M]. London：Routledge, 2002：80 – 83.

[144] Carter. Review of national sport effort and resources [M]. London：DCMS, 2005：80 – 82.

[145] Chris Gratton, Peter Taylor. Economics of sport and recreation [M]. London：E&FN SPON, 2000：39 – 42.

[146] Collins M. Examining sports development [M]. London：Routledge, 2010：27 – 29.

[147] Deutscher Sport bund. Sport in Deutschland [M]. Frankfurt am Main：Deutscher Sportbund Generalsekretariat, 2003：30 – 31.

[148] Entwistle T, Martin S. From competition to collaboration in public service delivery：A new agenda for research [J]. Public Administration, 2005, 83（1）：233 – 242.

[149] Green M. Governing under advanced liberalism：Sport policy and the social investment state [J]. Policy Sciences, 2007, 40（1）：55 – 71.

[150] Guttmann Daniel. Public purpose and private service：The twentieth

century culture of contracting out and the evolving law of diffused sovereignty [J]. Administrative Law Review, 2001 (3): 859 – 926.

[151] Hansmann H. Economic theories of nonprofit organizations [M]. New Haven, CT: Yale University Press, 1987.

[152] Hansmann H. The role of nonprofit enterprise [J]. Yale Law Journal, 1980, 89 (3): 835 – 898.

[153] US Department of Health and Human Services, Public Health Service. Healthy people 2010: National health promotion objectives [S]. Washington DC: DHHS publication, 2000: 33 – 36.

[154] JAY J C. Sport in society: Issue and controversies [M]. New York: Mc Graw-Hill, 2004: 354 – 356.

[155] NCPPA. National physical activity plan gets a running start [EB/OL]. http://www. ncppa. org/home/news/17/2010 – 05 – 11.

[156] Nils A. Sport policy: A comparative analysis of stability and change [M]. Burlington: Elsevier Ltd, 2007: 227 – 228.

[157] Progress Review of Physical Activity and Fitness of Healthy People 2010 [S]. Department of Health and Public Service, Washington, DC: Public Health Service, 2008: 2 – 4.

[158] Riven burgh K N. National image richness in US-televised coverage of South Korea during the 1988 Olympics [J]. Asian Journal of Communication, 1992, 2 (2): 1 – 39.

[159] Ronald B W. Social issues in sport [M]. Champaign, Illinois: Human Kinetics, 2007: 218 – 22.

[160] Smith A. Reimaging the city: The value of sports initiatives [J]. Annals of Tourism Research, 2005, 32 (1): 217 – 236.

[161] Sport England. Sport England policy statement: The delivery system for sport in England, London: SportEngland [EB/OL]. http://scholar. google. com/scholar_lookup? 2007.

[162] U. S. Department of Heart hand Human Services. Healthy people 2010: Unlessening and improving health [R]. Washington DC U. S. Government Printing Office, 2.

[163] Warner M E, Hebdon R. Local government restructuring: Privatization and its alternatives [J]. Journal of Policy Analysis and Management, 1 (2): 315 – 336.

后　记

我国《体育强国建设纲要》强调以人民为中心发展体育，不断增进人民的体育福祉。随着公共服务市场化与社会化改革热潮的兴起，针对如何更好地满足公众日益增长的体育公共服务需求，多元供给主体协同创新研究引起业界和学界的广泛关注。随着市场经济的发展和体育公共服务多元化需求的增加，体育公共服务供给与需求之间的矛盾日益突出，单一的政府供给模式面临着巨大的挑战，体育公共服务供给模式亟须变革。

体育公共服务多元供给主体协同创新研究不仅是推进国家治理体系和治理能力现代化建设的一个重要实践手段，更是社会治理能力和治理体系现代化在体育公共服务领域的基本理论议题和具体实践探索，有利于规范政府行为，维护公共利益、优化适应全面建成小康社会发展的新机制。本书旨在解决当前体育公共服务供需矛盾有效途径不足的问题，提升人民身体素养和健康水平，全面推进社会主义现代化体育强国建设。

本书是在经过大量的前期调研和理论研究基础之上形成的，也是在2013 年国家社会科学基金青年项目（编号：13CTY016）最终研究报告基础上修改完成的，更是各位课题组成员精诚合作、辛勤劳动的见证。作为本课题的负责人，在此书成稿、出版之际，我谨以后记的方式对在本项目的申报、研究和成果出版中领导、同事给予的关怀以及我的研究生邱鹏、柳畅、张新奥、牛瑞新等在研究过程中所付出的辛勤工作表示诚挚的感谢！

本书课题研究中，参考了众多学者的研究成果，并在调研过程中得到了江苏省体育局、重庆市九龙坡区体育局、武汉市、常州市、广西壮族自治区来宾市及武宣县等地体育管理部门的大力支持和热情帮助，在此一并表示谢意。随着社会的快速发展和公众多元化、多层次的服务需求，体育公共服务供给的治理动态性特征鲜明，研究思路、视野难免与快速发展的现实存在差距，受笔者研究水平所限，本书不足之处在所难免，敬请各位读者批评指正！

李燕领

2020 年 6 月 20 日

苏州大学凌云楼